LA PREMIÈRE
ARMÉE DE LA LOIRE

L'auteur et l'éditeur déclarent réserver leurs droits de reproduction et de traduction à l'étranger. — Ce volume a été déposé au ministère de l'intérieur (direction de la librairie) en janvier 1872.

PARIS. TYPOGRAPHIE DE HENRI PLON, IMPRIMEUR-ÉDITEUR,
8, rue Garancière.

CAMPAGNE DE 1870-1871

LA PREMIÈRE ARMÉE DE LA LOIRE

PAR LE GÉNÉRAL

D'AURELLE DE PALADINES

TROISIÈME ÉDITION

PARIS
HENRI PLON, IMPRIMEUR-ÉDITEUR
RUE GARANCIÈRE, 10

1872
Tous droits réservés

PRÉFACE.

Il est difficile, en général, de se faire une idée juste des événements qui se passent sous nos yeux ; chacun les considère de son point de vue particulier : c'est ainsi que l'observation d'un même fait donne lieu à des appréciations divergentes.

L'esprit de parti, l'amour-propre ou l'intérêt, faussent souvent le jugement, et influent à l'insu de l'écrivain sur son impartialité.

Les ministres, les hommes de guerre, les diplomates et tous ceux qui ont été mêlés activement aux grandes scènes historiques, ne font par leurs écrits que préparer la voie aux véritables historiens. Ceux-ci viennent plus tard, lorsque les passions apaisées et le calme revenu dans les esprits permettent d'écrire sans autre souci que celui de la vérité.

Bien pénétré de ces idées, et peu disposé à soulever des discussions toujours passionnées et souvent irritantes, j'étais résolu à garder le silence, laissant au bon sens public le soin de réfuter des accusations dont la presse avait déjà fait justice.

D'ailleurs, les documents que je possédais et qui pouvaient servir de base à un travail sérieux, avaient disparu lors des événements du 18 mars. La plus grande partie de ces pièces, heureusement sauvées de la destruction, me furent rendues après la chute de la Commune.

Au moment où paraissait le livre de M. de Freycinet, « *La Guerre en province,* » j'avais entre les mains, malgré de nombreuses lacunes, assez de documents officiels pour faire ressortir les erreurs contenues dans cet ouvrage.

Je devais à moi-même, à l'armée que j'ai eu l'honneur de commander, de répondre à des attaques aussi injustes que violentes.

J'aurai à rechercher les causes des revers de la première armée de la Loire, et je démontrerai qu'ils sont dus à l'ingérence de l'élément civil dans la conduite des opérations de la campagne.

Si, comme l'a dit récemment un illustre homme d'État, il faut un an pour faire un bon caporal, est-il permis de penser qu'on puisse s'improviser ministre de la guerre? Que d'expérience, d'études, de connaissances en tout genre ne faut-il pas pour occuper dignement cette position?

L'armée a ses lois, ses usages, ses attributions spéciales, qui demandent une longue pratique pour être bien connus. Les détails de son administration s'étendent à l'infini; un personnel nombreux et expérimenté est nécessaire en temps de paix, pour diriger toutes les branches du service.

Que sera-ce donc en temps de guerre? et qu'avons-nous vu en province, au mois d'octobre 1870? Je prends mes arguments dans le livre même de M. de Freycinet :

« Le ministère de la guerre à Tours avait été constitué
» sur les bases les plus étroites. Le gouvernement de Paris,
» cédant à l'erreur répandue au début, touchant le rôle
» secondaire de la province, avait retenu dans la capitale
» la plus grande partie du personnel administratif. Un
» quart seulement des bureaux avait été envoyé au dehors.
» Plusieurs services avaient été confondus dans les mêmes
» mains. . . . .
» . . . . . En somme, pour faire face à un labeur qui,
» par suite des événements, allait être quatre ou cinq fois

» plus grand, on avait en mains un levier quatre ou cinq
» fois plus petit. »

M. Gambetta s'empara des deux ministères de l'intérieur et de la guerre, c'était trop pour un seul homme; il s'associa, sous le titre de délégué, un ingénieur des mines, aussi inexpérimenté que le ministre lui-même.

Alors que toute organisation militaire manquait, M. de Freycinet ne comprit pas que la tâche du ministre organisateur était assez belle, assez grande pour absorber toute son intelligence, toutes ses facultés. Il porta son ambition plus haut, et, de son cabinet, voulut diriger et commander des armées.

Il faut cependant lui rendre justice, plusieurs services étaient complétement désorganisés lors de son entrée en fonctions, notamment celui de la topographie : pas une seule carte n'existait dans les bureaux. En peu de temps, les généraux et les états-majors furent pourvus de bonnes cartes. Le service télégraphique, malgré de grandes difficultés, fut très-bien organisé. En général, dans tout ce qui se rapportait à ses études d'ingénieur, le délégué de la guerre s'est rendu très-utile.

Quant à M. Gambetta, absorbé par la politique, il ne faisait qu'approuver les mesures prises par M. de Freycinet, lui laissant le soin des détails d'exécution.

Il s'évertuait à prodiguer au pays et aux armées des proclamations destinées à enflammer l'enthousiasme et à relever les esprits abattus; mais, dans cette mission qu'il s'était donnée, il échoua complétement auprès de l'armée : il n'en connaissait pas l'esprit, lui parlait un langage nouveau pour elle, froissait tous les sentiments de dignité, d'amour-propre des officiers, et jetait, sans le vouloir, la défiance dans le cœur des soldats, déjà trop enclins à se croire trahis quand ils ne sont pas favorisés par la fortune.

Il est regrettable que le gouvernement de la défense nationale n'ait pas envoyé en province un officier général avec le titre de ministre de la guerre, on aurait évité ainsi bien des malheurs.

La France a éprouvé des revers inouïs : après la guerre la plus désastreuse, elle a eu à combattre une insurrection formidable; mais elle est encore debout, ne comptant que sur elle-même, fière dans ses malheurs, déjà forte. Son espoir est dans la réorganisation morale de son armée. Chaque progrès dans cette voie panse une de ses blessures.

A la grande joie des bons citoyens, des cœurs vraiment français, les vieilles traditions reviennent dans l'armée; et tous, officiers et soldats, cherchent, les uns par le travail, les autres par le respect de la hiérarchie et l'observation de la discipline, à mériter la confiance du pays, les yeux fixés sur l'avenir.

Aujourd'hui, l'armée tout entière, unie dans un même sentiment de dévouement patriotique, accepte tous les sacrifices pour soutenir le rôle que la Providence peut réserver à la France.

Que l'armée comprenne bien ses devoirs, qu'elle retrouve la discipline des anciens jours, et tout peut se réparer.

Travail, dévouement, discipline, telle doit être notre devise.

Général d'Aurelle.

21 décembre 1871.

LA PREMIÈRE ARMÉE DE LA LOIRE

LIVRE PREMIER.

ORGANISATION DE L'ARMÉE DE LA LOIRE.

Création du 15ᵉ corps. — Combats d'Orléans. — Première occupation de cette ville par les Bavarois. — Le général d'Aurelle est nommé, le 11 octobre, au commandement du 15ᵉ corps. — Composition du 15ᵉ corps. — Le général d'Aurelle reçoit le commandement des 15ᵉ et 16ᵉ corps. — Le 15ᵉ corps se retire de la Ferté-Saint-Aubin sur la Motte-Beuvron et occupe la position de Salbris. Emplacement des troupes. — Mesures prises pour rétablir la discipline. — Le général Pourcet est nommé au commandement du 16ᵉ corps. — Ses plaintes au sujet du manque de munitions. — Composition du 16ᵉ corps. — L'armée du général de Tann se porte sur Châteaudun. — Le ministre de la guerre donne l'ordre d'envoyer 10,000 hommes à Blois. — La 1ʳᵉ brigade de la 3ᵉ division du 15ᵉ corps part pour Blois. — La 2ᵉ division d'infanterie se rend de Pierrefitte à Salbris. — Actes d'indiscipline commis dans cette division. — Des cours martiales. — Différence entre la procédure des cours martiales et celle des conseils de guerre. — Mauvais état de l'habillement et de l'équipement des troupes. — Mesures prises pour y remédier. — M. de Freycinet est nommé délégué du ministre de la guerre. — Sa première lettre au général d'Aurelle. — Conseil de guerre tenu à Salbris, le 24 octobre. — La marche sur Orléans, par Blois, est adoptée. — Portrait de M. de Freycinet. — Conseil de guerre, le 25 octobre, à Tours, sous la présidence de M. Gambetta. — Le plan primitif est définitivement adopté.

Au moment où Paris allait être investi, et avant que les communications fussent interrompues, le gouvernement de la défense nationale sentit la nécessité de créer une armée sur la Loire, pour protéger contre l'invasion des armées allemandes le Midi et l'Ouest de la France, et pour donner en même temps un appui à la délégation du gouvernement qui venait de s'installer à Tours. Le ministre de la guerre ordonna la formation d'un corps d'armée à Bourges, sous les ordres du général de la Motterouge; ce corps, dénommé le 15°, devint le noyau de l'armée de la Loire.

Cette création fut lente et laborieuse, parce que les éléments essentiels, les généraux, les officiers de tous grades et les sous-officiers manquaient.

Cependant, dans les premiers jours d'octobre, l'organisation du 15° corps était à peu près satisfaisante.

Déjà, à la fin de septembre, les Prussiens campaient à quelques lieues au nord d'Orléans; ils s'en rapprochaient chaque jour. Une tentative faite par eux, le 8 octobre, pour s'emparer de la ville, détermina l'envoi du 15° corps à Orléans; les divisions parties précipitamment de Bourges n'arrivèrent pas en bon ordre; elles furent dirigées vers Artenay et rencontrèrent les Prussiens sur ce point. Après divers combats et une lutte acharnée dans les faubourgs, les 10 et 11 octobre, Orléans fut évacué; les Allemands en prirent possession, et les troupes du 15° corps, débandées, vinrent se rallier à la Ferté-Saint-Aubin.

Le général de la Motterouge fut relevé de son commandement et remplacé par le général d'Aurelle de

Paladines. Ce dernier était dans le cadre de réserve depuis le 15 janvier 1870. Il s'était mis, après la déclaration de guerre, à la disposition du ministre de la guerre, qui l'avait nommé, le 23 septembre, au commandement supérieur régional de l'Ouest, comprenant les 15e, 16e et 18e divisions militaires.

Il prit possession de son commandement, le 28 septembre, au Mans, où il avait établi son quartier général.

Le 11 octobre, il fut nommé, comme il a été dit plus haut, au commandement du 15e corps d'armée, par décision du ministre de la guerre par intérim, M. Gambetta.

Le général d'Aurelle de Paladines prit possession de son commandement le 12 octobre, à la Ferté-Saint-Aubin, bourg situé sur la rive gauche de la Loire, à 24 kilomètres au sud d'Orléans. A cette date, le 15e corps était composé ainsi qu'il suit :

15e CORPS D'ARMÉE.

Commandant : D'AURELLE DE PALADINES, général de division.
Chef d'état-major général : BOREL, général de brigade.
Sous-chef d'état-major : TISSIER, lieutenant-colonel.
Commandant de l'artillerie : DE BLOIS DE LA CALANDE, général de brigade.
Commandant le parc d'artillerie : HUGON, colonel.
Chef d'état-major de l'artillerie : GOBERT, colonel.
Commandant la réserve d'artillerie : CHAPPE, colonel.
Commandant le génie : DE MARSILLY, colonel.
Chef d'état-major du génie : BARRABÉ, lieutenant-colonel.
Intendant : BOUCHÉ, intendant militaire.
— LEMAÎTRE, sous-intendant.
— FROMENTIN, officier comptable de 1re classe.

Médecin en chef : Martenau de Cordoux, médecin principal de 2ᵉ classe.
Pharmacien en chef : Robaglia, pharmacien principal de 2ᵉ classe.
Vétérinaire : Darey.
Prévôt : Demons, chef d'escadron de gendarmerie.
Aumônier : Lanusse.
Pasteurs : Guyon, Meyer.
Payeur : Frottier.

1ʳᵉ DIVISION D'INFANTERIE.

Commandant : Martin des Paillères, général de brigade.
Chef d'état-major : des Plas, lieutenant-colonel.
Commandant de l'artillerie : Massenet, chef d'escadron.
Commandant le génie : Anfrie, chef de bataillon.
Sous-intendant : Bassignon, sous-intendant.
Prévôt : Legros, capitaine de gendarmerie.
Aumônier : Fabre.

1ʳᵉ brigade.

Commandant : de Chabron, général de brigade.

4ᵉ bataillon de marche de chasseurs à pied : de Sicco, commandant.
38ᵉ de ligne : Minot, colonel.
1ᵉʳ régiment de zouaves : Chaulan, lieutenant-colonel.
12ᵉ régiment de la garde nationale mobile (Nièvre) : de Bourgoing, colonel.
Bataillon d'infanterie de marine.

2ᵉ brigade.

Commandant : Bertrand, général de brigade.

Tirailleurs algériens : Capdepont, lieutenant-colonel.
29ᵉ régiment de marche : Courtois, lieutenant-colonel.
18ᵉ régiment de la garde nationale mobile (Charente) : d'Angelas, lieutenant-colonel.

ARTILLERIE { Une batterie du 13ᵉ régiment.
(pièces de 4) : { 18ᵉ batterie du 6ᵉ régiment : PLUQUE, capi-
MASSENET, { taine.
chef d'escadron. { 18ᵉ batterie du 2ᵉ régiment : ZICKEL, capitaine.
GÉNIE. . . . . 1ʳᵉ section de la 19ᵉ compagnie du 3ᵉ régiment du génie.

2ᵉ DIVISION D'INFANTERIE.

Commandant : MARTINEAU DES CHENEZ, général de division.
Chef d'état-major : HACQUARD, chef d'escadron.
Attachés à l'état-major : { BONNET, capitaine.
{ UHRICH, lieutenant.
Commandant de l'artillerie : TRICOCHE, chef d'escadron.
Commandant le génie : ODIER, chef de bataillon.
Sous-intendant : LIGNEAU, sous-intendant.
Prévôt : DECAMPS, lieutenant de gendarmerie.
Aumônier : GRUNENWALD.

1ʳᵉ *brigade.*

Commandant : DARIÉS, général de brigade.
  5ᵉ bataillon de marche de chasseurs à pied : CHAMARD BOUDET, commandant.
  39ᵉ de ligne : JOUFFROY, colonel.
  Légion étrangère : DE CURTEN, lieutenᵗ-colonel.
  25ᵉ régiment de la garde nationale mobile (Gironde) : D'ARTIGOLLES, lieutenᵗ-colonel.

2ᵉ *brigade.*

Commandant : RÉBILLARD, général de brigade.
  2ᵉ régiment de zouaves : LOGEROT, lieutenant-colonel.
  30ᵉ régiment de marche : BERNARD DE SEIGNEURENS, lieutenant-colonel.
  29ᵉ régiment de la garde nationale mobile (Maine-et-Loire) : DE PAILLOT, lieutenant-colonel.

ARTILLERIE. { Une batterie du 9ᵉ régiment.
{ Une batterie du 12ᵉ régiment.
{ 14ᵉ batterie mixte du régiment d'artillerie monté de l'ex-garde : CHASTANG, capitaine.

Génie. . . . 2e section de la 19e compagnie du 3e régiment du génie.

3e DIVISION D'INFANTERIE.

Commandant : Peytavin, général de brigade.
Chef d'état-major : Clausset, capitaine de 1re classe.
Attachés à l'état-major : { Rigollet.
  D'Entraigues.
Commandant de l'artillerie : Poizat, chef d'escadron.
Commandant le génie : Mangin, chef de bataillon.
Sous-intendant : Demange, sous-intendant.
Prévôt : Schmitz, sous-lieutenant de gendarmerie.
Aumônier : Martala.

1re *brigade.*

Commandant : Peytavin, général de brigade.
  6e bataillon de marche de chasseurs à pied.
  16e de ligne.
  33e régiment de marche : Thiery, lieutenant-colonel.
  32e régiment de la garde nationale mobile (Puy-de-Dôme) : Sersiron, lieutenant-colonel.

2e *brigade.*

Commandant : Martinez, général de brigade.
  27e régiment de marche : Paragallo, lieutenant-colonel.
  34e régiment de marche.
  69e régiment de mobiles (Ariége) : Asclogue, lieutenant-colonel.

Artillerie. { 18e batterie du 14e régiment.
  18e batterie du 7e régiment : Vaucheret, capitaine.
  18e batterie du 10e régiment : Chauliaguet, capitaine.

Génie. . . . 1re section de la 19e compagnie du 2e régiment du génie.

DIVISION DE CAVALERIE.

Commandant : REYAU, général de division.
Chef d'état-major : MARQUERIE, chef d'escadron.
Sous-intendant : JOUAN DE KERVENOAEL, adjoint de 1re classe.
Prévôt : RIFAUT, lieutenant de gendarmerie.

1re brigade.

Commandant : GALAND DE LONGUERUE, général de brigade.
  6e dragons : TEILLION, colonel.
  5e hussards : GUILLON, colonel.

2e brigade.

Commandant : BRÉMOND D'ARS, général de brigade.
  9e cuirassiers : DE VOUGES DE CHANTECLAIR.
  1er régiment de marche de cuirassiers : REMISSION D'HAUTEVILLE.

Brigade de cavalerie.

Commandant : MICHEL, général de brigade.
  2e lanciers.
  5e lanciers : DE BOERIO, colonel.
  3e régiment de marche de dragons.

Brigade de cavalerie.

Commandant : D'ASTUGUE, colonel.
  1er régiment de marche de chasseurs.
  11e régiment de chasseurs : D'ASTUGUE, colonel.

RÉSERVE D'ARTILLERIE.

Commandant : CHAPPE, colonel.
  13e batterie du 3e régiment.
  14e — du 3e —
  15e — du 3e —
  16e — du 3e —
  19e — du 2e —
  11e — du 6e —
  14e — du 18e —
  14e — du 19e —

PARC.

Directeur : HUGON, colonel.
Sous-directeur : GALLE, chef d'escadron.

Détachement à pied de l'artillerie de marine.
Détachement de la 6ᵉ compagnie d'ouvriers d'artillerie.

TRAIN D'ARTILLERIE.
- 2ᵉ régiment.
  - 14ᵉ compagnie principale.
  - 14ᵉ compagnie *bis*.
  - 16ᵉ compagnie principale.
- 1ᵉʳ régiment.
  - 5ᵉ compagnie *bis*.
  - 16ᵉ compagnie *bis*.

RÉSERVE DU GÉNIE.

2ᵉ section de la 19ᵉ compagnie du 2ᵉ régiment du génie.
Détachement de sapeurs-conducteurs du 3ᵉ régiment du génie.

DIVISION MIXTE.

Brigade d'infanterie.

Commandant : MAURICE, général de brigade.

Deux compagnies de chasseurs à pied (2ᵉ et 17ᵉ).
31ᵉ régiment de marche.
22ᵉ régiment de la garde mobile (Dordogne).

Brigade de cavalerie.

Commandant : TRIPART, général de brigade.
DE LA TULLAYS, sous-lieutenant d'état-major, aide de camp.
1ᵉʳ régiment de marche de hussards.
2ᵉ régiment de marche mixte.

Le 13, le général commandant le 15ᵉ corps reçut du gouvernement de Tours la dépêche suivante :

Intérieur et guerre à général d'Aurelle de Paladines.

« Tours, 13 octobre, trois heures trente du soir.

» Prenez en main le commandement en chef des
» 15ᵉ et 16ᵉ corps. Nous vous donnons pleins pouvoirs

» vis-à-vis de l'arsenal de Bourges, vis-à-vis des pré-
» fets et vis-à-vis des populations, pour vous pro-
» curer armes, munitions, approvisionnements de
» toutes sortes, et même travailleurs pour exécuter
» les travaux de défense. Vous commandez égale-
» ment en chef les commandements supérieurs régio-
» naux de l'Ouest et du Centre, et vous disposez de
» tous leurs moyens militaires. L'artillerie du 16° corps
» a quatre batteries toutes prêtes de 12, à Angers,
» et trois batteries de 4, à Tours. La cavalerie du
» 16° corps a deux brigades prêtes, dont la brigade
» Tripart, entre Vendôme et Tours. Enfin, vous rece-
» vrez de Tours toutes les troupes disponibles au
» fur et à mesure qu'elles arriveront. Avec tous ces
» moyens, vous ferez les plus grands efforts pour
» arrêter et même refouler l'ennemi sur les deux
» routes de Tours à Orléans et de Tours à Château-
» dun. Action prompte et énergique. Accusez récep-
» tion par télégraphe de cette dépêche. »

Ces pouvoirs, quelque étendus qu'ils fussent, n'é-
blouirent pas le commandant du 15° corps. Le général d'Aurelle n'ignorait pas les accusations de mal-
versations qu'avaient fait naître dans toute la France
des marchés passés par les préfets et autres agents
de l'administration. L'opinion publique s'était émue
en voyant partout les mobiles mis en route, habillés,
équipés et armés dans les conditions les plus déplorables.

Que pouvait l'autorité d'un général, sans action
directe, pour remédier à tous ces abus?

D'ailleurs, quel cas auraient fait de ses ordres toutes les administrations qui ne reconnaissaient qu'avec peine, ou ne reconnaissaient même pas du tout la hiérarchie des pouvoirs?

Ne venait-on pas de voir, à Lyon, un général de division, commandant territorial, arrêté, emprisonné, détenu illégalement pendant plusieurs semaines par un préfet qui n'avait d'autre droit qu'un appel brutal à la force et à l'émeute armée?

Les commandants régionaux étaient dans l'impossibilité de remplir leurs devoirs, parce qu'ils n'avaient ni troupes ni artillerie à leur disposition. Ils appelaient au secours de tous les côtés, s'épuisaient en vains efforts, et se retiraient découragés ou recevaient une révocation imméritée. Ils ne pouvaient être pour un commandant de corps d'armée qu'une cause d'embarras.

Pour toutes ces considérations, le général d'Aurelle n'accepta qu'une partie des pouvoirs qui lui étaient conférés, et répondit au ministre par la dépêche télégraphique suivante, motivant son refus.

Le général d'Aurelle au ministre de la guerre et de l'intérieur.

« La Ferté-Saint-Aubin, 13 octobre 1870.

» J'ai reçu les deux dépêches que vous m'avez
» adressées dans la journée. La première demande
» des rapports dont je n'ai pu encore réunir les élé-
» ments.

» Celle relative à la réunion des commandements

» des 15ᵉ et 16ᵉ corps d'armée et des commandements
» supérieurs de l'Ouest et du Centre, demande un peu
» de réflexion.

» J'ai mesuré les difficultés de bonne exécution et
» de responsabilité de ces divers commandements.
» Leur action est trop étendue, les moyens de com-
» munication sont presque impossibles, et tendent
» chaque jour à le devenir davantage.

» Un tel travail demanderait un personnel considé-
» rable. La formation du 16ᵉ corps d'armée ne fait que
» commencer. Les soins à donner au commandement
» de deux corps d'armée, en présence d'un ennemi
» audacieux et entreprenant, rendraient par trop
» difficile une tâche dont je comprends toute l'im-
» portance. Il conviendrait donc de la réduire au
» commandement du 15ᵉ et du 16ᵉ corps, en vous
» réservant les rapports avec les préfets et les com-
» mandants supérieurs régionaux.

» L'occupation d'Orléans par des forces considé-
» rables rend l'ennemi maître des deux rives de la
» Loire, puisque tous les ponts, depuis Châteauneuf
» jusqu'à Blois, sont coupés, à l'exception de celui
» d'Orléans, gardé par une formidable artillerie.

» D'un autre côté, Monsieur le ministre, les enga-
» gements qui ont eu lieu jusqu'ici démontrent qu'on
» ne peut compter encore sur la solidité de nos jeunes
» soldats, malheureusement trop disposés à l'indis-
» cipline et à lâcher pied devant l'ennemi.

» J'attends vos ordres.

» *Signé* : général D'AURELLE. »

Le général d'Aurelle reçut le 14 la dépêche suivante :

Guerre à général d'Aurelle, à la Ferté-Saint-Aubin.

« Puisque vous le désirez, bornez-vous au com-
» mandement des 15° et 16° corps d'armée, et nous
» nous chargerons des rapports avec les préfets et
» les commandants supérieurs régionaux. Ces pou-
» voirs étendus vous avaient été donnés pour vous
» faciliter la tâche. »

Une lettre de service, datée du 13 octobre, vint confirmer cette nomination de commandant en chef des 15° et 16° corps d'armée formant l'armée de la Loire.

La Ferté-Saint-Aubin, qui avait servi de point de ralliement à l'armée, après sa retraite d'Orléans, était trop rapprochée de cette ville pour qu'il fût possible d'y maintenir plus longtemps le 15° corps. Cette position n'offrait, en effet, ni ressources pour la troupe, ni aucun des avantages qu'on recherche pour l'établissement d'un bivouac.

Les fréquentes escarmouches des Allemands nécessitaient des prises d'armes continuelles, et ne permettaient pas au général en chef de s'occuper de l'organisation et de la discipline ; le besoin s'en faisait cependant vivement sentir.

L'ordre de départ fut donné le 14 ; et le 15, au point du jour, les troupes se mirent en marche pour la Motte-Beuvron, petite ville à une journée de marche de Saint-Aubin, sur la route de Vierzon. Vers midi, l'armée était installée dans ses bivouacs.

Le général prévint par dépêche le ministre de la guerre du mouvement qu'il avait fait exécuter; il reçut la réponse suivante :

« Ne passez pas la Loire, mais manœuvrez au
» mieux, en vous maintenant le plus longtemps pos-
» sible, de manière à couvrir Vierzon d'abord et en-
» suite Bourges. La conservation de Bourges doit
» être votre objectif principal et définitif. Cet ordre a
» été délibéré en conseil.

» *Signé :* Léon Gambetta. »

Au reçu de cette dépêche, le général d'Aurelle ordonna, pour le lendemain, un séjour à la Motte-Beuvron.

Il s'occupa avec son chef d'état-major, le général Borel, de rechercher un emplacement convenable pour l'établissement d'un camp couvrant à la fois Vierzon et Bourges, de manière à remplir les intentions du ministre de la guerre.

Salbris parut réunir tous les avantages désirables. On n'eut plus tard qu'à se féliciter du choix de cette position. Il fut décidé que les troupes partiraient le 17.

Pendant son séjour à la Motte-Beuvron, le général en chef visita les troupes dans leur bivouac. Leur installation était bonne; les mobiles, profitant de l'exemple et des leçons des anciens soldats, leurs camarades, avaient promptement appris à dresser leurs petites tentes, à organiser leur couchage et à faire la soupe. Ils s'occupaient également du nettoyage de leurs armes.

Il était facile de voir que la confiance commençait à renaître et que le moral des troupes tendait à se raffermir ; mais, en parcourant les grand'gardes et les avant-postes, le général d'Aurelle acquit la triste certitude que les sous-officiers, et les officiers eux-mêmes, ne savaient pas se garder. L'emploi des grand'gardes n'était pas compris. Tout était à faire pour donner à l'armée une instruction pratique, sur cette partie essentielle du service en campagne.

La discipline n'existait pas ; les soldats avaient pris l'habitude de faire ce qu'ils voulaient, sans souci des ordres donnés. Ils s'étaient affranchis des marques de respect et de déférence dues aux divers grades. L'autorité des officiers était méconnue ; ils avouaient et déploraient leur impuissance à réprimer les désordres.

L'ivrognerie avait fait des progrès d'autant plus grands, que les populations favorisaient ce déplorable penchant, en prodiguant aux jeunes soldats, à leur arrivée dans les gares, du vin, des comestibles, sous le prétexte de subvenir à des besoins le plus souvent imaginaires. On entretenait ainsi une surexcitation qui produisait les effets les plus fâcheux. On n'entendait dans les rangs que des chants obscènes mêlés à la *Marseillaise ;* et nos jeunes conscrits, qui marchaient à la délivrance de la patrie, offraient partout le triste spectacle de bandes indisciplinées.

Pour ramener les soldats au sentiment de leurs devoirs, il fallait de la sévérité ; mais seule, elle ne pouvait opérer la régénération désirée par tous les bons citoyens. Il fallait surtout réveiller dans le cœur des soldats les sentiments d'honneur, de religion, de patriotisme et de dévouement; le général en chef ne désespéra pas de réussir.

A la suite du mouvement exécuté, le 17 octobre, sur Salbris, les trois divisions avaient pris les emplacements qui leur avaient été assignés; elles occupaient les positions indiquées ci-après :

Le première division, Martin des Paillères et la brigade de cavalerie d'Astugue, venues de Gien, étaient établies à Argent.

La deuxième division, général Martineau des Chenez, occupait Pierrefitte, sur la rive gauche de la Sauldre.

La brigade de cavalerie Michel s'établit à Sainte-Montaine, reliant la première division à la deuxième.

La troisième division, général Peytavin, la division de cavalerie, général Reyau, la réserve et le parc d'artillerie, la réserve du génie et les divers services administratifs, prirent position à Salbris, en arrière et sur la rive gauche de la Sauldre.

Dès que le camp fut établi, l'ordre fut donné au général de Blois de la Calande, commandant l'artillerie, à son chef d'état-major le colonel Gobert, et au colonel de Marsilly, commandant le génie, d'étudier le terrain, de reconnaître les endroits les plus favorables pour une bonne défense, d'exécuter les travaux nécessaires pour pouvoir y porter avec célérité l'artillerie, de faire des trouées dans les massifs d'arbres qui bordent la rivière, pour que rien ne pût contrarier, en cas d'attaque, la rapidité des mouvements.

Ces reconnaissances faites, les places de combat furent assignées aux troupes d'infanterie ; on indiqua ces emplacements aux officiers généraux, aux commandants des régiments, qui se rendirent sur les lieux, accompagnés de leurs adjudants-majors et conduits par les officiers d'état-major. Tout fut prévu pour tirer parti des avantages de la position occupée.

Pendant que les troupes complétaient leur installation au bivouac, le général d'Aurelle visitait, accompagné de son chef d'état-major le général Borel, les régiments d'infanterie, s'arrêtant devant tous les bataillons. Entouré des officiers et soldats, il leur parla des malheurs de la France, de ses revers, de la possibilité de réparer nos désastres ; leur faisant comprendre qu'il dépendait d'eux de ramener la victoire sous nos drapeaux ; qu'il fallait pour cela revenir à nos vieilles traditions, rétablir la discipline, s'interdire la maraude, le pillage, qui déshonoraient l'uniforme ; travailler à s'instruire ; apprendre à se garder pour éviter les surprises ; et faisant appel à leur patriotisme, à leur dévouement, il exalta leur courage en leur rappelant la valeur et les exploits de notre armée à toutes les époques de notre histoire.

Il leur parla sans phrases étudiées, mais d'une voix assurée, forte, animée, sans autre éloquence que celle qui partait d'un cœur vivement ému ; et tous, officiers et soldats, le saluèrent, quand il s'éloigna, par les cris répétés de *Vive la France!*

Le 15ᵉ corps d'armée resta dix jours à Salbris ; le commandant en chef profita de ce temps pour visiter, escorté de ses aides de camp, les divers régiments de toutes armes, afin de s'assurer que rien ne manquait à leur bien-être, que les distributions étaient régulièrement faites, que le pain et la viande étaient de qualité convenable.

Tous les jours on faisait l'exercice, on utilisait le temps d'une manière fructueuse. Du contact des soldats et de leurs officiers naquit une confiance réciproque; bientôt la discipline revint comme par enchantement, une transformation heureuse s'opéra, et nos régiments de mobiles, qui, en arrivant de leurs provinces, effrayaient par leur licence et leur indiscipline les populations qu'ils auraient dû rassurer, devinrent en peu de temps des troupes obéissantes, disciplinées, pleines de respect pour leurs chefs.

Le lendemain de l'arrivée du 15e corps à Salbris, le commandant en chef convoqua à son quartier général les généraux, les colonels de toutes les armes, infanterie, artillerie, cavalerie, les membres de l'intendance, et les chefs de tous les services : toutes les questions d'intérêt général furent traitées dans cette réunion. Le général d'Aurelle écoutait attentivement toutes les observations. Les ordres jugés nécessaires pour aplanir les difficultés furent donnés séance tenante.

Le commandant en chef profitait, du reste, de toutes les occasions qui lui étaient offertes pour exposer ses vues, ses principes sur la discipline, sur la manière d'instruire les hommes, de se garder devant l'ennemi, de conserver les munitions de guerre et aussi les vivres, quand les distributions étaient faites pour plusieurs jours.

Il se faisait rendre compte des besoins du soldat en vêtements, chaussures, objets de campement, ustensiles de cuisine; il stimulait l'intendance pour presser l'exécution des marchés et les distributions d'effets de toute nature, au fur et à mesure des réceptions, toujours impatiemment attendues.

Le général d'Aurelle donnait satisfaction, autant qu'il dépendait de lui, à toutes les réclamations, et il se plaît à reconnaître qu'il trouvait partout et chez tous le plus grand empressement à seconder ses efforts, le concours le plus dévoué et le plus loyal.

C'est ainsi que l'organisation de l'armée de la Loire commençait à se développer, et sa réputation à grandir. La France l'entourait de ses sympathies et voyait en elle l'espoir de sa délivrance.

Le général d'Aurelle avait été informé, depuis plusieurs jours, par le gouvernement de Tours, que le 16e corps était placé sous son commandement, mais il était sans renseignements sur son organisation et son personnel.

Il reçut du général Pourcet une lettre, en date du 18 octobre, par laquelle il lui annonçait sa nomination au commandement du 16e corps, l'établissement de son quartier général à Blois, et lui faisait part des difficultés qui entravaient la formation de ce corps d'armée.

« Blois, 18 octobre 1870.

» Mon Général,

» J'ai déjà eu l'honneur, par mon télégramme du 17

» de vous annoncer que j'ai été nommé au comman-
» dement du 16ᵉ corps d'armée. J'ai accepté avec em-
» pressement le désir du ministre que je vous restasse
» subordonné pour les actions de guerre où le 16ᵉ corps
» aura à coordonner ses mouvements et ses efforts
» avec ceux du 15ᵉ corps.

» Je suis arrivé ici et je n'y ai trouvé que peu de
» troupes. Elles m'arrivent successivement, mais
» malheureusement très-peu organisées et péchant
» surtout par le défaut de discipline. Elles manquent
» des choses les plus essentielles, et je suis sans mu-
» nitions, malgré mes réclamations réitérées de tous
» les jours.

» J'ai à Blois, en ce moment, 7,000 hommes d'in-
» fanterie, et en avant de Blois, entre Saint-Lau-
» rent-des-Eaux et la Ferté Saint-Aignan, sur la rive
» gauche, un bataillon de chasseurs à pied de
» 950 hommes.

» Ma cavalerie est au complet depuis hier au soir;
» elle est échelonnée entre Blois et Mer, avec de
» forts détachements sur la rive gauche de la Loire.

» Je n'ai encore qu'une batterie d'artillerie (de 4
» rayé), mais j'en attends demain six autres batteries,
» dont deux batteries légères, ce qui me donnera un
» total de sept batteries. J'attends aujourd'hui la bri-
» gade Gaulard (infanterie).

» En résumé, à partir de demain soir, j'aurai sous
» la main la brigade d'infanterie Deplanque.   7,000
» la brigade Gaulard, d'environ.   8,000

                                    Total. . . . 15,000

» 7 batteries d'artillerie, 42 pièces.

» Les six régiments de cavalerie de la division du
» général Ressayre, environ 2,500 chevaux.

» Malheureusement, beaucoup de ces troupes n'ont
» point tout ce qui leur est nécessaire, et j'ai rendu
» compte au ministre de tous leurs besoins, sans
» qu'aucune satisfaction ait pu m'être donnée.

» Il leur manque notamment des équipages régi-
» mentaires, des ambulances, et surtout, ce qui est
» beaucoup plus grave, je n'ai absolument aucune
» réserve de cartouches d'infanterie, soit pour chas-
» sepots, soit pour fusils à percussion, et on ne répond
» même pas à mes demandes réitérées à cet égard.

» La question est d'autant plus importante que je
» reçois à l'instant même du ministre l'ordre télé-
» graphique de porter mon corps en avant, sur la
» rive droite de la Loire. Je compte par suite me
» porter du côté de Mer.

» Recevez, etc.

» *Signé:* POURCET. »

Cette lettre prouve, comme on l'a dit souvent, que le ministre de la guerre se préoccupait moins de former des corps d'armée solides que d'éblouir les populations en leur faisant croire que, sous sa puissante volonté, il s'opérait des miracles d'activité.

Le général Pourçet a beau se plaindre du dénûment de ses soldats, et demander des munitions de guerre qui sont d'une indispensable nécessité, on ne répond pas à sa demande et on lui ordonne de porter ses troupes en avant!

Le général d'Aurelle répondit au général Pourcet:

« Salbris, 20 octobre 1870.

» Mon cher général,

» Je suis heureux de vous avoir pour coopérateur
» dans l'accomplissement de la lourde tâche qui m'est
» imposée.

» Relever le moral du soldat, ramener la discipline
» dans l'armée, arrêter l'invasion et, avec l'aide de
» Dieu, repousser l'ennemi du sol de la patrie, tel
» est notre but. C'est un noble devoir, qui réclame
» tous nos efforts.

» Ayant été tout d'abord appelé au commandement
» du 16° corps d'armée, je sais par moi-même l'in-
» suffisance des moyens d'action dont vous pouvez
» disposer en ce moment.

» Cependant j'apprends avec plaisir que vous avez
» déjà sous la main, à Blois et dans les environs, deux
» brigades d'infanterie, six régiments de cavalerie
» et sept batteries, c'est-à-dire environ dix-sept
» mille hommes et quarante-deux pièces.

» Parmi les officiers généraux que vous avez sous
» vos ordres, je vous signale le général Tripart, com-
» mandant une brigade de cavalerie, comme un offi-
» cier énergique et dévoué.

» Hâtez, autant qu'il vous sera possible, l'organi-
» sation et la réunion de vos forces; tenez-moi au
» courant de votre situation numérique et de vos
» besoins, j'appuierai de tout mon pouvoir, auprès
» du ministre, les demandes de troupes, de matériel
» et de munitions que vous croirez devoir faire, et je

» vais, dès aujourd'hui, lui écrire au sujet de tout ce
» qui vous manque et dont vous m'avez entretenu.

» Envoyez-moi un état de vos forces, en officiers
» et troupes de toutes armes, en m'indiquant leurs
» divers emplacements.

» Je vous recommande, en dernier lieu, de me faire
» savoir bien exactement les mouvements que vous
» serez appelé à faire faire à vos troupes, afin qu'il
» me soit possible de donner, suivant les intentions
» du ministre, une direction d'ensemble à nos diverses
» opérations.

» Recevez, etc.

» *Signé*: Général D'AURELLE. »

Voilà donc les 15e et 16e corps d'armée définitivement réunis sous le commandement en chef du général d'Aurelle de Paladines, et formant l'armée de la Loire qui combattit à Coulmiers.

On trouvera ci-après la situation du 16e corps d'armée, tel qu'il existait à sa formation, envoyée au général en chef par le ministre de la guerre :

16e CORPS D'ARMÉE.

Commandant : POURCET, général de division.
Chef d'état-major général : RENAULT, général de brigade.
Commandant de l'artillerie : ROBINOT-MARCY, colonel.
Chef d'état-major de l'artillerie : SUTER, lieutenant-colonel.
Commandant le génie : JAVAIN, colonel.
Chef d'état-major du génie : LAGRENÉE, lieutenant-colonel.
Intendant : BROU, intendant militaire.
Prévôt : MORA, chef d'escadron de gendarmerie.

1re DIVISION D'INFANTERIE.

Commandant : N., général de division.
Chef d'état-major : Vuillemot, colonel
Commandant de l'artillerie : Rabatel, chef d'escadron.
Commandant le génie : Boitel, chef de bataillon.
Sous-intendant : Méry, sous-intendant militaire.
Prévôt : de Bourdineau, capitaine de gendarmerie.

1re brigade.

Commandant : Maurandy, général de brigade.
        8e bataillon de marche de chasseurs à pied.
        36e régiment de marche d'infanterie.
        8e régiment de la garde mobile (Charente-Inférieure).

2e brigade.

Commandant : Deplanque, général de brigade.
        37e régiment de marche d'infanterie.
        33e régiment de la garde mobile (Sarthe).

Artillerie.
        19e batterie du 7e régiment.
        18e batterie du 8e régiment.
        19e batterie du 10e régiment.

Génie. . . . 1re section de la 20e compagnie du 3e régiment.

2e DIVISION D'INFANTERIE.

Commandant : Barry, général de brigade.
Chef d'état-major : Masson, chef d'escadron.
Commandant de l'artillerie : de Noue, chef d'escadron.
Commandant le génie : Coste, chef de bataillon.
Sous-intendant : Mallet, sous-intendant militaire.
Prévôt : Gudin, sous-lieutenant de gendarmerie.

1re brigade.

Commandant : Gaulard, général de brigade.
        7e bataillon de marche de chasseurs à pied.
        31e régiment de marche d'infanterie.
        22e régiment de la garde mobile (Dordogne).

2ᵉ brigade.

Commandant : BARRY, général de brigade.
        38ᵉ régiment de marche d'infanterie.
        66ᵉ régiment de la garde mobile (Mayenne).

ARTILLERIE.
    19ᵉ batterie du 9ᵉ régiment.
    5ᵉ batterie du 12ᵉ régiment.
    6ᵉ batterie du 12ᵉ régiment.

GÉNIE. . . . 2ᵉ section de la 20ᵉ compagnie du 3ᵉ régiment.

3ᵉ DIVISION D'INFANTERIE.

Commandant : CHANZY, général de brigade.
Chef d'état-major : DE VERDIÈRE, chef d'escadron.
Commandant de l'artillerie : LAHAYE, chef d'escadron.
Commandant du génie : DE LA RUELLE, chef de bataillon.
Intendant militaire : N.
Prévôt : BARBIER, lieutenant de gendarmerie.

1ʳᵉ brigade.

Commandant : BOURDILLON, général de brigade.
        3ᵉ bataillon de marche de chasseurs à pied.
        39ᵉ régiment de marche d'infanterie.
        67ᵉ régiment de la garde mobile (Haute-Loire).

2ᵉ brigade.

Commandant : SÉATELLI, général de brigade.
        40ᵉ régiment de marche d'infanterie.
        71ᵉ régiment de la garde mobile (Haute-Vienne).

ARTILLERIE.
    19ᵉ batterie du 13ᵉ régiment.
    19ᵉ batterie du 14ᵉ régiment.
    20ᵉ batterie du 14ᵉ régiment.

GÉNIE. . . . 1ʳᵉ section de la 18ᵉ compagnie du 1ᵉʳ régiment.

DIVISION DE CAVALERIE.

Commandant : RESSAYRE, général de division.
Chef d'état-major : SÉGUIER, chef d'escadron.
Sous-intendant : GATUMEAU, sous-intendant militaire.
Prévôt : MORIOT, lieutenant de gendarmerie.

1re brigade.

Commandant : Tripart, général de brigade.
    1er régiment de marche de hussards.
    2e régiment de marche mixte (cavalerie légère).

2e brigade.

Commandant : N., général de brigade.
    6e lanciers.
    3e régiment de marche mixte (cavalerie légère).

3e brigade.

Commandant : Abdelal, général de brigade.
    3e régiment de marche de cuirassiers.
    4e régiment de marche de dragons.

RÉSERVE D'ARTILLERIE.

Directeur : Cabré, lieutenant-colonel.
    2e batterie *bis* du 7e régiment d'artillerie   } mixte.
    8e batterie principale du 1er régiment du train }
    14e batterie du 7e régiment d'artillerie   } mixte.
    8e batterie *ter* du 1er régiment du train }
    12e batterie du 16e régiment d'artillerie   } mixte.
    12e batterie principale du 1er régiment du train }
    17e batterie du 16e régiment d'artillerie   } mixte.
    12e batterie *ter* du 1er régiment du train }
    15e batterie du 18e régiment d'artillerie.
    6e batterie du 20e régiment d'artillerie.
    7e batterie du 20e régiment d'artillerie.

PARC.

Directeur : Astruc, lieutenant-colonel.
    14e compagnie *bis* du 1er régiment du train d'artillerie.
    5e compagnie *bis* } du 2e régiment du train d'artillerie.
    15e compagnie *bis* }
    Détachement à pied de la 2e batterie *bis* du 14e régiment.
    Détachement de la 2e compagnie d'ouvriers.

RÉSERVE DU GÉNIE.

2ᵉ section de la 18ᵉ compagnie du 1ᵉʳ régiment du génie.
Détachement de sapeurs conducteurs du 3ᵉ régiment du génie.

TROUPES D'ADMINISTRATION.

14ᵉ compagnie du 3ᵉ régiment du train des équipages militaires.
20ᵉ compagnie du 3ᵉ régiment du train des équipages militaires.
Une compagnie légère du train des équipages militaires.

Le 16ᵉ corps d'armée occupait des positions disséminées en avant de Blois, depuis la forêt de Marchenoir jusqu'à Mer, et se trouvait ainsi séparé par la Loire du 15ᵉ corps, qui occupait, comme nous l'avons vu, la rive gauche de la Sauldre, à Salbris.

Les Allemands avaient envoyé de ce côté de nombreuses reconnaissances pour recueillir des renseignements, mais elles ne s'aventuraient pas jusqu'à nos avant-postes, et se tenaient au loin, employant l'espionnage et répandant de faux bruits pour jeter l'inquiétude dans les rangs de l'armée.

Les troupes du 15ᵉ corps avaient pris en quelques jours beaucoup d'aplomb, et étaient parvenues à bien se garder. Il est à remarquer que dès ce moment l'armée de la Loire n'a jamais éprouvé de surprise, et qu'elle a quelquefois, au contraire, surpris des avant-postes allemands.

Renonçant à venir nous inquiéter en Sologne, l'armée du général de Tann avait un moment abandonné la rive gauche de la Loire pour se porter vers Châteaudun. Divers renseignements reçus dans la nuit du 18 au 19, et ceux qui furent apportés par un espion venu d'Orléans, confirmaient cette nouvelle. Le général allemand faisait exécuter aux troupes qui gardaient Orléans des mouvements continuels ; il les faisait sortir par une porte et rentrer par une autre, afin de tromper le public sur l'effectif de son armée, qu'il tenait à faire croire plus forte qu'elle ne l'était en réalité.

Il avait une artillerie considérable, cent vingt pièces de canon, stationnant habituellement sur les boulevards ; plusieurs batteries étaient placées sur divers points, en avant de la ville, et notamment à Huisseau, en arrière de la petite Mauve, bonne position qui défendait la forêt de Montpipeau.

Ces mouvements de l'ennemi sur la rive droite de la Loire attirèrent l'attention du ministre de la guerre, et lui firent entrevoir dans cette opération une menace ou un danger pour Tours, siége de la délégation du gouvernement.

Une dépêche télégraphique prescrivit aussitôt au général commandant des 15ᵉ et 16ᵉ corps d'envoyer d'urgence des troupes à Blois.

Guerre à général d'Aurelle.

« Tours, 21 octobre 1870.

» Détachez de votre aile gauche une dizaine de
» mille hommes, et envoyez-les à marche forcée sur
» Blois, à la disposition du général Pourcet. Il est
» bien entendu que le corps détaché comprend sa
» cavalerie et son artillerie.

» Informez Pourcet de l'heure probable de l'arrivée
» de ces troupes à Blois. »

Il fut répondu au ministre par la même voie :

Général d'Aurelle à guerre, Tours.

« Salbris, 21 octobre 1870.

» La 1re brigade de la 3e division, forte de
» 11,200 hommes, avec trois batteries de 4, par-
» tira ce soir à cinq heures pour se rendre à Blois,
» où elle arrivera après-demain, dans la matinée,
» sous les ordres du général Peytavin. Cette division
» n'a pas de cavalerie, je n'ai ici que la division
» Reyau, que je suis forcé de conserver en entier. »

Le général Pourcet fut immédiatement informé de l'arrivée de cette brigade, dirigée sur Blois par Romorantin. Elle arriva à sa destination au jour et à l'heure indiqués dans la dépêche au ministre.

Cette marche forcée s'était effectuée avec ordre et sans laisser d'hommes en arrière, mais le 32e régiment de mobiles, légion du Puy-de-Dôme, arrivé depuis trois jours de l'Auvergne, eut beaucoup à souffrir à cause des mauvaises conditions de son équipement. Il fit preuve d'énergie, tint à honneur de suivre la colonne, mais un grand nombre d'hommes furent blessés aux épaules par les cordes soutenant les musettes en toile qui renfermaient leurs effets de toute nature, vivres et munitions de guerre.

Notre ligne à Salbris se trouvait considérablement affaiblie par ce départ inopiné. Un officier d'état-major se rendit à Pierrefitte, afin de porter l'ordre au général Martineau des Chenez, commandant la 2ᵉ division d'infanterie, de partir avec sa division le lendemain, 22 octobre, pour venir s'établir à Salbris. Ce mouvement avait été déjà décidé en principe et ne fut avancé que de vingt-quatre heures.

Le général en chef désirait avoir près de lui cette division, dans laquelle venaient de se commettre quelques actes d'indiscipline déférés à la cour martiale. Il la visita dès le lendemain de son arrivée au camp, et il lui fut facile de reconnaître qu'il y avait du relâchement dans la discipline, et que l'exécution des ordres n'était pas assurée par une main ferme: ainsi, par exemple, il y avait près du camp occupé par cette division une exploitation considérable de bois appartenant à un riche propriétaire. Les arbres coupés étaient cordés et déjà disposés pour la vente.

Comprenant la nécessité de faire un sacrifice commandé par les circonstances, ce propriétaire avait courtoisement fait l'abandon volontaire d'une quantité de bois plus que suffisante pour le chauffage et pour la cuisson des aliments. Malgré ce louable désintéressement, plusieurs régiments avaient enlevé d'énormes quantités de bois, et sous les yeux de leurs chefs, témoins indifférents de ce pillage, ils avaient fait de grands bûchers et y avaient mis le feu, prenant plaisir à détruire le bien d'autrui, sans scrupule et sans nécessité.

Une punition fut infligée aux chefs de corps, et un blâme adressé au général de division; l'intendance reçut des ordres pour indemniser le propriétaire au moyen de bons de chauffage établis au compte de ces régiments.

Ce fut vers cette époque que les cours martiales commencèrent à fonctionner. On a beaucoup parlé de ces tribunaux exceptionnels et de la crainte qu'ils inspiraient. Quelques personnes en ont attribué la création au général d'Aurelle, sans réfléchir que les pouvoirs d'un général en chef, quelque étendus qu'ils soient, ne lui confèrent pas le droit de faire des lois ni de modifier celles qui existent.

Le décret qui ordonne la création des cours martiales est du 2 octobre, bien avant l'arrivée du général d'Aurelle à l'armée de la Loire. Il est l'œuvre des membres de la délégation du gouvernement de la défense nationale.

Peu de personnes en connaissent les dispositions; il peut être utile de les mettre sous les yeux de ceux qui s'intéressent aux questions de discipline militaire. (Ce décret est inséré *in extenso*, à la fin du volume, aux Pièces justificatives.)

Ainsi qu'on peut le voir dans la lecture de ce décret, le général en chef n'avait pas à donner d'ordres pour faire traduire un militaire devant la cour martiale. Ce tribunal fonctionnait indépendamment et en dehors de son action, et il n'avait pas à intervenir pour demander l'application du décret.

Dans la juridiction militaire ordinaire, celle des conseils de guerre, une plainte est faite par le chef de corps, transmise au général de division, qui fait écrouer le prévenu, et après un rapport du capitaine rapporteur, refuse ou ordonne l'information.

Ici au contraire, dans l'application du décret précité, c'est le corps auquel appartient le prévenu qui prend toute initiative, qui donne l'ordre de la convocation de la cour martiale, laquelle se réunit au lieu indiqué par son président et prononce son jugement.

En cas de condamnation, la sentence est exécutée le lendemain matin, avant le départ des troupes si elles sont en marche, et en présence du bataillon auquel appartient le coupable, sans qu'il en soit référé au commandement, ce qui d'ailleurs serait inutile, puisque d'après l'article 2, il n'y a lieu ni à révision ni à cassation des sentences rendues par les cours martiales.

Le général en chef avait prescrit aux généraux commandant les divisions de lui rendre compte des condamnations qui seraient prononcées. Il les faisait mettre à l'ordre de l'armée, pour que cette excessive sévérité de la loi, portée à la connaissance des mauvais sujets et des soldats indisciplinés, les fît réfléchir et rentrer dans le devoir.

Contrairement à ce qu'on a dit, cette loi a été rarement appliquée dans l'armée de la Loire, tant qu'elle a été commandée par le général d'Aurelle de Paladines; il serait d'ailleurs facile de s'en convaincre en recherchant ces condamnations dans le *Journal officiel*, qui les a toujours annoncées.

On a vu plus haut quelles difficultés le 32ᵉ de mobiles avait éprouvées pour se rendre de Salbris à Blois : ce fait avait vivement attiré l'attention du général en chef, parce que beaucoup d'autres régiments étaient aussi mal équipés. Depuis l'arrivée à Salbris du 15ᵉ corps, le général d'Aurelle, profitant de l'espèce de trêve produite par l'éloignement des Allemands, avait donné tous ses soins à l'organisation, à l'administration, à l'instruction militaire, qui laissaient tant à désirer au début, et ces quelques jours de repos n'avaient pas été perdus pour le bien-être des soldats. L'intendance avait reçu des effets d'habillement, d'équipement, de linge et chaussure, des couvertures, des gilets de flanelle qu'on s'était empressé de distribuer.

Certains régiments, notamment le 2ᵉ de zouaves, nouvellement arrivé d'Afrique, étaient dans un état de dénûment incroyable.

Les soldats presque nus n'avaient que des vêtements de toile! Cependant, quelques jours plus tard, chaque homme recevait un vêtement de laine, vareuse ou pantalon; mais, dans la saison où on entrait et au bivouac, ces distributions étaient insuffisantes. Malgré les mauvaises conditions dans lesquelles les troupes se trouvaient, aucune plainte ne se faisait entendre; mais il n'aurait pas été possible de laisser l'armée stationner plus longtemps, sans perdre le résultat des efforts faits depuis quinze jours pour la discipliner.

Le moment était venu de marcher vers les Allemands, puisqu'ils ne venaient pas vers nous.

M. de Freycinet, d'ailleurs, qui avait été nommé délégué du ministre de la guerre, à la date du

10 octobre, était impatient de se faire connaître ; il s'agitait, à Tours, au milieu d'un personnel auquel il n'était pas sympathique, et ne savait trop comment se mettre en relations avec l'armée, surprise de recevoir des ordres d'un ingénieur des mines.

Son embarras était grand, on peut en juger par la lettre qu'il adressa au général commandant les 15e et 16e corps d'armée, pour entrer en communication avec lui. Cette lettre est écrite de sa main. M. de Freycinet mérite, il faut être juste, un peu d'indulgence, puisqu'il parlait pour la première fois d'opérations militaires et de stratégie.

« Tours, 17 octobre 1870.

» Général,

» J'ai reçu les diverses dépêches que vous m'avez
» envoyées.

» Le point sur lequel je désire appeler particuliè-
» rement votre attention, c'est sur la possibilité d'un
» mouvement combiné entre vos forces et celles du
» général Pourcet à Blois. Ce général a dans sa main,
» à Blois et à Tours, une trentaine de mille hommes
» pourvus d'artillerie.

» Il est prévenu qu'il vous obéit absolument pour
» les mouvements militaires. Par conséquent, vous
» n'avez qu'à lui donner l'ordre que vous jugerez
» nécessaire pour soutenir votre armée.

» Dans le cas, par exemple, où votre marche sur
» Vierzon se serait continuée, et où les Prussiens vous
» auraient suivi, vous auriez eu à donner l'ordre pré-
» cis au général Pourcet de se trouver avec des

» troupes, à une heure et à un point déterminés, de
» manière à prendre l'ennemi entre deux feux et à lui
» infliger enfin une de ces surprises dont nous avons
» été si souvent victimes. De même encore, si l'en-
» nemi tentait de se jeter à l'ouest pour se porter sur
» Blois ou sur Tours, dans la ligne de Romorantin,
» vous auriez à combiner votre action avec le général
» Pourcet ; seulement les rôles entre lui et vous se
» trouveraient alors sensiblement renversés, puisque
» c'est vous qui auriez à prendre l'ennemi à revers.

» Il me paraît plus probable que l'armée prussienne
» restera groupée au sud d'Orléans, où peut-être de
» nouveaux corps viendront la renforcer. Il y aura
» alors, sans doute, à se demander bientôt s'il ne
» convient pas de marcher sur elle, toujours combi-
» nant votre action avec celle du général Pourcet, qui
» vous rejoindrait par la Loire. Seulement, il ne faut
» pas trop se presser, et si vos positions sont bonnes,
» il vaut mieux les conserver et attendre, ne fût-ce
» que pour donner aux troupes le temps de prendre
» plus de cohésion et d'aplomb, et aux généraux
» celui de mieux connaître leurs troupes.

» Mais, quelles que soient les combinaisons qui doi-
» vent surgir, il est un point essentiel que vous devez
» réaliser à tout prix, c'est de ne pas agir isolément,
» *mais de faire converger vos forces et celles du général*
» *Pourcet dans une action commune.* Tout est là.

» Mais ce but ne pourra être sûrement atteint que
» lorsque vous posséderez une connaissance complète
» des mouvements et de la force de l'ennemi, grâce
» à des reconnaissances habiles et multipliées. A ce

» propos, je crois devoir insister sur la convenance
» de remplacer les reconnaissances faites par de gros
» détachements, par des reconnaissances faites par
» un très-petit nombre de cavaliers supérieurement
» montés. Mieux vaut trois ou quatre bons chevaux
» que deux ou trois cents médiocres. Je vous engage
» donc à multiplier les reconnaissances, en réduisant
» chacune d'elles à quelques bons et hardis cavaliers.
» Je vous recommande le pont de Neung-sur-Beuvron
» et celui de la Ferté-Beauharnais comme des buts
» d'observations quotidiennes.

» Usez aussi du système d'espionnage, qui ne me
» paraît pas suffisamment développé; seulement, ici
» encore, mieux vaut la *qualité* des espions que la
» quantité.

» Maintenez-vous en relations régulières chaque
» jour avec Bourges, Vierzon, Tours et Blois, de
» manière que vous connaissiez constamment tous
» les éléments sur lesquels vous pouvez compter.
» Si vous prévoyiez devoir prolonger votre séjour
» à Salbris, profitez-en pour vous retrancher le plus
» fortement possible, ces travaux étant d'ailleurs
» excellents pour améliorer le soldat.

» Enfin j'appelle votre attention sur le service de
» l'intendance. Ne négligez rien pour que l'armée
» soit bien pourvue, pour que les munitions ne man-
» quent pas, et si les choses ne se passaient pas à
» votre gré, ne craignez pas de réclamer énergique-
» ment auprès de nous.

» Sur ces divers points, et en particulier sur ce qui
» touche les mouvements et la force supposée de l'en-

» nemi, je vous invite à me passer des dépêches fré-
» quentes et précises.

» Agréez, général, l'expression de mes sentiments
» les plus distingués.

» Pour le ministre de l'intérieur et de la guerre,

» Le délégué du ministre au département de la
» guerre,

» *Signé :* C. DE FREYCINET. »

Voilà, certes, une longue leçon sur l'art de faire la guerre, donnée par un ingénieur des mines, improvisé professeur de tactique et de stratégie; du premier jour de son entrée en fonctions, il croit avoir trouvé le moyen de vaincre les Prussiens, « *de les prendre entre deux feux et de leur infliger de cruelles surprises.* »

Cette lettre donne la mesure de la bonne opinion que M. de Freycinet avait de son mérite et de ses capacités. Elle fit faire au commandant du 15ᵉ corps de douloureuses réflexions; il eut comme un pressentiment des nouveaux malheurs qui allaient fondre sur notre patrie.

M. Gambetta, absorbé par la politique, se déchargeait des affaires de la guerre sur un homme qui n'avait nul souci de l'esprit, des idées, de la dignité de l'armée, qu'il ne connaissait pas. Il allait la froisser chaque jour par sa dureté, ses manières, ses paroles hautaines, son ignorance complète des principes de la hiérarchie, qu'il était d'ailleurs bien décidé à fouler aux pieds.

Sa lettre fut apportée au général d'Aurelle par un des attachés à son cabinet, M. Sourdeaux, qui se présenta au quartier général avec la lettre d'introduction dont la copie est ci-jointe :

« Tours, 17 octobre 1870.

» Général,

» La lettre ministérielle ci-jointe, renfermant des
» instructions pour la campagne, vous sera remise
» par M. Eugène *Sourdeaux*, attaché à mon cabinet,
» et qui est un homme absolument sûr. Vous pourrez
» donc vous ouvrir à lui sans réserve de vos plans.
» Lui-même est au courant de nos intentions, et au
» besoin vous les expliquera. Enfin, il sera à votre
» disposition pour me transmettre toutes les lettres
» ou dépêches que vous jugerez à propos.

» Il est bien entendu, d'ailleurs, que M. Sour-
» deaux n'a à s'immiscer en rien dans votre comman-
» dement, dont vous êtes seul responsable. Ses com-
» munications avec vous vous laissent votre entière
» liberté d'appréciation et d'exécution, et les seules
» instructions qui vous obligent sont celles que vous
» recevez officiellement de nous.

» Agréez, général, etc.

» Le délégué du ministre,

» *Signé* : C. DE FREYCINET. »

Il était naturel de penser que le délégué de la guerre, avec les tendances dictatoriales qu'il empruntait de son chef, chercherait à se donner de l'importance, pour se faire prendre au sérieux, et qu'il trouverait quelque chose à redire dans les détails du service de l'armée de la Loire, pour donner ainsi la preuve que rien n'échappait à son active vigilance.

Il écrivit donc au général en chef la lettre suivante :

« Urgent.   Tours, 17 octobre 1870.

» Général,

» On me dit que votre camp n'est pas exactement
» gardé la nuit, et qu'on a pu pénétrer jusqu'au quar-
» tier général sans rencontrer une seule patrouille.
» On a même trouvé des sentinelles endormies. Je
» vous invite à prendre sans retard les mesures les
» plus rigoureuses pour faire cesser, s'il existe, un
» état de choses aussi dangereux.

» Agréez, général, etc.

» Le délégué du ministre,
» *Signé* : C. DE FREYCINET. »

Tous ceux qui ont appartenu à l'armée de la Loire savent au contraire qu'elle se gardait avec un soin tout particulier.

C'est une justice qui lui a été rendue par tous les hommes compétents et par nos ennemis eux-mêmes. Il n'y a pas eu, sous le commandement du général d'Aurelle de Paladines, un seul exemple de postes surpris ou enlevés.

Le 23 octobre, le général commandant le 15e corps fut informé, par une lettre venue de Tours, qu'un conseil de guerre serait tenu le lendemain 24, à son quartier général à Salbris. Il devait se composer du général d'Aurelle, du général Pourcet, commandant le 16ᵉ corps, du général Martin des Paillères, commandant la première division du 15ᵉ corps, du général Borel, chef d'état-major général de l'armée, et du délégué du ministre de la guerre M. de Freycinet, accompagné de MM. Sourdeaux et de Serres, attachés à son cabinet.

La conférence eut lieu à midi. Les délibérations et résolutions devaient être tenues secrètes. Son but était d'arrêter un projet pour marcher sur Orléans, et reprendre cette ville, dont l'occupation par l'armée allemande avait produit en France un effet moral si fâcheux.

M. de Freycinet, dans un livre récemment publié : « *La Guerre en province* », a donné à cette réunion une importance qu'elle n'a jamais eue. Il parle de deux combinaisons qui auraient été mises en discussion ; l'une de se jeter dans l'Est pour couper les communications de l'ennemi, l'autre de marcher sur Paris pour tenter de le débloquer.

Les souvenirs de M. de Freycinet le servent mal[1]. Il ne fut nullement question de ces combinaisons ; celles qui furent discutées étaient beaucoup plus simples, plus modestes. On ne s'éleva pas à d'aussi hautes considérations stratégiques qu'il veut bien le dire, et il faut ajouter, que tout ce qui appartenait à l'armée, quoique disposé à l'obéissance, n'aurait suivi le délégué de la guerre qu'à contre-cœur dans des entreprises aussi téméraires qu'aventureuses.

---

[1] Ainsi que pourraient l'attester les personnes présentes à la conférence.

L'armée de la Loire était encore trop jeune, trop peu habituée aux fatigues, trop mal équipée, pour pouvoir faire une marche d'aussi longue haleine; il aurait fallu courir la chance de se mesurer plus tard avec l'armée du prince Frédéric-Charles, réputée la meilleure de l'Allemagne, et qui tenait en échec, depuis trois mois, deux cent mille Français sous les murs de Metz!

Il s'agissait donc simplement, dans cette conférence, de s'entendre pour savoir si l'on marcherait sur Orléans, en l'attaquant du côté de la forêt, ou bien si, après s'être porté sur la rive droite du fleuve, aux environs de Blois, on tenterait de couper la retraite à l'armée ennemie, après l'avoir vaincue et refoulée dans la ville.

L'idée de reprendre Orléans, en marchant de Blois sur cette ville, prévalut, et pour le moment, il n'y eut pas d'autre objectif. Ce fut là le seul programme arrêté; on ne discuta pas la possibilité de marcher sur Paris.

La voix de M. de Freycinet n'avait pas été d'ailleurs d'un grand poids dans la discussion; et si, comme il cherche à l'insinuer dans son livre, il avait pris une attitude d'autorité pour faire prévaloir son opinion, aucun des généraux présents n'aurait été disposé à subir sa volonté sans protester.

M. de Freycinet a joué un assez grand rôle pendant la guerre pour qu'il soit nécessaire de lui consacrer quelques lignes. Le délégué du ministre de la guerre est de petite taille, maigre, d'apparence chétive, plein de roideur, un peu embarrassé pour trouver une pose qui réponde à l'importance qu'il cherche à se donner. Son visage est pâle, ses traits paraissent fatigués par le travail et les veilles. Sa tête porte quelques rares cheveux gris coupés court; il a quarante-trois ans à peine, et cependant tout annonce en lui une vieillesse prématurée. Son regard, qu'il n'est pas facile de surprendre, laisse apercevoir, quand on peut y réussir, des yeux bleus qui ne manquent pas d'une certaine expression; mais on y chercherait en vain la bienveillance. Tel est l'extérieur de M. de Freycinet. Quant à ses qualités morales, le lecteur impartial en restera juge; elles ressortiront pleinement de l'examen attentif des documents officiels, et aujourd'hui historiques, qui seront mis sous ses yeux.

La conférence venait de finir, elle avait été longue : l'attaque d'Orléans était décidée. Le général Pourcet, M. de Freycinet, et les personnes qui les accompagnaient, repartirent pour Tours par un train spécial.

Il avait été convenu, toutefois, qu'avant de donner aucun ordre, on soumettrait le plan adopté à l'approbation de M. Gambetta. Le général d'Aurelle et son chef d'état-major devaient se rendre à Tours pour assister à une deuxième conférence, sous la présidence du ministre de la guerre. Cette réunion eut lieu le 25 octobre, à midi. La marche sur Orléans fut de nouveau décidée; on s'en tint du reste au programme arrêté à Salbris.

Le général Borel, seul, avait présenté quelques observations résultant de ses appréciations personnelles. Après explications, on fut d'accord.

LIVRE DEUXIÈME.

RÉUNION DES 15ᵉ ET 16ᵉ CORPS SUR LA RIVE DROITE DE LA LOIRE.

Ordres pour le passage du 15ᵉ corps de la rive gauche sur la rive droite. — Itinéraire de la cavalerie. — Le mouvement que le gouvernement voulait tenir secret est su de tout le monde. — Les troupes sont transportées par chemin de fer. — Inconvénients qui en résultent. — Retards considérables. — Les munitions de l'artillerie sont mélangées. — Le mauvais temps survient. — Craintes de M. de Freycinet sur une marche de l'ennemi vers Bourges. — Impossibilité de marcher en avant après l'exécution du mouvement. — Nécessité d'organiser le 16ᵉ corps. — Ordre général. — Emplacements occupés par l'armée de la Loire, le 30 octobre. — Réorganisation du personnel et du matériel du 16ᵉ corps. — Lettre au ministre de la guerre à ce sujet. — Capitulation de Metz. — Comment la nouvelle en fut apportée au quartier général. — Effet produit dans l'armée par cette capitulation. — Proclamations du ministre de la guerre Gambetta au peuple français, à l'armée. — La discipline de l'armée est ébranlée. — Le général d'Aurelle se rend à Marchenoir. — Réunion, le 1ᵉʳ novembre, des généraux, des chefs de corps et de service. — Plaintes amères des officiers sur l'outrage infligé aux chefs de l'armée. — Le ministre décide d'appeler le général Pourcet, commandant du 16ᵉ corps, à d'autres fonctions, et de laisser ce commandement vacant. — Réclamations du général d'Aurelle à ce sujet. — Le général Pourcet est remplacé, le 2 novembre, par le général Chanzy. — Corps irréguliers et autres opérant isolément autour de Blois. — Ils sont rattachés à la brigade Rébillard et au corps du général Chanzy. — Le général Michel, promu général de division, est nommé au commandement en chef de l'armée de l'Est. — Le général d'Aurelle regrette son départ.

Le général en chef et le général Borel rentrèrent à Salbris le même soir (25 octobre), et les ordres furent immédiatement préparés pour l'exécution des mouvements. Dès son arrivée à Salbris, le général d'Aurelle envoya au général Martin des Paillères la lettre suivante :

« Salbris, 25 octobre 1870.

» Mon cher général,

» Je rentre de Tours, et je me hâte de vous donner
» connaissance de ce qui a été décidé.

» Et d'abord, le mouvement se fera par Blois et
» non par Gien. Après deux heures de discussion,
» on a fini par être d'accord sur ce point.

» Dans tous les cas, votre rôle reste le même, vous
» êtes chargé d'attaquer Orléans par l'amont et la
» rive droite.

» D'après tous les rapports, il ne paraît pas y avoir
» dans Orléans ou les environs plus de 65,000 hom-
» mes. Il est possible même que ce chiffre soit exa-
» géré.

» Voici l'ensemble du mouvement des deux divi-
» sions du 15ᵉ corps et des troupes du 16ᵉ, chargées
» d'opérer en aval de la ville.

» 26 octobre, préparatifs.

» 27 et 28 octobre, transport des troupes sur Ven-
» dôme et sur Mer.

» Le 28 au soir, les troupes occuperont les positions
» suivantes :

» Division Peytavin, du 15ᵉ corps (temporairement
» sous les ordres du général Pourcet); Marchenoir,
» Saint-Léonard, Oucques et Viévy-le-Rayé.

» 16ᵉ corps concentré entre Plessis-l'Échelle, Ro-

» ches, Concriers, Séris et la Madeleine. La 2ᵉ di-
» vision du 15ᵉ corps, Martineau des Chenez, à Mer
» et ses environs.

» Le 29, les troupes occuperont l'espace compris
» entre Ouzouer-le-Marché et Beaugency.

» Le 30, entre les Barres, sur la route de Château-
» dun, et la Chapelle.

» Le 31, attaque d'Orléans, en menaçant la ligne
» de retraite de l'armée allemande par la route de
» Paris.

» Les treize régiments de cavalerie seront sur notre
» gauche du côté de Patay le 30, et du côté d'Arte-
» nay le 31, pour couper la route.

» Si pendant ce mouvement les troupes ennemies,
» venant de Chartres, s'avançaient contre nous avant
» que nous fussions à Orléans, nous nous retourne-
» rions pour marcher au-devant d'elles. Nous tâche-
» rons de vous faire prévenir à temps, si ce dernier
» mouvement s'effectue; mais, dans tous les cas,
» vous ne devez pas moins vous avancer sur Orléans,
» afin d'empêcher les troupes prussiennes qui sont
» dans cette ville de venir nous prendre à revers.

» On dit la forêt sillonnée par de longues tran-
» chées et des abatis. Je ne sais ce qu'il y a de vrai
» dans tout cela. Renseignez-vous avec soin, de ma-
» nière que vos mouvements puissent concorder avec
» ceux des 15ᵉ et 16ᵉ corps d'armée.

» Dans votre marche sur Orléans, et au moment de
» l'attaque que vous avez à faire, agissez d'après les
» circonstances, les renseignements que vous pour-
» rez vous procurer, et d'après les indications que je

» vous donne dans cette lettre sur nos mouvements
» probables.

» Dans tous les cas, tenez-moi tous les jours au
» courant de votre position et de votre situation, et
» écrivez-moi plusieurs dépêches par jour si cela est
» nécessaire.

» De mon côté, je vous tiendrai au courant de tout
» ce qui pourra vous intéresser.

» Requérez le service télégraphique d'avoir à réta-
» blir les lignes derrière vous, au fur et à mesure que
» vous avancerez du côté d'Orléans.

» Recevez, etc.
» Général D'AURELLE. »

Le général en chef écrivit au général d'artillerie de Blois de la Calande :

« Salbris, 26 octobre 1870.

» Mon cher général, veuillez donner les ordres
» nécessaires pour que la réserve d'artillerie se mette
» en route aujourd'hui pour Vierzon. Le parc d'ar-
» tillerie ainsi que l'équipage de pont partiront de-
» main matin pour la même destination, où vous au-
» rez à procéder à leur embarquement sur le chemin
» de fer.

» Trois batteries de 8 et les trois batteries à cheval
» de 4 devront être dirigées sur Vendôme; les trois
» autres batteries de 8 seront dirigées sur Mer.

» Quant au parc, il est inutile de l'avoir tout entier
» avec vous. Prenez tout ce qui porte des cartouches,
» ainsi que les munitions dont vous croyez avoir le

» plus immédiatement besoin, et dirigez cette portion
» du parc, partie sur Vendôme, savoir : tout ce qui
» concerne la réserve de cartouches de la 3ᵉ divi-
» sion du 15ᵉ corps, les trois batteries de 8 et les
» trois batteries à cheval de 4; envoyez à Mer la ré-
» serve de cartouches nécessaires à la 2ᵉ division du
» 15ᵉ corps, et les munitions des trois batteries de 8
» dirigées sur cette dernière ville.

» Le reste du parc devra s'arrêter à Blois, sauf à
» suivre les mouvements de l'armée; moins cepen-
» dant l'équipage de pont, qui restera à Blois, à moins
» d'ordres contraires.

» Prenez dès à présent toutes vos dispositions pour
» que les batteries de la réserve et le parc soient
» prêts, au premier ordre donné, à partir pour
» Vierzon, afin d'y être embarqués sur le chemin de
» fer.

» Arrivé à Vierzon, vous vous mettrez en relation
» avec l'inspecteur du chemin de fer, pour l'embar-
» quement de votre réserve et de votre matériel à
» diriger, ainsi que je l'ai dit plus haut, partie sur
» Vendôme et partie sur Mer.

» Recevez, etc.

» *Signé :* D'AURELLE. »

Le général en chef au général Reyau.

« Salbris, 26 octobre 1870.

» Mon cher général, vous partirez demain matin
» pour Vierzon, avec votre brigade de cuirassiers, qui
» sera transportée, par les voies ferrées, à Vendôme.

» Dès que vous serez arrivé à Vierzon, vous vous
» mettrez en relation avec l'administration du chemin
» de fer, pour régler le moment du départ des trains
» qui doivent vous transporter à Vendôme.

» Vous emmènerez avec vous tout votre matériel
» et votre ambulance.

» Recevez, etc.

» *Signé* : Général D'AURELLE. »

*Le général en chef au général Pourcet, commandant
le 16ᵉ corps, à Blois.*

« Salbris, 26 octobre 1870.

» Mon cher général, j'ai l'honneur de vous adres-
» ser, ci-joint, les dispositions que j'ai arrêtées pour
» la cavalerie, dans l'opération que nous allons tenter
» sur Orléans :

DATES.	DIVISION REYAU.	DIVISION MICHEL.	DIVISION RESSAYRE.
28	Blois. Brigade Longuerue. Mer. Cuirassiers.	Vers Mézières, route de Blois à Châteaudun.	Vers Oucques.
29	Josnes. Cuirassiers. Séris. Brigade Longuerue.	De Tripleville à Verdes.	Membrolles et Prénouvellon.
30	Gémigny. Cuirassiers. Saint-Sigismond. Brigade Longuerue.	Saint-Péravy.	Patay.
31	Sougy. Cuirassiers. ? Brigade Longuerue.	Chevilly.	Artenay.

» Il est bien entendu qu'il n'y a rien d'absolu dans
» ce projet, et qu'il y a toujours lieu de tenir compte
» des circonstances. Cependant, si notre mouvement
» sur Orléans s'exécute ainsi que nous l'avons pro-
» jeté, il est, sinon de toute nécessité, du moins utile,

» que les mouvements de la cavalerie se fassent, sur-
» tout dans les journées du 30 et du 31, comme il est
» indiqué ci-dessus, ou du moins s'en rapprochent le
» plus possible.

» Pour cette opération, à partir du 29 ou tout au
» moins à partir du 30, la division Michel, qui opé-
» rera avec la division Ressayre, sera sous les ordres
» de ce dernier officier général.

» La divison Reyau est une réserve générale dont
» je crois utile de conserver la direction, et qui ne
» devrait être appelée par les divisions Ressayre et
» Michel qu'en cas d'absolue nécessité.

» Dans ce cas, le commandement de toute la cava-
» lerie appartiendrait au général Reyau.

» Jusqu'au 29, rien d'absolu dans ces ordres. Il est
» bien entendu que la cavalerie couvre notre gau-
» che; mais comme j'ignore l'emplacement particu-
» lier de chaque régiment, je vous laisse le soin d'en
» disposer pour qu'ils se rapprochent le plus possible
» des points indiqués ci-dessus, sans toutefois dé-
» couvrir les lieux qu'ils sont chargés de protéger.
» Mais, à partir du 30; à moins d'événements impré-
» vus et d'impossibilité réelle, je compte que la divi-
» sion Ressayre se trouvera à Patay.

» Donnez deux batteries de 4 au général Ressayre,
» j'en donnerai deux au général Michel.

» Afin de ne pas trop ébruiter nos projets, il est bon
» que vous donniez tous les jours vos ordres de mou-
» vements aux divers corps de la division Ressayre.

» Vous ne préviendrez cet officier général de son
» commandement sur la division Michel que le 29.

» A partir de ce moment, il devra m'envoyer direc-
» tement tous les jours, et plusieurs fois par jour si
» cela est nécessaire, des renseignements sur sa posi-
» tion et sa situation. Il est bien entendu qu'il conti-
» nuera de correspondre avec vous.

» Recevez, etc.

» *Signé* : Général D'AURELLE. »

*Le général en chef au général de Blois de la Calande,
commandant l'artillerie du 15ᵉ corps.*

« Salbris, 26 octobre 1870.

» Mon cher général, contrairement aux prescrip-
» tions que je vous ai adressées ce matin, vous ferez
» diriger sur Mer, et non sur Vendôme, les trois bat-
» teries attelées de la réserve que je destine, savoir :
» deux batteries à la division de cavalerie Michel, et
» une batterie à la division Reyau.

» Lorsque vous serez arrivé à Mer, et seulement
» alors, vous donnerez l'ordre aux deux batteries des-
» tinées à la division Michel de se porter à Marche-
» noir, pour attendre cette division qui doit y passer.

» Quant à la batterie destinée à la division Reyau,
» elle attendra à Mer l'arrivée de la brigade de cui-
» rassiers qui doit s'y rendre, et si cette brigade
» l'avait précédée sur ce point, la batterie irait la
» rejoindre. Je vous prie de ne pas ébruiter ces mou-
» vements, et de ne donner vos ordres que lorsque
» cela vous paraîtra nécessaire, mais non avant.

» Recevez, etc.

» *Signé* : Général D'AURELLE. »

Le général en chef au général Reyau, commandant la cavalerie de réserve du 15ᵉ corps d'armée.

« Salbris, 26 octobre 1870.

» Mon cher général, vous partirez demain matin » pour Vierzon, avec votre brigade de cuirassiers, » ainsi que vous en avez déjà reçu l'ordre.

» Vous n'ouvrirez le pli ci-joint qu'en arrivant à » Vierzon, et vous assurerez l'exécution des prescrip-» tions qu'il renferme en ne leur donnant que la pu-» blicité strictement nécessaire pour assurer l'exécu-» tion des ordres.

» Arrivé à Mer, vous vous établirez au bivouac, » sur la route de Séris, où vous attendrez de nouvelles » instructions.

» Prévenez-moi du moment de votre départ de Vier-» zon, et de celui de votre arrivée présumée à Mer. »

Le général en chef au général Martineau des Chenez, commandant la 2ᵉ division du 15ᵉ corps d'armée.

« Salbris, 27 octobre 1870.

» Mon cher général, en arrivant à Mer, vous pren-» drez les ordres du général Pourcet, s'il se trouve » dans cette localité. Si cet officier général n'était pas » là, vous prendrez vos dispositions pour établir votre » division au bivouac entre Mer et Villangond. Peut-» être, à cause de l'heure tardive de votre arrivée, ne » pourrez-vous pas vous établir bien régulièrement.

» Reconnaissez alors des terrains, le plus possible » à proximité de la ville, pour que les derniers régi-

» ments de votre première brigade, qui arriveront de
» nuit, n'aient pas un trop long parcours à faire en sor-
» tant de la gare, et puissent s'installer facilement.

» En arrivant à Mer, vous aurez à entrer en rela-
» tion avec l'officier général qui y commande, afin de
» savoir quelles sont les mesures prises pour la sécu-
» rité générale des troupes, et prendre au besoin
» celles que vous jugeriez utiles pour vous garder.

» Votre deuxième brigade, ainsi que le bataillon
» du 39°, vous rejoindront demain dans la journée,
» avec votre troisième batterie d'artillerie. Préparez-
» leur des emplacements.

» Il est bien entendu que demain, 28 octobre, votre
» division s'étendra entre Mer et Villangond. Mas-
» quez vos troupes le plus possible, défendez de faire
» de grands feux, faites installer les cuisines autant
» que possible de manière que l'ennemi ne puisse
» pas apercevoir le feu de vos bivouacs.

» Je pars ce soir pour Blois, où je passerai la nuit.

» *P. S.* Vous trouverez à Mer 700 hommes du 2° de
» zouaves qui viennent de Toulon rejoindre leur régi-
» ment. Ils ont couché la nuit dernière à Montrichard
» et sont partis ce matin pour Blois, où ils doivent
» prendre des cartouches, et se rendre ensuite à Mer
» par la route. Dans le cas où ils n'auraient pu rece-
» voir leurs cartouches, faites-leur-en délivrer à
» Mer, à leur arrivée.

» Recevez, etc.

» *Signé* : Général D'AURELLE. »

*Le général en chef au général Rébillard, commandant
la 1re brigade de la 2e division du 15e corps.*

« Salbris, 27 octobre 1870.

» Mon cher général,

» Vous partirez demain matin pour Mer. Vous avez
» dû recevoir des ordres pour préparer votre départ.
» Vous remarquerez que la lettre qui vous donne ces
» ordres n'indique pas la destination. C'est avec inten-
» tion, afin que les troupes, et même les officiers,
» ignorent le lieu sur lequel ils sont dirigés.

» Toutefois, comme il importe que chacun se rende
» à l'emplacement qui lui est destiné, vous aurez à
» remettre à chacun des chefs de détachement un
» pli cacheté qu'il ne devra ouvrir qu'après avoir dé-
» passé Vierzon, et dans lequel vous leur indiquerez
» que leur destination est Mer.

» *P. S.* Je pars vers les deux heures pour Blois, où
» je passerai la nuit; c'est là que vous devrez m'en-
» voyer toutes les dépêches qui pourraient m'être
» adressées de Salbris. Vous devrez aujourd'hui venir
» vous installer dans la maison où est mon quartier
» général. »

*Le général en chef au général Rébillard, commandant
la 1re brigade de la 2e division du 15e corps.*

« Salbris, 27 octobre 1870.

» Mon cher général,

» Donnez les ordres nécessaires pour que tout ce

» qui reste de la deuxième division, à Salbris, s'em-
» barque demain matin par le chemin de fer.

» Cet embarquement aura lieu aux heures suivantes :

» Six heures et demie : 29ᵉ régiment de mobiles.

» Sept heures : la batterie d'artillerie.

» Sept heures et demie : 30ᵉ de marche.

» Huit heures et demie : 2ᵉ régiment de zouaves.

» Huit heures et demie : le bataillon du 39ᵉ de
» ligne, détaché à Nouan, où le train ira le chercher.

» Envoyez des ordres en conséquence à ce batail-
» lon, qui devra emmener avec lui, dans son train,
» tous les cavaliers restés à Nouan.

» Des wagons spéciaux pour chevaux seront joints
» à ce train. Comme les troupes passeront une partie
» de la journée en chemin de fer, donnez l'ordre de
» faire dans la nuit la soupe, qui sera mangée avant
» le départ. La viande sera conservée pour la journée.

» Recommandez de la manière la plus expresse,
» que les hommes ne s'éloignent pas des gares pen-
» dant les temps d'arrêt.

» Recevez, etc.

» *Signé* : Général D'AURELLE. »

Le général en chef quitta Salbris à deux heures et demie, le 27 octobre, et arriva à Blois le même jour à cinq heures.

Les recommandations les plus expresses avaient été faites aux employés des chemins de fer, qui se trouvaient forcément dans la confidence, pour que ce mouvement fût tenu secret. La délégation de Tours avait fait répandre le bruit que des troupes étaient dirigées sur le Mans; mais tout cela s'était fait avec trop d'affectation; le but ne fut pas atteint. Tout le monde connaissait la destination de l'armée. Dans la gare de Tours, à notre arrivée, les voyageurs venant de Blois et de Mer ne manquaient pas de dire que nous étions attendus, et chacun parlait du mouvement sur Orléans, qu'on avait pris tant de peine à dissimuler.

L'ennemi multipliait ses reconnaissances en avant du front du 16° corps, pour s'assurer de la véracité des bruits répandus; il en résultait journellement de petits engagements entre des francs-tireurs, des patrouilles françaises et des éclaireurs allemands. Nos avant-postes furent successivement attaqués à Layes, à Ourcelles et à Binas. Le 26 octobre, les Bavarois dirigèrent sur ce dernier point une colonne composée de deux cents cavaliers, deux cents fantassins et deux pièces de canon; ce poste était défendu par *trente-huit* francs-tireurs de Saint-Denis, de la compagnie Liénard, qui préférèrent mourir plutôt que de se rendre. Ces braves vendirent chèrement leur vie; embusqués, tirant à coup sûr à petite distance, ils épuisèrent toutes leurs cartouches. Armés de carabines sans baïonnette, ils s'en servaient comme de massues, assommant tous ceux qui s'aventuraient trop près. Ils durent succomber sous le nombre, et lorsque le reste de la compagnie accourut à leur secours, un seul de ces braves n'était pas blessé. Le soir de ce combat, sur les trente-huit hommes, quatorze étaient morts! Quant aux Allemands, ils comptaient 137 tués, dont un colonel, et un grand nombre de blessés. (Rapport officiel du général Pourcet, commandant le 16ᵉ corps.)

Ce brillant engagement méritait une mention spéciale, le dévouement de ces francs-tireurs ne saurait être oublié.

Ces petits combats sur le front du 16ᵉ corps détournaient fort à propos l'attention de l'ennemi de la rive gauche de la Loire, pendant que le 15ᵉ corps passait sur la rive droite.

Il avait été décidé que le mouvement qui consistait à transporter les troupes du camp de Salbris, en avant de Blois, se ferait par les chemins de fer. On a vu, par le détail des ordres donnés, combien toutes les précautions avaient été prises pour en assurer la bonne exécution. M. de Freycinet, qui, en cette circonstance, était dans la spécialité de ses fonctions, avait lui-même arrêté tous les moyens d'exécution, de concert avec un des agents supérieurs de la ligne d'Orléans.

Il avait calculé, avec une exactitude qu'il croyait infaillible, le moment d'arrivée des troupes et du matériel à leur destination. Mais, comme il arrive souvent, la pratique vint déjouer les calculs faits dans le cabinet. Il y eut des retards considérables; les corps en arrivant se trouvèrent séparés de leurs bagages. Les agents du chemin de fer ne chargèrent pas le matériel sur les trains avec tout l'ordre désirable : des munitions de divers calibres, qui n'avaient pas suivi les batteries auxquelles elles étaient affectées, furent mélangées. On perdit un temps considérable à réparer ce désordre.

L'artillerie aurait mis deux ou trois jours pour faire le trajet de Salbris à Blois par Romorantin; le voyage par chemin de fer l'obligea à employer cinq jours pour se réorganiser avant d'être prête à entrer en ligne.

Le mauvais temps survint; des pluies torrentielles avaient détrempé les terres et rendu presque impossibles les manœuvres de l'artillerie et de tout le matériel roulant, qui s'embourbait dans les chemins défoncés.

Les membres de la délégation du gouvernement, qui voyaient les voitures circuler facilement dans les rues de Tours, ne comprenaient pas que l'artillerie et les convois de vivres fussent arrêtés au dehors par le mauvais temps.

Toutes ces difficultés que le général en chef signalait, comme c'était son devoir, au ministre de la guerre, semblaient être des hésitations ou un manque de résolution. M. de Freycinet recevait et accueillait avec trop de facilité les renseignements qui lui arrivaient de toutes parts sur les marches et contre-marches des Allemands autour d'Orléans. Il ne prenait jamais la peine de contrôler ces nouvelles, et s'empressait de les transmettre au général en chef, à toute heure du jour et de la nuit, en lui faisant part de ses craintes et de ses alarmes.

Au moment où le général d'Aurelle était occupé des préparatifs de départ dont il vient d'être parlé, il reçut une lettre de M. le délégué de la guerre, qui lui annonçait qu'un capitaine de francs-tireurs lui confirmait avec une telle assurance la présence

des Allemands sur la rive gauche de la Loire, au-dessous de Sully, qu'il croyait devoir lui envoyer le donneur de nouvelles. « Il ne faut pas, disait-il, que
» nous soyons surpris à Bourges pendant notre mou-
» vement vers l'ouest. Avisez donc ; la première chose
» serait de s'éclairer immédiatement à de grandes dis-
» tances dans la région suspecte. »

Cette lettre parvenait au général d'Aurelle à trois heures du matin, apportée par le capitaine de francs-tireurs lui-même.

La réponse suivante fut adressée sur-le-champ au ministre de la guerre :

Le général en chef au ministre de la guerre,
à Tours.

« Salbris, 27 octobre 1870.

» Monsieur le ministre,

» Je viens de voir le capitaine de francs-tireurs qui
» me remet votre dépêche. Je me suis entretenu long-
» temps avec lui.

» Il résulte de cet entretien qu'il n'a rien vu par
» lui-même. Tous les renseignements qu'il fournit sur
» les forces des Prussiens et les points qu'ils occu-
» pent sur la rive gauche de la Loire, au-dessous de
» Sully, lui ont été donnés par un individu qu'il ne
» connaît pas. Ces renseignements remontent au
» 21 octobre. Depuis cette date, tous les points signa-
» lés ont été sillonnés par les reconnaissances en-
» voyées par le général des Paillères, d'une part, et
» le général Michel, qui était à Sainte-Montaine, de

» l'autre. Je suis donc moralement certain que l'en-
» nemi n'a pas les forces que déclare ce capitaine de
» francs-tireurs.

» D'un autre côté, Monsieur le ministre, vous savez
» qu'il m'est impossible de rester plus longtemps à
» Salbris, et que le mouvement de troupes convenu
» est en cours d'exécution.

» Agréez, Monsieur le ministre, etc.

» *Signé* : Général D'AURELLE. »

Une dépêche télégraphique, partie sans doute avant que le ministre de la guerre eût reçu la réponse du général en chef, vint encore appeler l'attention de ce dernier sur les assertions du capitaine de francs-tireurs ; elles donnaient, paraît-il, à Tours, de vives préoccupations.

Le général d'Aurelle écrivit une seconde fois au ministre de la guerre :

Le général en chef au ministre de la guerre,
à Tours.

« Salbris, 28 octobre 1870.

» Monsieur le ministre,

» Vous avez par deux fois appelé mon attention
» sur une force ennemie de quinze mille hommes qui,
» d'après le dire d'un capitaine de francs-tireurs,
» serait établie entre Vannes et Sully, et qui cher-
» cherait à se glisser entre le camp de Salbris et celui
» d'Argent, et vous m'avez invité pour la seconde
» fois à aviser.

» Les renseignements fournis au général des Pail-
» lères par les détachements qui étaient sur les pays
» indiqués sont tellement positifs, que je n'ai dû
» ajouter aucune foi au dire de cet officier de francs-
» tireurs.

» Par suite, je n'ai pas cru devoir rien changer à
» l'exécution des ordres donnés, d'après ce qui avait
» été décidé au conseil.

» Hier encore, je recevais du général Pourcet com-
» munication d'une dépêche venant de Lorris, d'après
» laquelle un corps de soixante mille hommes serait
» passé sur la rive gauche de la Loire, et à la suite
» de cette dépêche, le général Pourcet me demandait
» ce qu'il avait à faire.

» Les renseignements que je reçois par des gens
» venant du côté d'Orléans, ne me permettent guère
» d'ajouter foi à cette nouvelle partant d'un point éloi-
» gné du centre d'action, et qui, dans tous les cas, porte
» tous les indices d'une très-grande exagération.

» J'ai donc répondu au général Pourcet que je
» n'avais rien à changer à mes instructions, et je con-
» tinue mon mouvement. Il ne restera ce soir à Sal-
» bris qu'une brigade avec une batterie qui partiront
» demain matin par le chemin de fer.

» Agréez, etc.

» *Signé* : Général D'AURELLE. »

En arrivant à Blois, le général en chef reçut la visite du général Michaud, commandant la subdivision, qui lui exposa la position difficile des troupes bivouaquées en avant de la ville, par suite du mauvais temps; d'un autre côté, le général commandant l'artillerie du 15ᵉ corps rendait compte de la peine qu'il avait à pouvoir réorganiser ses batteries, par suite de la dispersion d'une partie de son matériel, chargé avec trop de précipitation au moment du départ de Vierzon.

La cavalerie n'était pas dans de meilleures conditions. Aucune précaution n'avait été prise par l'administration du chemin de fer pour opérer le débarquement des chevaux, qui furent obligés d'attendre en gare une demi-journée, parce qu'on ne s'était pourvu ni des *plateaux* ni des *ponts*, matériel spécial dont on se sert habituellement pour cette opération.

Le ministre fut informé par dépêche télégraphique de ces contre-temps, qui obligeaient le général en chef à retarder d'un jour le départ de l'armée. Il répondit, par la même voie, d'ajourner le mouvement commencé sur Orléans.

Le général d'Aurelle reçut le lendemain à ce sujet, de M. le délégué de la guerre, la lettre suivante :

« Tours, 29 octobre 1870.

» Général,

» Ainsi que M. Gambetta vous l'a télégraphié cette
» nuit, nous avons dû, en présence de votre dépêche
» d'hier au soir, dix heures vingt, renoncer *à la*
» *magnifique partie que nous nous préparions à jouer*
» *et que, selon moi, nous devions gagner.* Mais puis-
» que nous devons renoncer à vaincre étant deux con-
» tre un, alors qu'autrefois on triomphait un contre

» deux, n'en parlons plus, et tâchons de tirer le meil-
» leur parti possible de la situation.

» Vous savez façonner et constituer une armée ;
» vous l'avez prouvé à Salbris. Employez vos talents
» à pétrir et réorganiser en une seule masse les cinq
» divisions que vous avez actuellement autour de
» Blois. Amenez-y la discipline et la tenue que vous
» aviez su obtenir dans le 15ᵉ corps. Que ce soit
» bientôt un seul corps compacte et vigoureux de
» soixante-dix mille hommes. Quant au général Pour-
» cet, il recevra une autre destination. Dès ce soir,
» vous en serez avisé. Il ne sera pas remplacé, à moins
» que vous n'en fassiez la demande, afin de vous faci-
» liter l'œuvre de refonte que vous allez entreprendre
» sur vos cinq divisions ainsi placées directement
» sous votre main.

» Lorsque vous vous sentirez en état de marcher
» vers les Prussiens, vous nous le direz. En atten-
» dant, soyez vigilant, fortifiez vos positions, ayez
» l'œil sur la région entre Blois et Salbris, afin
» d'éviter une marche de l'ennemi vers Tours et
» Vierzon.

» Agréez, général, etc.

» *Le délégué de la guerre,*

» C. DE FREYCINET. »

Au reçu de la dépêche télégraphique de M. Gambetta, le général d'Aurelle s'empressa de prévenir,
par la même voie, le général des Paillères que le
mouvement sur Orléans était ajourné.

Tous les préparatifs pour marcher en avant étaient faits, mais dans de mauvaises conditions, quand le général en chef reçut l'ordre d'arrêter le mouvement. Les ordres du ministre lui parurent sages et prudents; les soldats et même les officiers du 16ᵉ corps n'étaient pas prêts. L'organisation de ce corps d'armée était incomplète. Dans tous les grades, les cadres n'avaient pas la moitié de leur effectif. Quelques jours étaient nécessaires pour y mettre la dernière main.

Le général d'Aurelle écrivit au ministre de la guerre une lettre, où se trouvaient résumées ses observations sur l'opportunité de cette décision.

Elle était ainsi conçue:

Le général en chef au ministre de la guerre, à Tours.

« Blois, 29 octobre 1870.

» Monsieur le ministre,

» Ainsi que vous le verrez par la lettre ci-in-
» cluse, que je devais remettre à M. Jalaguier que
» vous avez envoyé à mon quartier général, j'avais
» pris la résolution de retarder mon mouvement de
» vingt-quatre heures, lorsque j'ai reçu de vous
» l'ordre de renoncer à le faire et de prendre des
» positions.

» Le projet qui avait été adopté était prématuré,
» en raison du degré d'organisation des troupes qui
» devaient prendre part à son exécution. Toutefois,

» avec de la volonté, il pouvait se réaliser et obtenir
» de beaux résultats, surtout s'il fût resté secret.

» Malheureusement, tout a tourné contre nous :
» une pluie continuelle pendant plusieurs jours,
» a détrempé les terrains de manière à les rendre
» impraticables à l'artillerie; de plus, elle a retardé
» nos charrois, avarié beaucoup de vivres et de
» munitions, et imposé de grandes souffrances à nos
» troupes, qui ont été presque constamment en mou-
» vement pour prendre les positions qui leur avaient
» été assignées. Enfin le secret sur lequel nous
» avions compté, n'a pas été gardé.

» Quoi qu'il en soit, conformément à vos instruc-
» tions, je vais prendre position, la droite de ma
» ligne à Beaugency, la gauche et le centre en
» arrière de la forêt de Marchenoir.

» Je vous ferai connaître très-prochainement les
» emplacements que je compte assigner à mes
» troupes.

» Agréez, etc.

» *Signé:* Général D'AURELLE. »

Le jour même, le général en chef fit paraître l'ordre du jour suivant, qui avait pour but de mettre en contact les divisions du 15ᵉ corps d'armée, de formation ancienne, avec les divisions du 16ᵉ corps de formation plus récente, et de leur donner par ce moyen plus de cohésion, plus de solidité, d'exciter leur émulation, et de les animer d'un même esprit pour la discipline et l'intérêt du service.

Ordre général.

« Grand quartier général de Blois, 29 octobre 1870.

 » A partir d'aujourd'hui et jusqu'à nouvel ordre,
» la 3ᵉ division d'infanterie du 15ᵉ corps (général
» Peytavin) et la 2ᵉ division d'infanterie du 16ᵉ corps
» (général Barry), seront sous le commandement du
» général Pourcet.

 » La 2ᵉ division du 15ᵉ corps (général Martineau
» des Chenez) et la 1ʳᵉ division du 16ᵉ corps (géné-
» ral Chanzy), seront sous le commandement immé-
» diat du commandant en chef, qui leur donnera
» directement des ordres.

» *Signé:* Général D'AURELLE. »

Le 29 octobre, le général en chef fit connaître, par l'ordre suivant, les emplacements que l'armée de la Loire devait occuper :

Ordre général.

« Grand quartier général de Blois, 29 octobre 1870.

 » Demain, 30 du courant, les troupes de l'armée
» de la Loire se mettront en marche dès le matin,
» pour aller prendre les positions suivantes:

 » La 1ʳᵉ division du 15ᵉ corps (général Martin des
» Paillères) restera à Argent.

 » La 2ᵉ division du même corps (général Marti-
» neau des Chenez) sera placée entre Villorceau et
» Beaugency, ayant un régiment à Josnes et occu-
» pant fortement en avant, Messas, Cravant et
» Beaumont.

» La 3ᵉ division du même corps (général Peyta-
» vin), 1ʳᵉ brigade : entre les Roches et Plessis-
» l'Échelle ; 2ᵉ brigade : entre Plessis-l'Échelle et
» Marchenoir. Cette division occupera fortement
» par des avant-postes, Lorges, Poisly et Saint-
» Laurent-des-Bois.

» La 1ʳᵉ division du 16ᵉ corps (général Chanzy),
» entre Saint-Léonard et Viévy-le-Rayé, ayant de
» forts avant-postes à Autainville, la Colombe, le
» Jaunet et Écoman.

» La 2ᵉ division du 16ᵉ corps (général Barry),
» entre Maves et Pontijoux.

» La division de cavalerie Reyau, à Foussard.

» La division Ressayre conservera son campement
» à Oucques, et enverra une brigade en reconnais-
» sance à Ouzouer-le-Marché, avec une section d'ar-
» tillerie.

» La division Michel fera séjour à Mézières.

» La réserve d'artillerie du 15ᵉ corps restera à
» Mer, ainsi que le parc du génie et de l'artillerie.

» La réserve d'artillerie du 16ᵉ corps à Pontijoux.

» Le grand quartier général à Mer.

» *Signé* : Général D'AURELLE. »

Le 30 octobre, le général en chef quitta Blois et porta son quartier général à Mer.

Arrivé dans cette ville, il ordonna que les troupes fissent séjour le lendemain, prescrivit diverses mesures hygiéniques pour la santé et le bien-être des soldats, et fit rectifier l'occupation de quelques-unes des positions assignées par l'ordre de la veille, signalées comme défectueuses.

En conséquence, la 1ʳᵉ brigade de la 3ᵉ division du 15ᵉ corps dut s'établir entre Roches à gauche, et Concriers à droite, en faisant occuper par des avant-postes Josnes et Lorges.

Il fut recommandé aux généraux de cavalerie et d'infanterie de faire des reconnaissances au loin, en avant de leur front.

Profitant de tous les moments où les troupes avaient un peu de repos, pour compléter l'organisation de ses divisions en personnel et en matériel, le général en chef ne laissait échapper aucune occasion de presser le ministre de la guerre de combler les vides qui existaient dans les cadres des généraux et des officiers. Il lui écrivit le 30, en arrivant à Mer :

« Monsieur le ministre,

» Je viens appeler de nouveau toute votre atten-
» tion sur l'insuffisance du nombre d'officiers géné-
» raux et d'état-major du 15ᵉ, et surtout du 16ᵉ corps
» d'armée.

» Dans la 3ᵉ division du 15ᵉ corps, le général
» Peytavin commande à la fois la division et la
» 1ʳᵉ brigade, forte de onze mille cinq cents hommes.
» Il est d'autant plus urgent d'envoyer dans cette di-
» vision un général de brigade, que le général Pey-
» tavin aurait besoin d'être secondé mieux qu'il ne
» peut l'être en ce moment.

» Le 16ᵉ corps se trouve dans une situation impos-

» sible à maintenir : la division Barry n'a pas un seul
» général de brigade ; un lieutenant-colonel de la
» mobile, par son ancienneté, est appelé à comman-
» der une des brigades, laissant le commandement de
» son régiment, qui a un effectif de 3,600 hommes,
» à un chef de bataillon ; l'autre brigade se trouve
» dans une situation semblable ; elle est commandée
» par un lieutenant-colonel. Il est de toute nécessité
» de donner des généraux de brigade à cette di-
» vision.

» Le personnel de l'état-major général du 16ᵉ corps
» est aussi tout à fait insuffisant pour répondre aux
» besoins du service.

» Le chef d'état-major général, M. Lallemand,
» vient d'être appelé à d'autres fonctions.

» M. le colonel Vuillemot, chef d'état-major de
» la 1ʳᵉ division, peut parfaitement le remplacer.
» C'est un officier très-capable, mais le nombre d'of-
» ficiers de cet état-major est insuffisant, et il y a
» lieu d'y pourvoir, dans la limite du possible, pour
» que le service ne soit pas en souffrance.

» Les régiments ont une telle pénurie de bons offi-
» ciers, qu'on ne peut leur en demander pour les dé-
» tacher aux états-majors.

» Agréez, etc.

» *Le général en chef,*
» *Signé:* D'AURELLE. »

On verra plus loin que le général en chef se rendit à Marchenoir pour voir de près la situation du 16ᵉ corps, dont il avait été séparé jusque-là.

À cette époque, un grand événement, la nouvelle de la capitulation de Metz, vint jeter tout à coup la stupeur en France et la consternation dans l'armée.

Elle fut annoncée au général en chef de l'armée de la Loire, le 28 octobre au soir, vers neuf heures, et voici comment elle lui parvint avant d'être connue à Tours :

Un jeune officier allemand, appartenant à une grande famille, avait été tué quelques jours auparavant dans un engagement avec les troupes de la brigade de cavalerie Tripart, et inhumé près de Mer. Le général qui commandait à Orléans, M. de Tann, fit réclamer par un parlementaire la dépouille de cet officier au général Tripart; celui-ci, avec une courtoisie parfaite, donna des ordres pour faire procéder à l'exhumation, et le corps fut remis à l'envoyé de M. de Tann.

Le général allemand fit porter par un de ses aides de camp une lettre de remercîments au général Tripart. Dans cette lettre, il disait que voulant donner au général français une preuve de son estime, il l'informait qu'une dépêche télégraphique de Versailles venait de lui annoncer la capitulation de Metz; que cette nouvelle était encore un secret pour l'armée allemande, et que l'armée française l'ignorait complétement.

Un officier d'état-major avait été envoyé de Blois à Mer, pour les besoins du service; il y apprit cette fatale nouvelle, et vint en rendre compte aussitôt au général en chef. Le général Borel, son chef d'état-major, et M. Jalaguier, envoyé du délégué de la guerre, étaient précisément réunis chez lui. Tous furent atterrés de cette nouvelle ; mais pensant qu'elle pouvait être fausse et donnée dans le but de réagir sur le moral des troupes, il fut recommandé expressément de ne pas la propager. M. Jalaguier partait pour Tours ; il ne manqua pas en arrivant d'annoncer qu'il avait appris, au quartier général, la capitulation de Metz.

Cette nouvelle n'avait pas été donnée au commandant en chef de l'armée de la Loire par M. Thiers, comme le dit à tort et si légèrement M. de Freycinet dans son livre ; l'illustre homme d'État se rendant de Tours à Paris, avait en effet traversé les lignes françaises ; il était arrivé aux avant-postes prussiens en vertu du sauf-conduit dont il était porteur, mais il ne s'était pas arrêté, et le général d'Aurelle ne l'ayant pas vu, n'avait pu apprendre par lui ce fatal événement.

Est-il d'ailleurs permis de supposer que M. Thiers, connaissant cette capitulation, n'en eût pas informé aussitôt la délégation de Tours, et que cet éminent politique eût imprudemment semé cette nouvelle sur son passage, au risque de jeter le découragement dans l'armée de son pays ?

Cette nouvelle fut officiellement connue le 30, et annoncée à la population française par cette proclamation maladroite, où le dictateur jetait à l'armée un outrage sanglant, en lui disant: « L'armée de la France, » dépouillée de son caractère national, devenue sans » le savoir un instrument de règne et de servitude, » est engloutie, malgré l'héroïsme des soldats, *par*

» *la trahison des chefs*, dans les désastres de la
» patrie... »

La proclamation à l'armée, qu'il est nécessaire de reproduire *in extenso*, appuyait encore plus sur ce mot de trahison :

« Tours, 1er novembre 1870.

A l'armée.

» Soldats,

» Vous avez été trahis, mais non déshonorés.

» Depuis trois mois la fortune trompe votre
» héroïsme.

» Vous savez aujourd'hui à quels désastres l'inep-
» tie et la trahison peuvent conduire les plus vail-
» lantes armées.

» Débarrassés de chefs indignes de vous et de la
» France, êtes-vous prêts, sous la conduite de chefs
» qui méritent votre confiance, à laver dans le sang
» des envahisseurs l'outrage infligé au vieux nom
» français ? En avant!

» Vous ne luttez plus pour l'intérêt et les caprices
» d'un despote, vous combattez pour le salut même
» de la patrie, pour vos foyers incendiés, pour vos
» familles outragées, pour la France, notre mère à
» tous, livrée aux fureurs d'un implacable ennemi :
» guerre sainte et nationale, mission sublime pour
» laquelle il faut, sans jamais regarder en arrière,
» nous sacrifier tous et tout entiers.

» D'indignes citoyens ont osé dire que l'armée

» avait été rendue solidaire de son chef. Honte à
» ces calomniateurs, qui, fidèles au système de
» Bonaparte, cherchent à séparer l'armée du peuple,
» les soldats, de la République.

» Non, non! j'ai flétri, comme je le devais, la
» trahison de Sedan et la capitulation de Metz, et
» je vous appelle à venger votre propre honneur,
» qui est celui de la France.

» Vos frères d'armes de l'armée du Rhin ont déjà
» protesté contre ce lâche attentat, et retiré avec
» horreur leur main de cette capitulation à jamais
» maudite.

» A vous de relever le drapeau de la France, qui
» dans l'espace de quatorze siècles n'a jamais subi
» pareille flétrissure! Le dernier des Bonaparte et
» ses séides pouvaient seuls amonceler sur nous
» tant de honte en si peu de jours!

» Vous nous ramènerez la victoire; mais sachez
» la mériter par la pratique des vertus militaires
» qui sont aussi les vertus républicaines, le respect
» de la discipline, l'austérité de la vie, le mépris
» de la mort.

» Ayez toujours présente l'image de la patrie en
» péril; n'oubliez jamais que faiblir devant l'ennemi
» à l'heure où nous sommes, c'est commettre un
» parricide et en mériter le châtiment.

» Mais le temps des défaillances est passé, c'en
» est fini des trahisons. Les destinées du pays vous
» sont confiées; car vous êtes la jeunesse française,
» l'espoir armé de la patrie, vous vaincrez! Et,
» après avoir rendu à la France son rang dans le

» monde, vous resterez les citoyens d'une république
» paisible, libre et respectée.

» Vive la France! vive la République!

> » *Le membre du gouvernement, ministre*
> » *de l'intérieur et de la guerre,*

» Léon Gambetta. »

Ces proclamations, où l'on signalait aux soldats la trahison de leurs chefs, produisirent dans l'armée un effet déplorable et faillirent avoir les plus funestes conséquences. La discipline fut vivement ébranlée par une telle dénonciation faite à l'opinion publique, et dans certains corps, des sous-officiers et des soldats mirent en délibération s'ils ne s'affranchiraient pas de l'obéissance envers des chefs qui les trahissaient.

D'autre part, des officiers généraux et des officiers supérieurs protestèrent avec énergie contre de calomnieuses imputations, et un assez grand nombre d'entre eux furent sur le point de donner leur démission des emplois qu'ils occupaient, ce qui eût été un grand malheur, à cause de la pénurie d'officiers de tous grades et particulièrement des grades supérieurs.

Ces accusations si violentes, si véhémentes, contre les généraux, sans cesse représentés comme des traîtres, ne tardèrent pas à produire leur effet.

Le 31 octobre, le général Pourcet, commandant le 16ᵉ corps, rendait compte au général en chef que des actes d'indiscipline avaient été commis dans la division Barry, et il lui envoyait en même temps en communication le rapport qu'il avait reçu à ce sujet.

Voici la réponse du général en chef :

« Mer, 31 octobre 1870.

» Mon cher général,

» J'ai eu connaissance par votre lettre et par celle
» du général Barry que vous m'avez communiquée,
» des actes d'indiscipline graves d'un régiment de
» mobiles que vous ne désignez pas.

» Vous ne cessez de dire que des exemples sont
» nécessaires pour arrêter ces désordres, et que la loi
» martiale doit être appliquée. Le général Barry le
» répète à son tour. Les cours martiales ont été orga-
» nisées ; qu'attend-il donc pour agir ? Il a les pou-
» voirs nécessaires, pourquoi n'en fait-il pas usage ?

» Les pluies incessantes des deux dernières jour-
» nées rendent les terrains très-difficiles, sinon impra-
» ticables aux manœuvres de l'artillerie. Pour ce
» motif, je me trouve forcé de faire garder nos posi-
» tions. Donnez des ordres aux généraux division-
» naires, qui les transmettront aux généraux de bri-
» gade, pour que partout on exécute des travaux de
» fortification passagère pour se couvrir. Recom-
» mandez d'une manière toute particulière que les
» grand'gardes soient établies avec le plus grand soin,
» et à des distances assez éloignées des troupes
» qu'elles couvrent, pour que celles-ci aient le temps
» de prendre les armes, si l'ennemi était signalé. Que
» toutes ces grand'gardes aient des petits postes, afin
» que tous les corps se trouvent ainsi reliés entre

» eux, et n'aient pas à craindre d'être surpris.

» Donnez des ordres sévères et faites-les exécuter, » en établissant la responsabilité hiérarchique, pour » que la discipline intérieure des corps soit mieux » observée.

» Toutes les fois que les troupes sont réunies pour » un service, on ne doit entendre dans les rangs ni » cris ni chants; les troupes doivent être conduites » en ordre, et les hommes ne peuvent s'arrêter sur » les routes, pour marcher ensuite isolés.

» Faites punir avec sévérité tous ceux qui se livrent » à la maraude; traduisez-les devant les cours mar- » tiales.

» Que chacun déploie l'énergie, la fermeté qui » sont si nécessaires dans les armées, et bientôt tous » ces désordres auront disparu.

» Je vous prie de m'accuser réception de cette » lettre. Vous me ferez connaître, par vos rapports » de tous les jours, si les résultats que nous désirons » sont obtenus.

» Recevez, etc.

» *Le général en chef,*

» *Signé* : D'AURELLE. »

Le commandant en chef ne connaissait encore que très-imparfaitement le personnel du 16° corps d'armée, qui n'était sous son commandement que depuis le 18 octobre, et dont il avait été séparé jusque-là.

L'organisation de ce corps était incomplète, et cependant on s'en occupait activement. Les ressources étaient insuffisantes; on ne trouvait que difficilement des officiers généraux et des officiers supérieurs, pour remplir les vides qui existaient dans les cadres; il en était de même dans les grades inférieurs.

Le général d'Aurelle fit prévenir le général Pourcet qu'il se rendrait, le 1er novembre, à son quartier général à Marchenoir, et il l'invita à y réunir tous les officiers généraux, les commandants de régiment, les membres de l'intendance et les chefs des divers services du corps d'armée.

Cette réunion eut lieu à l'heure indiquée; le général en chef remarqua tout d'abord parmi les officiers généraux et supérieurs, dont un grand nombre lui étaient connus, des visages tristes, soucieux, mécontents. Il comprit sans peine que leur amour-propre militaire ou leur dignité avaient été froissés; écartant tout préambule inutile, il leur demanda nettement et franchement la cause du malaise moral qu'il remarquait en eux. Ils déclarèrent, avec franchise, que la récente proclamation de M. Gambetta avait soulevé une indignation générale; jusque-là contenue, elle éclata en plaintes amères contre celui qui venait de dénoncer à la nation, comme traîtres au pays, les chefs de l'armée. Le général Barry, entre tous, se faisait remarquer par une grande véhémence de langage.

Au fond du cœur, le général d'Aurelle avait partagé l'indignation qu'ils éprouvaient; mais, comme général en chef, il avait des devoirs à remplir, et il s'efforça de faire entendre des paroles d'apaisement. Craignant que ces plaintes, si hautement, si libre-

ment exprimées, n'entraînassent pour le bon esprit, pour la discipline et le moral de l'armée, des conséquences funestes, il s'attacha à faire comprendre aux officiers réunis que, comme soldats, ils n'avaient pas à délibérer ni à discuter sur les actes des hommes qui dirigeaient la politique du gouvernement, et il ajouta : « Notre seule mission est de délivrer des
» ennemis le sol de la patrie; et d'ailleurs, en ver-
» sant notre sang pour la France, comme nous
» sommes tous disposés à le faire, c'est le meilleur
» moyen de répondre à d'odieuses calomnies. »

Le calme revint promptement dans les esprits, et les affaires de service furent traitées avec détail, en passant en revue tout ce qui se rapportait à l'administration, au bien-être du soldat, aux intérêts des officiers, et enfin au but le plus important de la réunion, aux préparatifs pour l'attaque d'Orléans et pour la bataille qu'on devait s'attendre à livrer sous peu de jours.

Les décisions prises à Tours par le ministre de la guerre ou son délégué se ressentaient souvent de leur inexpérience. Une lettre de M. le délégué à la guerre avait annoncé au général en chef que le général Pourcet allait être appelé à d'autres fonctions, en raison de son état de santé, qui laissait beaucoup à désirer; il prévenait en même temps le général d'Aurelle que l'emploi de commandant du 16ᵉ corps resterait vacant, et qu'il aurait, en conséquence, à donner directement des ordres à toutes les divisions des deux corps d'armée.

Le commandant en chef écrivit, le 31 octobre, la

lettre ci-après, pour décliner ce commandement multiple :

« Mer, 31 octobre 1870.

» Monsieur le ministre,

» J'ai l'honneur de vous accuser réception de la
» lettre par laquelle vous m'informez que M. le géné-
» ral Pourcet va recevoir une autre destination, et
» que cet officier général ne sera pas remplacé dans
» le commandement du 16ᵉ corps d'armée, à moins
» que je n'en fasse la demande.

» Il est de toute nécessité que ce corps d'armée,
» qui se compose actuellement de trois divisions d'in-
» fanterie et d'une division de cavalerie, soit placé
» sous l'autorité directe d'un général. Sans cet inter-
» médiaire dans le commandement, j'aurais à donner
» des ordres directs à six divisions d'infanterie et à
» trois de cavalerie, et je ne pourrais répondre d'as-
» surer, d'une manière convenable, la direction du
» service.

» Je demande donc, avec instance, que si M. le
» général Pourcet est appelé à d'autres fonctions, il
» soit immédiatement remplacé.

» Agréez, etc.

» Général D'AURELLE. »

En effet, le 2 novembre, M. le général Pourcet fut remplacé par le général Chanzy dans son commandement. Le ministre en informa le général en chef, en envoyant par son intermédiaire la dépêche télégraphique reproduite plus loin, au général Pourcet.

Le général d'Aurelle écrivit immédiatement au général Chanzy les quelques lignes suivantes :

« Mer, 2 novembre 1870.

» Mon cher général,

» Je vous adresse la copie d'une dépêche télégra-
» phique que je reçois à l'instant pour le général
» Pourcet :

Guerre à général Pourcet à Mer.

« Tours, 2 novembre 1870.

» Remettez immédiatement au général Chanzy le
» commandement du 16ᵉ corps d'armée. »

« Vous devez sans doute avoir reçu des instructions pour ce commandement.

» Rendez-moi compte de votre prise de posses-
» sion.

» Agréez, etc.

» Général D'AURELLE. »

Il reçut le même jour la réponse suivante :

« Saint-Léonard, 2 novembre 1870.

» Mon général,

» Je reçois à l'instant (11 heures) votre dépêche
» qui m'annonce que je suis nommé au commande-
» ment du 16ᵉ corps d'armée. Je vais me rendre à
» Marchenoir pour prendre possession de ce com-
» mandement.

» Je suis arrivé de Tours hier soir. Au ministère,
» on ne m'a entretenu que d'un projet qui consistait
» à m'envoyer au Mans former un nouveau corps

» d'armée. Il n'a nullement été question du projet qui
» fait l'objet de votre dépêche.

» J'ai prescrit au général Deplanque, qui com-
» mande la 1re brigade de la 1re division, et dont les
» troupes sont placées à Viévy-le-Rayé et à Écoman,
» de s'éclairer en avant et à gauche pour avoir des
» renseignements sur les troupes qu'on signale du
» côté de Cloyes, venant de Chartres et de Château-
» dun. Je lui envoie à Cloyes une batterie d'artillerie.

» En remettant le commandement de la division
» au général Deplanque, je lui ai prescrit d'établir
» son quartier général à Viévy-le-Rayé.

» *P. S.* Notre gauche est faible et notre ligne un
» peu étendue. Si je reçois des renseignements con-
» statant la marche de forces ennemies sur Écoman,
» je renforcerai l'aile gauche.

» Recevez, etc.

» Général CHANZY. »

Avant que l'armée de la Loire vînt prendre position en avant de Blois, cette ville était protégée et
défendue par des détachements composés de fractions de corps réguliers et irréguliers, qui opéraient
chacun pour leur compte, sans direction, suivant les
vues et le caprice de ceux qui les commandaient.

Il était nécessaire de donner à tous ces éléments
divers une même impulsion, et d'utiliser ces forces
éparses pour les faire coopérer à un but commun.

Ces troupes étaient bien sous les ordres du général
Michaud, commandant le département de Loir-et-
Cher, homme d'énergie et d'une grande activité;

mais son action était paralysée, parce qu'il n'y avait aucun lien entre ces divers détachements, qui se considéraient comme indépendants.

Le général en chef écrivit au général Michaud la lettre suivante à ce sujet :

« Mer, 2 novembre 1870.

» Mon cher général,

» Pendant que l'armée se trouve en avant de Blois,
» il importe que tous nos moyens concourent au
» même but, que toutes les forces locales soient sous
» la même direction que celles de l'armée.

» Si je suis bien renseigné, vous avez à votre dis-
» position comme forces locales,

» Sur la rive gauche du fleuve :

» M. de Cathelineau avec 350 francs-tireurs et
» 25 éclaireurs à cheval ;

» Un bataillon de mobiles de la Dordogne, sous les
» ordres du commandant Marty, fort de 200 hommes,
» auxquels se sont réunis 60 francs-tireurs des Alpes-
» Maritimes, commandés par M. Legros, ancien offi-
» cier de marine ; enfin, la garde nationale de Saint-
» Laurent-des-Eaux, sous les ordres de M. Paul Gail-
» lard.

» Sur la rive gauche, se trouve encore le 3ᵉ batail-
» lon de marche de chasseurs à pied qui fait partie
» de la brigade Bourdillon, et un escadron du 4ᵉ régi-
» ment de marche de dragons.

» J'envoie demain une brigade d'infanterie et une
» batterie d'artillerie à Muides, sur la rive gauche ;
» je vous prie de faire prévenir ces forces auxiliaires

» de se mettre en communication avec le général
» Rébillard, qui commande cette brigade.

» Si vous pouviez aller jusqu'auprès du général
» Rébillard, pour lui donner tous les renseignements
» que vous possédez sur la nature du pays, ses
» moyens de défense, et le parti qu'on peut tirer des
» obstacles du terrain, vous faciliteriez considérable-
» ment la tâche que j'ai confiée à cet officier géné-
» ral, laquelle consiste à défendre la rive gauche de
» la Loire.

» Sur la rive droite de la Loire, vous avez :

» Deux bataillons de Loir-et-Cher, qui sont dans la
» forêt de Marchenoir à Morée et dans ses environs
» (commandants Clauzel et de Montlaur).

» Un bataillon de mobiles du Gers à Cloyes.

» Un bataillon de mobiles du Gers à Mer et ses
» environs.

» Un bataillon de mobiles de Maine-et-Loire (com-
» mandant de la Vingtrie), également à Mer et ses
» environs.

» Pour ces cinq bataillons, qui dépendent du com-
» mandement territorial de Blois, il me paraît indis-
» pensable qu'ils passent sous les ordres du comman-
» dement des forces militaires actives. Je vous invite
» donc à donner l'ordre à chacun des chefs de ces
» cinq bataillons, de se mettre en communication, le
» plus tôt possible, avec M. le général Chanzy, com-
» mandant le 16ᵉ corps à Marchenoir, qui assignera
» à chacun d'eux les points sur lesquels ils devront
» s'établir, et leur donnera des instructions pour leurs
» opérations.

» Transmettez, si c'est nécessaire, par le télégra-
» phe, vos ordres aux deux chefs de bataillon de
» mobiles qui sont à Mer. Une ligne télégraphique a
» dû être établie entre Blois et Marchenoir, usez-en
» pour prévenir les autres bataillons. Quant aux
» francs-tireurs de Seine-et-Marne et de Paris, ils
» sont déjà en communication avec le commandant
» du 16° corps d'armée.

» Recevez, etc.

» Général D'AURELLE. »

Le 1er novembre, le général en chef avait reçu du ministre de la guerre l'avis de la nomination du général Michel, commandant une brigade de cavalerie du 15° corps, au grade de général de division. Cette nouvelle fut bien accueillie de l'armée. Le général Michel s'était fait remarquer par une grande activité et un grand dévouement. Toujours prêt à marcher, il avait rendu d'importants services en éclairant l'armée à de grandes distances; il avait de bons principes sur le service de la cavalerie en campagne. Nommé au commandement en chef de l'armée de l'Est, en remplacement du général de Cambriels, que son état de santé obligeait à prendre du repos, il partit le 2 novembre. En faisant ses adieux au général en chef, il lui dit : « Le commandement qu'on me
» donne ne me convient pas, je ne tarderai pas à
» revenir à l'armée de la Loire. »

Le général d'Aurelle regretta vivement, à Coulmiers, d'avoir été privé de ses services.

LIVRE TROISIÈME.

VALLIÈRE ET COULMIERS. CAMP RETRANCHÉ D'ORLÉANS.

Ordre général pour les positions à occuper le 3 novembre. — Nouveaux projets de M. de Freycinet. — Lettre à ce sujet au général en chef. — Réponse du général d'Aurelle. — Ordre donné par M. de Freycinet pour le mouvement sur Orléans. — Dépêche au général Martin des Paillères. — Lettre à M. de Cathelineau. — Combat de Vallière, 7 novembre. — Ordre général pour la journée du 8. — Ordre de mouvement pour le 9. — Extrait des instructions données au 16ᵉ corps pour la journée du 9 par le général Chanzy. — Bataille de Coulmiers; description du champ de bataille. — Le 15ᵉ corps enlève Baccon et la Renardière. — Attaque de Gémigny et de Coulmiers. — Le général Reyau, commandant la cavalerie, n'exécute pas les ordres qui lui ont été donnés. — Il bat en retraite sur Prénouvellon. — Le général Chanzy reçoit du général Reyau l'avis que son flanc gauche est menacé. — Attaque de Gémigny. — Coulmiers est enlevé, la division Jauréguiberry attaque Champs et Ormeteau. — Fin de la bataille. — Dépêche au ministre lui annonçant le succès de la journée. — L'ennemi a battu en retraite sur Étampes. — Causes qui ont empêché la poursuite. — Résultats de la bataille de Coulmiers. — Coup de main du commandant de Lambilly. — Ordre de mouvement du 10 novembre. — Nouvelle dépêche au ministre. — Ordre du jour à l'armée. — Les habitants d'Orléans accourent au-devant de l'armée. — Cathelineau arrive le 9 au soir à Orléans. — Ordre de mouvement pour le 11 novembre. — Dépêche du ministre. — Le général d'Aurelle visite le 16ᵉ corps. — Rapport officiel sur la bataille de Coulmiers. — Conférence du 12 novembre à Villeneuve-d'Ingré. — Proclamation de M. Gambetta à l'armée. — Lettre du ministre du 27 octobre ordonnant la formation d'un camp retranché à Orléans. — Observations sur le danger de se porter en avant et la nécessité de s'établir à Orléans. — Lettre du général Borel, chef d'état-major général, au sujet des opérations à exécuter sur Orléans et de l'occupation de cette ville. — Étude historique sur la conférence de Villeneuve-d'Ingré. — Nombreuses erreurs signalées dans le livre de M. de Freycinet. — L'état sanitaire de l'armée est loin d'être satisfaisant. — M. de Cathelineau est nommé colonel des francs-tireurs. — Mesures prises pour la défense d'Orléans. — Le général Dariès est nommé commandant supérieur d'Orléans. — La 3ᵉ division du 16ᵉ corps se rend de Gien à Orléans. — Visite de Mgr Dupanloup au général en chef. — Le capitaine de vaisseau Ribourt est chargé de l'organisation des batteries de marine. — Essai de reconnaissances militaires à l'aide de ballons captifs. — Récompenses accordées aux aumôniers de l'armée. — Le général Chanzy écrit au général en chef, pour demander que l'armée se porte au-devant du duc de Mecklembourg. — Raisons du général d'Aurelle pour conserver ses positions. — Emplacements des troupes après l'exécution de l'ordre du 16 novembre. — Le général Chanzy complète, pour le 16ᵉ corps, les ordres donnés par le général en chef. — Inconvénient des ordres de détail donnés par le général Chanzy. — Affaire de Viabon. — Le général Fiéreck et l'armée de l'Ouest. — Lettre du général en chef au ministre de la guerre, du 18 novembre, pour lui rendre compte de la situation. — Le général Chanzy écrit de nouveau au général en chef, pour lui persuader de se porter en avant. — Ses plans ne sont pas adoptés par le général d'Aurelle; raisons à l'appui de cette décision. — Le ministre prévient le général en chef que de nouveaux corps d'armée vont être placés sous ses ordres; lettre de M. de Freycinet à ce sujet. — Situation du 17ᵉ corps. — Le ministre propose de faire permuter les corps des ailes avec ceux du centre; danger de cette manœuvre. — Lettre du général en chef, du 20 novembre, au ministre, au sujet des ordres par lui donnés. — Lettre de M. Gambetta réitérant les instructions de M. de Freycinet. — Analyse de cette lettre.

En rentrant à Mer, après sa visite au quartier général du 16ᵉ corps d'armée, le général en chef fit paraître l'ordre suivant :

ORDRE GÉNÉRAL.

« Mer, 2 novembre 1870.

» La 3ᵉ division du 15ᵉ corps (général Peytavin),
» momentanément placée sous les ordres du général

» Pourcet, et la 1re division du 16e corps (général
» Chanzy), temporairement placée sous les ordres
» directs du général en chef, reprennent leurs places
» de bataille dans leurs corps d'armée respectifs.

» Demain 3 novembre, les troupes de l'armée de
» la Loire iront occuper les positions désignées ci-
» après :

» Le grand quartier général ira s'établir au châ-
» teau de Diziers, près de Suèvres.

15e *corps d'armée.*

» 1re division d'infanterie reste à Argent.
» 2e division d'infanterie :
» 1re brigade à Mer, avec deux batteries d'artillerie ;
» 2e brigade à Muides, sur la rive gauche, avec
» une batterie d'artillerie.
» 3e division d'infanterie :
» 1re brigade, entre Villexanton et Morvilliers ;
» 2e brigade, entre la Chapelle-Saint-Martin et
» Villiers.

Division Reyau.

» Brigade de cuirassiers, à Suèvres ;
» Brigade Longuerue, à Mer ;
» Brigade Boério, à Mer.
» Réserve, parc d'artillerie et parc du génie, à
» Suèvres.

16e *corps d'armée.*

» Quartier général à Marchenoir.
» 1re division (Barry), à Pontijoux.

» 2ᵉ division (Deplanque), en arrière de la forêt,
» avec une brigade de la division Ressayre pour
» garder la forêt.

» 2ᵉ brigade de la division Ressayre, entre Ponti-
» joux et Maves.

» Le général commandant le 16ᵉ corps examinera
» si toute la division est nécessaire, ou si une seule
» brigade ne pourrait pas suffire pour le service de
» la forêt. Dans ce cas, une brigade pourrait être
» placée au point intermédiaire entre Pontijoux et
» Marchenoir.

» La réserve d'artillerie et le parc du 16ᵉ corps à
» Pontijoux. »

Le général Chanzy, à la réception de cet ordre, écrivit au général en chef pour lui demander d'établir des compagnies sur divers points déterminés, afin d'être mieux en état de garder la forêt. Il en obtint l'autorisation ; mais ses dispositions avaient l'inconvénient de trop morceler ses bataillons.

Pendant ce temps, le mouvement sur Orléans se préparait en secret ; les troupes s'étaient rapprochées de cette ville, devenue notre véritable, notre seul objectif pour le moment.

Il n'est pas sans intérêt de faire connaître quels étaient les plans de stratégie élaborés à Tours, dans le cabinet d'un homme qui a eu sur les destinées de la France une influence, hélas, si fatale !

M. de Freycinet écrivait au général en chef, à la date du 3 novembre, au moment où nos préparatifs pour marcher sur Orléans étaient déjà faits, la lettre suivante, soumise à l'appréciation de tout homme sensé qui voudra jeter les yeux sur la carte.

« Tours, 3 novembre 1870.

» Général,

» Je désire que vous étudiiez, avec M. de Serres
» que je vous envoie, une combinaison dont je me
» suis entretenu avec M. Gambetta, et qui a, en prin-
» cipe, son assentiment.

» Cette combinaison reposerait essentiellement sur
» les bases suivantes :

» 1° Faire passer une bonne division, 15 à 18,000
» hommes de troupes bien constituées et *ingambes*,
» du côté de Salbris, par voie de terre, pour se rat-
» tacher au corps de des Paillères, et se mettre sous
» ses ordres ;

» 2° Vous mettre en rapport avec le général Fié-
» reck dont les troupes, une vingtaine de mille
» hommes, seront groupées sous un seul général,
» lequel vous obéira pour la direction stratégique ;

» 3° Combiner avec ledit général et avec des Pail-
» lères, un mouvement qui consisterait d'une part à
» faire avancer les troupes du Mans (ou plutôt de la
» Ferté-Bernard, car c'est là, je crois, qu'elles sont
» groupées) vers Châteaudun, et à faire ensemble une
» *démonstration* du côté d'Orléans, de manière à
» tenir en éveil les forces prussiennes massées autour
» de Patay ; et d'autre part, pendant que cette démon-
» stration aurait lieu, faire marcher des Paillères
» avec son corps grossi à 45 ou 50,000 hommes envi-
» ron, lui faire traverser la Loire au point favorable
» et descendre vers Orléans, par la rive droite. Ce

» général ne trouverait que peu de troupes, et s'em-
» parerait vraisemblablement de la ville sans grandes
» difficultés. Quant à la forêt, elle doit être d'après
» *nos ordres* occupée aux deux tiers par nos tirail-
» leurs. En résumé, vous feriez le mouvement inverse
» de celui précédemment combiné, en ce sens que
» des Paillères serait le corps actif au lieu de vous.
» Si cette combinaison, dont M. de Serres vous déve-
» loppera les détails, vous convient, des Paillères
» devrait être avisé aussitôt par vous, et les troupes
» détachées de votre corps pour le rejoindre devraient,
» comme ayant le plus long chemin à parcourir, com-
» mencer leur mouvement *dès demain*. Celles du Mans
» s'ébranleraient ensuite, et vous-même ne vous
» mettriez en marche que tout à fait en dernier, puis-
» que vous auriez très-peu à avancer pour compléter
» la démonstration.

» Veuillez m'indiquer, par écrit, les dates aux-
» quelles les diverses étapes seraient parcourues et
» le jour précis où, dans cette hypothèse, Orléans
» devrait tomber entre nos mains.

» Agréez, général, etc.

» Le délégué de la guerre,

» C. DE FREYCINET. »

M. de Serres se présenta donc au quartier général avec cette lettre, qui contenait la solution, par M. de Freycinet, du problème de la prise d'Orléans.

Il fallut discuter ce projet d'une manière sérieuse, car il n'était ni facile ni convenable d'éconduire une personne parlant au nom du ministre de la guerre.

M. de Serres repartit pour Tours le même jour, et fut chargé de représenter à M. de Freycinet tous les inconvénients de son projet.

D'un autre côté, le général en chef écrivit à ce sujet au ministre de la guerre, et lui fit porter la lettre suivante, par le capitaine de Langalerie son aide de camp.

« Diziers, 5 novembre 1870.

» Monsieur le ministre,

» D'après la lettre que vous m'avez fait l'honneur
» de m'adresser et qui m'a été apportée par M. de
» Serres, vous manifestez l'intention de faire exécuter
» le mouvement offensif sur Orléans par M. le géné-
» ral des Paillères, qu'on ferait renforcer d'une divi-
» sion de 15 à 18,000 hommes. Ce projet a l'inconvé-
» nient d'exiger un temps assez long. Il faut aux
» troupes d'infanterie, que nous pourrions envoyer
» d'ici, neuf jours avant de pouvoir commencer les
» opérations au delà de Gien, savoir : quatre jours
» de nos bivouacs à Salbris, un jour de séjour à Sal-
» bris, trois jours pour aller à Gien, un jour de
» séjour dans cette ville. En partant de ce point, il
» faut pour aller à Orléans encore quatre jours,
» total treize jours; et d'ici là, les troupes du prince
» Frédéric-Charles ne seront-elles pas arrivées, et
» ne nous mettront-elles pas dans l'impossibilité de
» tenter notre mouvement?

» L'opération n'exigerait que la moitié de ce
» temps, six à sept jours, si on la faisait comme elle
» avait été primitivement arrêtée, c'est-à-dire en
» faisant l'attaque principale par l'ouest, avec deux

» divisions du 15ᵉ corps et les troupes du 16ᵉ, et en
» chargeant le général des Paillères, renforcé de la
» brigade Maurandy, d'attaquer en même temps par
» la forêt et par l'est.

» Cette combinaison présente sur la première
» l'avantage d'une exécution beaucoup plus prompte.

» J'attends vos ordres.

» Agréez, etc.

» Général D'AURELLE. »

L'aide de camp du général d'Aurelle fut reçu par M. de Freycinet, qui lui remit des ordres pour le général en chef. M. de Serres lui donna des cartes des environs d'Orléans, dont on avait un grand besoin.

A la date du 5, une dépêche chiffrée fut expédiée au général d'Aurelle ; elle était ainsi conçue :

« Préparez tout comme si vous deviez exécuter
» votre mouvement dès le 6 au matin, et vous le com-
» mencerez, en effet, si vous n'avez pas reçu aupa-
» ravant d'ordre contraire. Donnez à des Paillères les
» ordres nécessaires. »

Enfin, deux autres lettres du 5 novembre prescrivaient de marcher en avant; cependant l'une d'elles portait cette restriction :

« Il est possible que les circonstances politiques
» obligent ce soir ou demain à revenir sur cette déci-
» sion, alors je vous le télégraphierai ; mais quant à
» présent, je le répète, vous devez agir comme si le
» mouvement était irrévocable. »

L'autre lettre se terminait ainsi :

« Bonne chance et à la grâce de Dieu! Vous portez

» en ce moment, général, la fortune de la France, et
» jamais rôle plus beau ne fut dévolu à un homme.
» Vous pouvez relever notre patrie de l'abattement
» où elle est plongée depuis trois longs mois.

» Recevez, etc.

» DE FREYCINET. »

On voit par ces lettres combien il était difficile au général en chef de donner des ordres précis pour l'exécution d'un mouvement *qu'il fallait considérer comme irrévocable* d'une part, et que, d'autre part, *des circonstances politiques pouvaient arrêter le soir ou le lendemain.*

De quelles circonstances politiques s'agissait-il?

Quelle influence pouvait avoir sur la marche des événements la position de l'armée de la Loire?

Le général en chef n'en a jamais rien su, jamais il n'a été tenu au courant de la politique du gouvernement, ce qui l'a souvent mis dans un grand embarras.

Une certaine défiance régnait à Tours à l'égard des officiers généraux, accusés si souvent de trahison dans les proclamations et les discours de l'époque.

On semblait craindre, qu'ils ne missent le salut de la patrie avant celui de la République.

Cette idée seule peut expliquer l'ignorance complète dans laquelle on tenait systématiquement les généraux pourvus de commandement, des événements politiques de toute nature qu'il leur importait tant de connaître.

Cependant le général en chef envoya de suite au général des Paillères la dépêche télégraphique suivante :

Général d'Aurelle à général des Paillères, à Argent.

« Diziers, 5 novembre 1870.

» Je reçois du ministre de la guerre l'ordre de faire
» le mouvement primitivement convenu.
» Je vous transmets cet ordre. Prévenez Maurandy.
» Faites-moi connaître le jour où vous pourrez arri-
» ver à Orléans, afin que je règle mon mouvement
» sur le vôtre. »

Le général en chef prévint également M. de Cathelineau par la lettre suivante :

Le général en chef à M. de Cathelineau.

« Diziers, 7 novembre 1870.

» Mon cher commandant,

» Je prépare un mouvement qui nécessite la con-
» centration de toutes mes forces; en conséquence, je
» donne l'ordre à la brigade Rébillard, que j'avais
» envoyée sur la rive gauche, de repasser sur la rive
» droite.

» Vous allez donc être réduit à vos propres res-
» sources, c'est-à-dire à vos volontaires vendéens et
» au 3e bataillon de mobiles. Réglez vos opérations en
» conséquence.

» Je crois devoir vous faire connaître que nous
» allons faire un mouvement sur Orléans, avec quatre
» divisions des 15e et 16e corps, opérant sur la rive
» droite, et une division du côté de Gien, avec envi-
» ron 25,000 hommes. L'ennemi prévenu de ce dou-
» ble mouvement, et se sentant menacé de deux côtés,

» aurait, dit-on, évacué Orléans, où il se voyait exposé
» à être enveloppé.

» Pour concourir à ce mouvement, je donne l'ordre
» au général Faye, qui est à Salbris avec 6 à 7,000
» hommes, de se porter en avant de manière à arri-
» ver, le 10 au soir, à la Ferté Saint-Aubin. C'est la
» veille du jour où nous espérons pouvoir arriver à
» Orléans, afin que le 11 il continue son mouvement
» sur cette ville.

» J'ai recommandé au général Faye de se mettre
» en relation avec vous, dès qu'il sera à hauteur de la
» Ferté. Il importe que vous gardiez pour vous seul
» le secret de cette opération.

» Recevez, etc.

» Général D'AURELLE. »

Le 7 novembre, le temps jusque-là pluvieux et froid, se remit au beau.

L'armée de la Loire occupait, depuis le 4 novembre, les positions assignées par l'ordre du 3.

Les divisions faisaient des reconnaissances journalières sur leurs fronts, et les poussaient au loin en utilisant la cavalerie.

Pour garder la forêt de Marchenoir, des détachements occupaient les villages par lesquels l'ennemi pouvait tenter une surprise.

Il y avait à Autainville deux régiments de cavalerie (brigade Abdelal) et un bataillon du 39e de marche, commandé par le lieutenant-colonel Pereira. De ce point, les troupes surveillaient parfaitement tous les chemins qui donnent accès dans la forêt.

Les deux divisions d'infanterie du 16ᵉ corps occupaient de bonnes positions en arrière de la forêt. Elles étaient protégées et gardées par leurs avant-postes bien reliés entre eux.

Le 7 dès le matin, les reconnaissances remarquèrent des mouvements du côté de Baccon. Elles étaient à peine rentrées, vers dix heures et demie, qu'une forte canonnade se fit entendre dans la direction de Saint-Laurent-des-Bois.

Le général Chanzy, dont le quartier général est au village de Marchenoir, fait prendre les armes à la brigade Bourdillon et se porte rapidement au canon, emmenant avec lui le 3ᵉ bataillon de chasseurs à pied, et quelques compagnies de mobiles de Loir-et-Cher.

Il apprend alors qu'une colonne ennemie, forte d'environ deux mille hommes de cavalerie, deux régiments d'infanterie et deux batteries d'artillerie, venant de Baccon, s'avance vers Saint-Laurent.

Le bataillon de chasseurs à pied, enlevé avec un entrain remarquable par son digne commandant, le chef de bataillon Labrune, se déploie sous le feu de l'infanterie et de l'artillerie prussiennes, et contient l'attaque qui gagnait du terrain.

Déjà les tirailleurs ennemis ont incendié plusieurs fermes et le moulin de Marolles, près des positions françaises.

Pendant ce temps, le général Abdelal, à la tête d'un de ses régiments de dragons, culbute jusqu'au village de Vallière tout ce qu'il rencontre devant lui, et fait prisonnière une compagnie tombée sous le sabre de ses cavaliers.

La brigade Bourdillon accourt avec rapidité et commence à déboucher vers deux heures; une batterie de 4 et une batterie de mitrailleuses qui l'accompagnent, ouvrent immédiatement le feu.

Attaqués avec vigueur, les Allemands, après une lutte acharnée, se replient et commencent à battre en retraite sur Vallière, laissant sur le terrain beaucoup de morts et de blessés.

Nous eûmes dans ce combat de Vallière 4 morts et 35 blessés; parmi ces derniers se trouvaient le brave commandant Labrune et un officier de chasseurs à pied.

Nos jeunes troupes avaient montré de la vigueur et beaucoup d'élan; le général Chanzy venait d'inaugurer son commandement par un succès qui lui gagna la confiance de son corps d'armée. Le général Abdelal, comme toujours, s'était montré vaillant soldat.

Le contre-amiral Jauréguiberry, nommé au commandement de la 1re division du 16e corps d'armée, vint, dans la nuit du 7 au 8 novembre, au grand quartier général, se présenter au général en chef, et prendre ses ordres. Il partit immédiatement pour Viévy-le-Rayé, où se trouvait le quartier général de sa division.

Le 7 novembre, le général en chef donna l'ordre de mouvement suivant:

ORDRE GÉNÉRAL.

« Château de Diziers, 7 novembre 1870.

» Demain 8 novembre, les troupes des 15e et 16^e

» corps se mettront en marche dès le matin, pour
» aller occuper les emplacements suivants :

15ᵉ corps.

» État-major général à Poisly.
» 2ᵉ division : 1ʳᵉ brigade, entre Villevert et Cravant;
      2ᵉ brigade, entre Messas et Beaumont;
» 3ᵉ division : La droite aux Rilly, la gauche au château du Coudray;
» Réserve d'artillerie, à Ourcelle;
» Parc d'artillerie, à Séris;
» Parc du génie, à Poisly;
» Brigade de cavalerie Boério, à Montsouris.

16ᵉ corps.

» Les deux divisions d'infanterie, entre le château
» du Coudray et Ouzouer-le-Marché. Les divisions de
» cavalerie Reyau du 15ᵉ et Ressayre du 16ᵉ corps, sous
» les ordres du général Reyau, à gauche d'Ouzouer-
» le-Marché, vers Prénouvellon.

» *Signé* : Général D'AURELLE. »

Le 8 au matin, par un beau temps, le mouvement prescrit la veille s'exécuta sans aucune difficulté et sans engagement avec l'ennemi.

Dans la matinée, le général en chef quitta le château de Diziers et vint s'établir à la ferme de Poisly.

Dans l'après-midi, le général Chanzy se rendit au grand quartier général, pour assister à une conférence dans laquelle furent arrêtées les dernières dispositions pour la bataille du lendemain.

Immédiatement après, le général en chef fit paraître l'ordre général suivant :

Ordre de mouvement.

«Demain 9 novembre, réveil à cinq heures du ma-
» tin. Pas de sonneries. On mangera la soupe à sept
» heures et demie, et on partira à huit heures.

» La 2ᵉ brigade de la 2ᵉ division, avec deux batte-
» ries, ira s'établir entre les Monts et le Bardon, à
» droite, et le château de la Touanne, à gauche.

» La 3ᵉ division, soutenue au besoin par la réserve
» d'artillerie du 15ᵉ corps et la 1ʳᵉ brigade de la 2ᵉ di-
» vision formant la réserve, enlèvera Baccon et le
» château de la Renardière. Dans le cas où ces deux
» points ne seraient pas défendus ainsi que le château
» du Grand-Lus, elle s'établira entre ce dernier châ-
» teau et celui de la Renardière, ayant derrière elle
» la brigade de réserve et la réserve d'artillerie du
» 15ᵉ corps.

» Si Baccon était fortement occupé et sérieuse-
» ment défendu, le général commandant la 3ᵉ division
» attendrait, pour l'attaquer, la réserve d'artillerie
» du 15ᵉ corps.

» Enfin, si les châteaux de la Renardière et du
» Grand-Lus opposaient une grande résistance, on
» attendrait que le 16ᵉ corps attaquât en même temps
» Coulmiers, pour agir simultanément.

» La 1ʳᵉ brigade de la 2ᵉ division, destinée à former
» la réserve du 15ᵉ corps, se portera vers Thorigny,
» pour se placer en arrière de la 3ᵉ division, dont elle
» suivra le mouvement en avant.

» La réserve d'artillerie suivra le mouvement de
» cette brigade, en passant par Cravant. Le parc
» d'artillerie se rendra à Saint-Laurent-des-Bois, en
» passant par Lorges et Poisly.

» La brigade Boërio suivra le mouvement de la
» 3° division, et ira s'établir vers Baccon.

» Le général commandant en chef le 16ᵉ corps a
» reçu des instructions pour faire un mouvement tour-
» nant vers la gauche, soutenu par dix régiments de
» cavalerie et 6 batteries qui, avec quelques corps
» francs, doivent chercher à déborder la droite de
» l'ennemi.

» La droite du 16° corps sera à Coulmiers.

» Le général commandant le 16° corps donnera
» au général Reyau, commandant la cavalerie, les
» instructions nécessaires pour son mouvement de
» demain.

» Les troupes du 15° corps ne s'installeront au bi-
» vouac, sur les endroits ci-dessus indiqués, que lors-
» qu'elles en recevront l'ordre.

» Le général en chef recommande instamment aux
» généraux de division et de brigade d'être en rela-
» tion constante avec les divisions voisines de droite
» et de gauche, afin de se prêter un mutuel appui. Il
» recommande également de marcher sur plusieurs
» colonnes, afin de pouvoir se déployer plus facile-
» ment au besoin.

» En raison de la proximité de l'ennemi, il im-
» porte de redoubler de soins pour l'établissement
» des grand'gardes et des postes avancés.

» Lorsque les bivouacs seront installés, les géné-

» raux de division et de brigade devront établir des
» postes de correspondance, pour communiquer avec
» leurs voisins et le quartier général.

» Toutes les fois que cela sera possible, on se com-
» plétera en vivres (trois jours d'avance, sans compter
» la journée courante).

» Le quartier général de demain sera indiqué plus
» tard.

» Au quartier général à Poisly, 8 novembre 1870.

» Le général commandant en chef les 15ᵉ et 16ᵉ corps,
» *Signé* : D'AURELLE. »

Le général Chanzy donna les ordres suivants pour la journée du 19, au 16ᵉ corps et au général Reyau :

Extrait des instructions données au 16ᵉ corps pour la journée du 9.

« Au quartier général de Mézières,
» le 8 novembre, dix heures du soir.

» Demain, 9 novembre, le 16ᵉ corps, pour exécuter
» l'opération prescrite par l'ordre de mouvement du
» général en chef, prendra les dispositions suivantes :

» Les hommes devront avoir mangé la soupe à sept
» heures et demie, de façon que sur toute la ligne on
» s'ébranle à huit heures précises.

» Le résultat à atteindre est de débusquer l'ennemi
» de Charsonville, Épieds, Coulmiers, Saint-Sigis-
» mond, et de prononcer sur la gauche un mouve-
» ment tournant, de façon à venir occuper solidement,
» à la fin de la journée, la route de Châteaudun à Or-

» léans, en s'avançant le plus possible dans la direc-
» tion des Barres, tout en tenant toutes les positions
» qui doivent nous rendre maîtres des bois en avant
» de Rozières.

» Le général Reyau, avec ses deux divisions de
» cavalerie, doit, pendant cette opération, couvrir
» l'aile gauche de l'armée en se portant dans la direc-
» tion de Patay, et observer avec soin la direction de
» Paris, sans perdre de vue celle de Châteaudun,
» pour éviter toute surprise de ce côté.

» Les francs-tireurs du lieutenant-colonel Lipowski
» et du commandant de Foudras ont reçu l'ordre de
» reconnaître, dès la pointe du jour, Tournoisis et
» Saint-Péravy; ils concourront au rôle de la cavalerie,
» et seront pendant tout le mouvement aux ordres du
» général Reyau.

» La 1re brigade de la division Barry marchera par
» Champdry et Villorceau sur Coulmiers, qu'elle de-
» vra enlever en tournant le Grand-Lus, qui doit être
» attaqué par des troupes du 15e corps; elle aura
» avec elle deux des batteries divisionnaires et la
» section de mitrailleuses. La 2e brigade suivra le
» mouvement à une distance de deux kilomètres avec
» la 3e batterie de la division, et une batterie de 12
» tirée de la réserve.

» La 2e brigade de la 1re division (général Deplan-
» que), éclairée à sa gauche par les francs-tireurs du
» commandant Liénard, avec deux batteries d'artil-
» lerie et une section de mitrailleuses, marchera sur
» Charsonville, Épieds, Gémigny, qu'elle devra enle-
» ver successivement. La 1re brigade (général Bour-

» dillon), avec la 3ᵉ batterie et une section de mi-
» trailleuses, ne quittera Ouzouer-le-Marché que
» quand l'autre brigade aura dépassé Charsonville;
» elle suivra à cette même distance les mouvements de
» cette dernière. Le rôle de la brigade Bourdillon est
» de servir de réserve à l'aile gauche de l'armée; le
» général Reyau devra toujours se relier avec elle.
» Le général, commandant le 16ᵉ corps, marchera par
» Charsonville et Épieds, entre les deux brigades.

» La réserve d'artillerie quittera Chantôme à huit
» heures, passera par Lormes, Ouzouer, suivra la
» route par Charsonville en se maintenant à hau-
» teur de la brigade Bourdillon, qui, au lieu de
» suivre cette route, se prolongera parallèlement
» en se tenant constamment à un kilomètre sur la
» gauche.

» Les bagages, etc. . . . . »

» *Le général commandant le 16ᵉ corps,*

» *Signé :* CHANZY. »

BATAILLE DE COULMIERS.

Le 9 novembre, les troupes sont de bonne heure sur pied. Elles n'ont pu faire leurs feux de bivouac à cause de la proximité de l'ennemi.

Le temps est froid et sombre; la journée cependant s'annonce bien, et au jour, le brouillard commence à se dissiper.

A l'heure indiquée, les rangs se forment et les régiments se dirigent en silence vers les positions indiquées la veille.

Le général en chef quitte Poisly, et arrive à neuf heures et demie devant Baccon.

L'armée française est rangée en bataille sur deux lignes, dans un ordre admirable. Tout en elle annonce la confiance.

L'armée allemande retranchée dans des villages, des châteaux et des fermes, les a crénelés, barricadés à l'intérieur et en a défendu l'approche, à l'extérieur, par des ouvrages de fortification passagère. Elle est prête à recevoir la bataille que nous venons lui offrir, elle nous attend de pied ferme.

Un silence solennel règne partout dans cette grande plaine, où bientôt va retentir le bruit du canon. Dans les rangs, calme profond, ordre parfait : les troupes semblent disposées pour une revue.

La vue s'étend au loin vers la droite et vers la gauche ; elle est bornée, du côté de la Loire, par des bois et des massifs d'arbres qui entourent de nombreux châteaux et de riches fermes.

Les terres, habituellement cultivées en céréales, sont dépouillées de leurs récoltes. Elles n'offrent aucun obstacle au déploiement de l'infanterie, à la marche de la cavalerie et aux mouvements de l'artillerie, qui cependant ne peut manœuvrer aux allures vives, parce que les terrains sont encore détrempés par les pluies des jours précédents.

La division Peytavin était en avant de Baccon, ayant à sa droite, dans la direction de Bardon, la division Martineau, et à sa gauche, le 16e corps d'armée, disposé comme le 15° sur deux lignes.

Baccon, bourg assez considérable, est bâti sur une hauteur d'où l'on domine toute la plaine que nous venons de décrire; son clocher s'aperçoit de très-loin, et a dû servir souvent aux Bavarois d'observatoire pour reconnaître nos mouvements.

En avant de ce bourg, à trois mille mètres environ, vers le hameau de Champdry, s'élève un mamelon très-accentué, merveilleusement situé pour y établir nos batteries d'attaque. Le général en chef, après avoir reconnu la position, fit arriver sur cette hauteur deux batteries de 4, et l'attaque commença. Ces batteries, dont le tir était bien dirigé, ne produisaient cependant pas tout l'effet espéré. Il fut ordonné au colonel Chappe, commandant l'artillerie de réserve du 15° corps, d'y placer deux batteries de 8, qui sous l'habile direction de cet officier supérieur, tirèrent avec une précision remarquable.

La lutte s'est aussi engagée avec l'infanterie. Les tirailleurs du 33° de mobiles déployés, s'avancent résolûment sur Baccon, pendant que les régiments les suivent. Une fusillade vive et nourrie se fait entendre, à laquelle répondent les bataillons bavarois embusqués derrière des murailles crénelées, des fenêtres et des ouvertures pratiquées dans les parois des maisons.

Nos soldats, animés par l'exemple de leurs officiers, gagnent du terrain, arrivent jusqu'au village, soutenus par l'artillerie, dont les boulets font écrouler des pans de murailles, y pénètrent, et se battent un moment corps à corps avec les Prussiens.

L'artillerie bavaroise commence à faiblir, elle tire en s'éloignant; bientôt elle quitte Baccon, et l'on voit des flammes et de la fumée sortir de quelques maisons incendiées à la fois par les ennemis qui battent en retraite, et par nos projectiles qui ne cessent de pleuvoir sur le bourg, depuis le commencement de l'action.

Après un combat d'une heure, Baccon est emporté d'assaut, et nos soldats, sans s'arrêter à ce premier succès, entraînés par l'exemple du général Peytavin, marchent sur le château de la Renardière, où recommence une nouvelle lutte aussi acharnée que la première.

Cette attaque est protégée par deux batteries de 4, qui se sont établies à la droite de Baccon, et deux autres batteries de 8, placées à la gauche de la ferme des Boynes. Nos braves régiments d'infanterie, précédés de leurs tirailleurs, poursuivent leur marche victorieuse, se précipitent dans le parc et en chassent les Prussiens, qui reculent, mais en bon ordre.

Ceux-ci se rallient à la voix de leurs officiers; un retour offensif semble se dessiner contre nous. Le général en chef, qui suit de l'œil ces préparatifs d'attaque, envoie une batterie s'établir à la ferme de la Cour Saint-Christophe; son feu bien dirigé fait avorter cette tentative. Elle n'avait pas ébranlé nos soldats, mais elle aurait pu coûter cher à ceux qui s'étaient engagés dans le parc avec trop de précipitation. Nos bataillons s'arrêtent un instant pour reprendre haleine, et, le général Peytavin à leur tête, s'élancent de nouveau aux cris de : *En avant!* et enlèvent à la baïonnette le château que les Bavarois avaient crénelé et fortifié.

Il était environ midi.

Le 16ᵉ corps d'armée, de son côté, avait attaqué, mais avec moins d'élan que le 15ᵉ, les positions ennemies vaillamment défendues par les troupes du général de Tann, qui occupaient en force Coulmiers, Gémigny, Rosières et Bois-Buisson. Tous ces villages avaient été mis en état de défense depuis plusieurs jours, à l'aide de travaux bien entendus de fortification passagère, lunettes, abatis, épaulements, barricades. Le général Chanzy faisait avancer ses troupes avec ordre, pendant que le général Reyau, avec neuf régiments de cavalerie, couvrait sa gauche et la protégeait contre tout mouvement tournant.

La cavalerie elle-même était éclairée sur sa gauche, à distance, par les francs-tireurs de Paris, sous le commandement du lieutenant-colonel Lipowski.

La division Barry, qui occupait la droite de l'infanterie du 16ᵉ corps, avait reçu, dès le commencement de la bataille, des obus venant de Baccon qui la prenaient d'écharpe ; mais ces projectiles ne pouvaient l'inquiéter sérieusement, à cause de la grande distance où elle se trouvait de ce bourg.

La marche de cette division avait été lente ; elle n'arriva que vers midi à Saintry. Beaucoup de précautions avaient été prises par le général Barry ; leur utilité ne pouvait en ce moment être justifiée.

L'ennemi était devant nous, dans des positions fortifiées, et la défense se concentrait évidemment dans ces positions mêmes.

La brigade Deplanque, de la première division, marchait sur Gémigny; elle fut reçue vigoureusement par l'artillerie ennemie établie dans ce village, par celle de Coulmiers sur sa droite et celle de Saint-Sigismond sur sa gauche.

Les batteries de la division Barry, qui avaient pris position à Saintry, ouvrirent leur feu vers midi, et, à partir de ce moment, cette division fut sérieusement engagée. Ses efforts et son action se portèrent particulièrement sur Coulmiers, qu'elle attaqua avec élan; bientôt, par sa vigoureuse offensive, cette division avait réparé le temps perdu par elle dans la matinée.

C'était en ce moment un spectacle imposant que celui de cette jeune armée de la Loire; elle combattait sur tous les points à la fois avec une ardeur admirable. Si le général Trochu avait pu la voir dans ce moment, il en aurait parlé avec moins de dédain qu'il ne l'a fait au sein de l'Assemblée nationale, dans un discours prononcé le 14 janvier 1871, et publié en brochure quelques jours après [1].

La cavalerie aux ordres du général Reyau avait reçu des instructions précises et formelles. Comme on l'a vu plus haut dans les ordres donnés le 8 novembre par le général Chanzy, sa mission était de couvrir le flanc gauche de l'armée française du

---

[1] Voir aux Pièces justificatives, note n° 2.

côté de Chartres, en se dirigeant sur Saint-Péravy, et en même temps de couper la retraite de l'ennemi sur la route de Paris. Il s'était complétement écarté des ordres qui lui avaient été donnés. Au lieu de se conformer aux instructions reçues, il avait fait attaquer par son artillerie le village de Saint-Sigismond, et s'était jeté contre des obstacles où la valeur brillante de ses escadrons s'était brisée sans résultat. Il avait, il est vrai, fait pousser une reconnaissance sur sa gauche, mais, par une erreur inconcevable, elle prit les francs-tireurs de Paris de Lipowski pour des Prussiens. Le général Reyau n'eut pas la pensée, si naturelle en pareille circonstance, de faire cesser toute incertitude en ordonnant une nouvelle reconnaissance, et il fit prévenir le général Chanzy que son flanc gauche était menacé.

Comment le général Chanzy, habituellement si prudent, si bien inspiré, n'a-t-il pas immédiatement éclairci ses doutes?

La cavalerie du général Reyau fit des pertes inutiles, ses escadrons furent décimés par l'artillerie ennemie; la sienne épuisa ses munitions, et par suite de cette fatale erreur, il battit en retraite pour aller reprendre, avec ses escadrons accablés de fatigue, la position de Prénouvellon, d'où il était parti le matin; il laissait ainsi libres les routes de Chartres et de Paris.

Vers les trois heures, le 15ᵉ corps d'armée avait conquis les positions de Baccon, le château de la Touanne abandonné par l'ennemi, le château de la Renardière, le château de Huisseau-sur-Mauve, celui du Grand-Lus, les fermes et la lisière du bois de Montpipeau.

Le 16e corps d'armée était engagé sur toute sa ligne, la division Barry devant Coulmiers, où la résistance était des plus opiniâtres. Cependant les tirailleurs et quelques compagnies avaient déjà franchi les premiers obstacles et pénétré dans le village. Mais les Allemands, s'abritant derrière chaque arbre et les pans de murailles écroulées, par de nouveaux efforts désespérés, avaient chassé nos soldats du village et étaient redevenus maîtres de la position.

Le général Barry, mettant alors pied à terre, se place à la tête de ses troupes, les enlève aux cris de : *En avant! vive la France!* et à son tour force l'ennemi à reculer. La lutte se prolonge dans le village en flammes.

Le général en chef fait placer deux batteries de 8 derrière le parc du Grand-Lus, dans un endroit favorable masqué par des arbres. Elles balayent la route de Bucy-Saint-Liphard à Coulmiers, que suivent les Bavarois en retraite vers Patay, et réduisent au silence les batteries ennemies.

En même temps, le général d'Aurelle fait approcher la brigade Dariès, qui avait formé la réserve du 15e corps pendant la journée; il lance cette brigade sur le village. Ces troupes sont enlevées avec un irrésistible élan par leur vaillant général. Bientôt Coulmiers est emporté d'assaut par la division Barry et la brigade Dariès, rivalisant de courage et d'ardeur.

Le succès de la journée était assuré, il fallait le compléter et le consolider. Le général Chanzy dirige ses efforts sur Gémigny et Rosières : la brigade Deplanque s'empare de ces deux villages malgré la résistance désespérée des Bavarois, mais en éprouvant les pertes les plus sensibles.

La division Jauréguiberry, formant l'aile gauche du 16ᵉ corps, avait enlevé avec une grande vigueur les villages de Champs et d'Ormeteau, vaillamment disputés par l'ennemi, dont les feux, partant de la Mouise et de Gémigny, produisaient de grands ravages dans nos rangs.

Arrivé de la veille pour prendre le commandement d'une division d'infanterie, l'amiral Jauréguiberry, par son sang-froid et son audace, étonna nos jeunes soldats. Électrisés par son exemple, ils s'étaient emparés à la baïonnette de Champs et d'Ormeteau.

La brigade Bourdillon, qui avait servi de réserve au 16ᵉ corps pendant la bataille, fut dirigée sur Saint-Sigismond, et s'empara de cette position.

La nuit était arrivée, l'armée de la Loire avait vaincu ; mais une faute regrettable lui enlevait une partie des avantages que faisait espérer le succès de la journée.

L'armée établit ses bivouacs sur le lieu même où elle avait combattu, en prenant, pour se bien garder, toutes les précautions commandées par la prudence.

On pouvait s'attendre, pour le lendemain, à une vive attaque de l'armée bavaroise pour reprendre les importantes positions qu'elle venait de perdre.

Le général en chef établit son quartier général au château du Grand-Lus, où déjà un grand nombre de blessés avaient été transportés. La chapelle, séparée de l'habitation, était transformée en ambulance ainsi que plusieurs autres dépendances du château, mises généreusement par le propriétaire, M. de Gourcy, à la disposition des médecins.

Ceux-ci prodiguaient, avec leur dévouement accoutumé, aux soldats mutilés des deux nations, les soins que réclamaient leurs blessures.

A peine descendu de cheval, le général d'Aurelle visita l'ambulance. Nos soldats ne faisaient entendre aucune plainte; ils étaient remplis de confiance et de courage.

Ce premier devoir accompli, le général en chef envoya au ministre de la guerre la dépêche télégraphique suivante :

« Château du Grand-Lus, 9 novembre,
6 heures du soir.

» Le combat a duré jusqu'à la nuit. Les troupes
» du 15ᵉ corps occupent Bardon, les châteaux de la
» Touanne, de la Renardière, du Grand-Lus et
» Coulmiers.

» Le général Chanzy, qui avait commencé l'attaque
» de Gémigny pour exécuter son mouvement tour-
» nant, a été obligé de reporter sa gauche en arrière,
» parce que le général Reyau, qui devait se diriger
» sur Saint-Péravy, l'a fait prévenir que de fortes
» colonnes ennemies le menaçaient sur sa gauche.

» Après avoir lutté avec son artillerie qui a beau-

» coup souffert, le général Reyau s'est replié sur
» Prénouvellon. Par suite, le général Chanzy pré-
» pare son mouvement pour résister à l'attaque dont
» il est menacé, en occupant Cheminiers et Poiseaux.

» Son quartier général est à Épieds. »

Pendant la nuit, le temps était devenu très-mauvais; au point du jour, la pluie continuait à tomber.

Les reconnaissances faites de grand matin annonçaient un mouvement rétrograde de l'armée allemande; sa retraite n'était pas encore connue, mais divers renseignements, donnés par des personnes venues d'Orléans pendant la nuit, la faisaient pressentir.

Bientôt cette nouvelle prit un caractère de certitude et se répandit avec rapidité : l'armée allemande avait évacué Orléans et pris la route d'Étampes.

Beaucoup de personnes se sont demandé pourquoi le général d'Aurelle n'avait pas poursuivi l'ennemi après la bataille de Coulmiers.

La bataille n'avait fini qu'à la nuit; la cavalerie, qui, lancée sur les lignes de retraite de l'ennemi, aurait pu entamer la poursuite et donner de bons résultats, était retournée dans ses cantonnements à Prénouvellon.

Il faut bien considérer aussi que le général Chanzy, craignant d'être tourné, avait fait porter sa gauche en arrière. On ne songeait donc à rien moins qu'à poursuivre l'ennemi, puisqu'on s'attendait pour le lendemain à une attaque de front combinée avec une autre attaque sur le flanc gauche.

Comme toujours, les troupes se gardèrent bien,

étendirent leurs grand'gardes et leurs petits postes aussi loin que possible, mais rien ne fut signalé.

Une pluie glaciale mêlée de neige commençait à tomber, la nuit était sombre à tel point que le lendemain matin seulement on s'aperçut que l'ennemi avait battu en retraite.

La fatigue des hommes était grande, et il aurait été imprudent de les pousser en avant après la bataille.

D'ailleurs, le général en chef était opposé à toute espèce d'opérations de nuit : si elles sont dangereuses même avec des troupes aguerries, elles le deviennent bien plus avec de jeunes troupes ; il en résulte presque toujours des paniques, des méprises.

Le lendemain il était trop tard. Les Allemands font de très-grandes étapes, s'arrêtant à peine ; ils avaient douze heures d'avance et se rapprochaient de leur base d'opération, le cercle d'investissement de Paris, où ils allaient trouver de puissants secours.

L'armée bavaroise ressemblait à une grand'garde qui aurait été repoussée sur le corps principal.

Étampes n'est qu'à douze lieues de Coulmiers et était à une forte journée de marche seulement des réserves allemandes. De Tann devait donc trouver, en arrivant dans cette ville, une armée de soutien.

Il fallait se contenter du résultat obtenu ; la victoire de Coulmiers avait mis la dernière main à l'œuvre entreprise par le général d'Aurelle ; son armée, solide, disciplinée, avait après la bataille confiance en elle-même et en ses chefs.

Coulmiers n'était dans la pensée du général en chef que le prélude des grands combats qui devaient suivre.

La bataille de Coulmiers nous donna 2,500 prisonniers, sans compter les blessés, plusieurs pièces d'artillerie, et un convoi de munitions et de bagages.

Nos pertes s'élevèrent à environ 1,500 tués ou blessés.

Quant à celles de l'ennemi, il n'a pas été possible d'obtenir des renseignements exacts; le rapport officiel allemand porte les pertes de l'armée bavaroise à 42 officiers et 650 hommes tués ou blessés, certains rapports donnent un chiffre de 53 officiers tués et de 5,000 hommes tués ou blessés; en se tenant entre ces deux exagérations, on sera probablement dans le vrai.

Deux pièces d'artillerie, des caissons de munitions et des voitures de bagages furent pris par le commandant de Lambilly, chef d'état-major de l'amiral Jauréguiberry. Apprenant au point du jour que l'ennemi était en pleine retraite, et que sa dernière colonne de bagages et d'artillerie venait de traverser Saint-Péravy, il n'hésita pas à se jeter à la poursuite de l'ennemi avec ce qu'il avait sous la main, les pelotons d'escorte de l'amiral, comprenant environ cinquante cavaliers des 6ᵉ dragons et 1ᵉʳ hussards; ils furent appuyés à distance par un bataillon d'infanterie. Ils rencontrèrent la colonne ennemie à sa sortie de Saint-Péravy, gagnèrent au galop la tête du convoi, sabrant tout ce qui se trouvait sur leur passage. Ils ramenèrent deux canons, vingt-neuf voitures de munitions et une centaine de prisonniers, dont cinq officiers.

Le général en chef avait déjà préparé l'ordre pour continuer les opérations de la veille; à la nouvelle de la retraite de l'ennemi, il le remplaça par l'ordre de mouvement suivant :

« Quartier général du Grand-Lus,
» 10 novembre 1870.

» Aujourd'hui, 10 novembre, et dès qu'on le pourra,
» on touchera un jour de vivres et on se complétera
» en munitions.

» Le général de Blois enverra aux batteries divi-
» sionnaires et à celles de la réserve, sur les empla-
» cements qu'elles occupent, les munitions néces-
» saires; quatre batteries de réserve à Grand-Lus ou
» Coulmiers, deux batteries de 4 à la Renardière,
» deux batteries de 4 à Coulmiers.

» On se tiendra prêt à prendre les armes à dix
» heures, pour faire les mouvements suivants :

» La 2ᵉ brigade de la 2ᵉ division (général Rébil-
» lard) ne laissera qu'un régiment au château de la
» Touanne, et portera les deux autres à la Renar-
» dière, pour y relever la 1ʳᵉ brigade de la division
» Peytavin.

» La 1ʳᵉ brigade de la 3ᵉ division s'établira en
» réserve, en arrière de Coulmiers, à cheval sur la
» grande route, à un kilomètre en dehors du village.

» La 2ᵉ brigade de la 3ᵉ division (Martinez) occu-
» pera le château de Lus avec un régiment, et pla-
» cera les deux autres à Coulmiers.

» La brigade Dariès se portera à Ormeteau et se

» mettra à la disposition du général commandant le
» 16ᵉ corps, dont le quartier général est à Saint-
» Péravy.

» Les quatre batteries de la réserve se porteront à
» Coulmiers.

» La brigade de cavalerie Boërio conservera son
» emplacement près de la Renardière.

» Le commandant du 16ᵉ corps d'armée donnera
» les ordres nécessaires pour ledit corps.

» Le parc d'artillerie restera à Baccon.

» Celui du génie prendra son campement à Coul-
» miers.

» Le grand quartier général est actuellement au
» Grand-Lus, pour la matinée.

» *Signé* : Général D'AURELLE. »

Immédiatement après, il expédia à Tours la dépêche télégraphique suivante :

Le général d'Aurelle à ministre de la guerre, Tours.

« Château du Grand-Lus, 10 novembre 1870.

» La bataille livrée hier contre les Prussiens, qu'on
» peut appeler bataille de Coulmiers, parce que l'ef-
» fort fait sur ce point a été désespéré, a donné des
» résultats qui ont dépassé toutes mes espérances.
» Meung, Saint-Ay, toute la rive gauche et la rive
» droite jusqu'à Orléans sont évacués.

» Orléans n'a plus dans ses murs d'autres Prus-
» siens que des traînards, des hommes débandés qui

» s'y rendent de tous côtés pour ne pas tomber entre
» nos mains : ils sont prisonniers.

» J'aurais pu occuper cette ville dès ce matin, je
» n'ai garde de le faire encore. J'espère que la division
» des Paillères nous joindra ce soir ou demain matin.
» Je me place à cheval sur la route de Paris, prêt à
» recevoir l'armée prussienne renforcée par celle
» qu'on dit venir de Chartres. L'armée est heureuse
» des éloges que vous lui avez envoyés au nom du
» gouvernement.

» J'enverrai ce soir ou demain matin un régiment
» et un officier général à Orléans, avec le titre de com-
» mandant supérieur, pour y organiser les services
» militaires.

» Faites continuer la ligne du chemin de fer de
» Beaugency à Orléans.

» Le moral des troupes est décuplé. »

En même temps, le général en chef adressait à son armée l'ordre du jour suivant :

« Quartier général du Grand-Lus,
» 10 novembre 1870.

» Officiers, sous-officiers et soldats de l'armée de
» la Loire,

» La journée d'hier a été heureuse pour nos armes.
» Toutes les positions attaquées ont été enlevées avec
» vigueur; l'ennemi est en retraite.

» Le gouvernement, informé par moi de votre belle
» conduite, me charge de vous adresser des remer-
» cîments, je le fais avec bonheur.

» Au milieu de nos malheurs, la France a les yeux

» sur vous ; elle compte sur votre courage. Faisons tous
» nos efforts pour que cet espoir ne soit pas trompé.

» Le général commandant en chef l'armée
» de la Loire,

» *Signé* : D'AURELLE DE PALADINES. »

Le 10 au matin, les cloches d'Orléans et des villages environnants sonnaient à toute volée pour célébrer la journée de Coulmiers.

Pendant la nuit, les ambulances s'étaient mises en mouvement, malgré le mauvais temps, avaient parcouru en tout sens le champ de bataille pour recueillir les blessés et enlever les morts. Le nombre en paraissait assez considérable, mais il était encore impossible de s'en rendre un compte exact. Beaucoup de blessés s'étaient traînés dans les fermes voisines pour y chercher un abri; malheureusement quelques-uns avaient dû succomber, faute des soins immédiats qu'on n'avait pu leur donner.

Dès que l'installation au bivouac le permit, l'administration des subsistances s'occupa de faire la distribution de viande, et les hommes eurent la possibilité de faire la soupe. Les vivres, d'ailleurs, ne pouvaient manquer, puisque la veille ils avaient été complétés pour trois jours.

De nouveaux mouvements allaient encore s'opérer le lendemain. Le général en chef sentit la nécessité de rapprocher son quartier général d'Orléans, parce que les communications avec Tours, par les voies ferrées, allaient être rétablies. Il désirait cependant en rester assez éloigné, pour être plus libre de donner tout son temps à son armée.

Le quartier général fut établi à Villeneuve-d'Ingré.

Le temps était devenu très-froid et la neige couvrait le sol; les bivouacs se trouvaient heureusement à proximité des bois, ce qui mettait à leur portée les moyens de chauffage.

En se rendant du Grand-Lus à Villeneuve-d'Ingré, le général d'Aurelle trouva sur les côtés de la route quelques soldats prussiens qui n'avaient pu encore être enlevés du champ de bataille; il donna des ordres pour qu'ils fussent déposés dans les maisons les plus rapprochées, et inhumés avec le même respect que nos propres soldats.

Malgré le mauvais temps, les habitants d'Orléans, joyeux de leur délivrance, étaient accourus en foule au-devant de l'armée, lui témoignant ainsi les sentiments de reconnaissance dont ils étaient pénétrés.

A peine arrivé à Villeneuve-d'Ingré, le général en chef reçut la visite du secrétaire général de la préfecture, qui venait au nom du préfet souffrant et malade, pour lui adresser ses félicitations.

Depuis la veille au soir, 9 novembre, M. de Cathelineau, commandant des volontaires vendéens, qui avait suivi parallèlement les mouvements de l'armée sur la rive gauche de la Loire, avait fait son entrée dans la ville au milieu des acclamations de la population. Ces volontaires furent reçus en libérateurs et fêtés autant que le permettaient le dénûment et la détresse des habitants.

Le lendemain de grand matin, Cathelineau et ses

volontaires, officiers et soldats, se rendirent à la cathédrale pour adresser à Dieu des actions de grâces.

Au moment où l'office divin allait commencer, le chef vendéen s'avançant seul vers l'autel, et élevant haut son épée, s'écria d'une voix forte et émue : « Tout pour Dieu et pour la patrie! »

C'était la devise de ses valeureux soldats, qui s'honoraient d'être chrétiens, et venaient remercier le Dieu des armées de notre première victoire.

Cet hommage solennel ainsi rendu au pied des autels, étonna et impressionna vivement les assistants.

Dans la soirée du 10 novembre, l'ordre de mouvement ci-après fut donné pour être exécuté le lendemain matin :

« 16ᵉ *corps d'armée.*

» 1ʳᵉ division (amiral Jauréguiberry) :
» 1ʳᵉ brigade, vers Boulay;
» 2ᵉ brigade, à Haute-Épine, en avant de Clos-
» Aubry;
» Réserve d'artillerie divisionnaire à Clos-Aubry.
» 2ᵉ division (général Barry), en avant de Pezelle :
» Les deux divisions de cavalerie entre Saint-
» Péravy et Tournoisis;
» Réserve divisionnaire, à Coulimelle;
» Quartier général, à Saint-Péravy.

» 15ᵉ *corps d'armée.*

» 1ʳᵉ division (général des Paillères), entre Chevilly
» et Neuville-aux-Bois.

» 2ᵉ division (général Martineau des Chenez) :
» 1ʳᵉ brigade (général Dariès), à Orléans;
» 2ᵉ brigade (général Rébillard), à Gidy, se reliant
» à Cercottes.

» 3ᵉ division (général Peytavin) :
» 1ʳᵉ brigade, à Bucy-Saint-Liphard;
» 2ᵉ brigade, un régiment à Rosières; deux régi-
» ments à Coulmiers.

» Brigade de cavalerie Boërio, à Ormes.
» Parc d'artillerie, à Villeneuve d'Ingré. »

Le 11, le général en chef recevait du ministre de la guerre la dépêche télégraphique suivante :

Guerre à général d'Aurelle.

« A Villeneuve-d'Ingré, de Tours.

» Le gouvernement remercie les troupes de leurs
» efforts et vous félicite de votre succès. A vous
» reviendra l'honneur et le bonheur d'avoir changé
» la fortune de nos armes. Nous approuvons pleine-
» ment les dispositions que vous avez prises autour
» d'Orléans pour vos troupes, et nous allons nous
» occuper de satisfaire à toutes vos demandes. Toutes
» vos propositions de récompenses seront approu-
» vées. Les généraux Borel, Peytavin et Longuerue
» seront faits divisionnaires. M. Gambetta aura le
» plaisir de le leur confirmer de vive voix demain.

» Vous recevrez prochainement des instructions ; en
» attendant, redoublez de vigilance, en prévision d'un
» retour offensif.

» *Signé* : DE FREYCINET. »

Le général en chef avait hâte de voir le 16ᵉ corps d'armée ; il désirait lui adresser ses félicitations sur sa brillante conduite à Coulmiers. Il voulait aussi se concerter avec le général Chanzy pour l'établissement des corps d'armée en avant d'Orléans. Il arriva au quartier général de Saint-Péravy, le 11 novembre, à neuf heures du matin, accompagné du général Borel, son chef d'état-major, et du capitaine de Langalerie, son aide de camp.

A onze heures, il réunit les généraux, les colonels et tous les chefs des divers services militaires et administratifs. Il les chargea d'être auprès des troupes l'interprète de sa vive satisfaction, s'informa de leurs besoins, et comme le temps était devenu froid tout à coup, il décida qu'une ration de vin ou d'eau-de-vie leur serait distribuée tant que les approvisionnements le permettraient, et porta la ration de viande à quatre cents grammes.

Il fit connaître ses vues sur l'établissement des troupes dans de bonnes positions en avant d'Orléans, afin d'y compléter l'organisation de l'armée de la Loire, et donna des ordres aux commandants de l'artillerie et du génie pour élever des retranchements et des ouvrages de fortification passagère.

Ces propositions reçurent une approbation unanime.

Le général d'Aurelle, en adoptant le projet de couvrir Orléans, aurait préféré porter les troupes plus au nord, jusqu'à Artenay, afin d'appuyer la gauche de l'armée à la petite rivière de la Conie. Il pouvait y avoir quelques avantages à s'appuyer sur cette rivière, qui était une bonne ligne de défense; mais ce projet avait un inconvénient capital aux yeux du général en chef, celui de trop étendre la ligne de bataille. Le général en chef était, par principe, très-opposé à la dissémination de l'armée et à une occupation de terrain trop étendue.

Il désirait concentrer ses forces pour pouvoir mieux instruire les troupes, s'occuper plus directement de leur organisation, de la discipline sur laquelle il fondait ses espérances, et les tenir prêtes à résister aux attaques de l'armée prussienne en avant d'Orléans.

Toutes les dispositions furent arrêtées avant de se séparer et devinrent l'objet d'un ordre que l'on trouvera plus loin.

A trois heures, le général en chef rentrait à Villeneuve-d'Ingré, pour préparer le travail des récompenses à présenter le lendemain au ministre de la guerre, qui avait annoncé son arrivée au grand quartier général.

Le même soir, le général en chef lui envoyait le document suivant :

Rapport du général en chef de l'armée de la Loire sur la bataille de Coulmiers, livrée le 9 novembre 1870.

« Monsieur le ministre,

» J'ai l'honneur de vous adresser le rapport sur la
» bataille de Coulmiers, livrée dans la journée du
» 9 novembre.

» Dès la fin du mois dernier, il avait été décidé, à
» la suite d'un conseil de guerre tenu à Tours, qu'on
» tenterait une opération combinée pour occuper
» Orléans, qu'on devait attaquer du côté de l'ouest,
» par les troupes directement placées sous mes
» ordres, et du côté de l'est, par les troupes du
» général des Paillères, le tout agissant sur la rive
» droite de la Loire.

» Diverses circonstances, survenues au moment
» même de l'exécution du mouvement de concentra-
» tion, ne permirent pas de donner immédiatement
» suite à ce projet.

» Le 5 au soir, il fut décidé, d'après les instruc-
» tions reçues du ministre de la guerre, que l'on
» reprendrait cette opération, et le général des Pail-
» lères, établi à Argent et à Aubigny-Ville, reçut
» l'ordre de partir le lendemain 6, pour se diriger par
» Gien et la forêt d'Orléans, sur cette dernière ville, en
» lui laissant toute liberté de mouvement, de manière
» à arriver le 10 au soir ou le 11 au matin, suivant
» les événements.

» Le reste de mes troupes qui était établi sur ma

» droite et en arrière de la forêt de Marchenoir,
» depuis Mer jusqu'à Viévy-le-Rayé, ne devait se
» porter en avant que le 8, afin de donner au général
» des Paillères le temps de faire son mouvement.

» Dans la matinée du 8, l'armée vint occuper les
» positions suivantes : Les généraux Martineau et
» Peytavin s'établirent entre Messas et le château du
» Coudray; le général Chanzy entre le Coudray et
» Ouzouer-le-Marché; le général Reyau avec la
» cavalerie à Prénouvellon et Sérouville; mon quar-
» tier général à Poisly.

» L'ordre de marche pour la journée du lendemain,
» portait qu'une partie des troupes du général Mar-
» tineau irait prendre position entre le Bardon, à
» droite, et le château de la Touanne, à gauche, que
» le général Peytavin s'emparerait successivement de
» Baccon, de la Renardière et du Grand-Lus, pour
» donner ensuite la main à la droite du général
» Chanzy, en vue d'attaquer le village de Coulmiers,
» où, d'après nos renseignements, l'ennemi s'était
» fortement retranché.

» Ma réserve d'artillerie, et le général Dariès avec
» ses bataillons de réserve, devaient soutenir ce
» mouvement.

» Le général Chanzy devait exécuter par Char-
» sonville, Épieds et Gémigny, un mouvement tour-
» nant appuyé sur la gauche par la cavalerie aux
» ordres du général Reyau, lequel avait pour instruc-
» tions de chercher à déborder autant que possible
» l'ennemi par sa droite. Les francs-tireurs de Paris,
» sous les ordres du lieutenant-colonel Lipowski,

» avaient l'ordre d'appuyer, sur la gauche, le mou-
» vement de la cavalerie.

» Le 9, dès huit heures du matin, toutes les troupes
» se mirent en mouvement, après avoir mangé la
» soupe.

» La portion des troupes du général Martineau
» désignée pour agir sur la droite, effectua son mou-
» vement sans rencontrer l'ennemi.

» Une moitié des forces commandées par le géné-
» ral Peytavin, soutenue elle-même par la réserve
» d'artillerie, enleva d'abord le village de Baccon, et
» se dirigea ensuite sur le village de la Rivière et le
» château de la Renardière, où l'ennemi était forte-
» ment établi dans toutes les maisons du village et
» dans le parc. Cette position, vivement attaquée par
» trois bataillons, le 6ᵉ bataillon de chasseurs de
» marche, un bataillon du 16ᵉ de ligne et un du 33ᵉ de
» marche, fut enlevée malgré tous les efforts de l'en-
» nemi pour s'y maintenir. Dans cette attaque, dirigée
» par le général Peytavin en personne, qui ne pouvait
» être soutenu que très-difficilement par l'artillerie,
» parce que nos tirailleurs occupaient une partie
» du village, les troupes déployèrent une vigueur
» remarquable. La seconde moitié des troupes du
» général Peytavin se portait en avant, tandis que
» la position de la Renardière était enlevée, occupait
» le château du Grand-Lus sans trouver de résistance,
» et faisait appuyer sa gauche vers le village de
» Coulmiers.

» Sur la gauche, les troupes du général Barry mar-
» chaient par Champdry et Villorceau, qui était le

» centre de la ligne ennemie et qui était très-forte-
» ment occupé. Arrêtées dans leur marche par l'ar-
» tillerie prussienne, elles ne purent arriver que vers
» deux heures et demie à Coulmiers, devant lequel
» se trouvaient déjà les tirailleurs du général Peyta-
» vin.

» Ces tirailleurs, auxquels se joignirent ceux du
» général Barry, se jetèrent au pas de course et aux
» cris de : *En avant! vive la France!* dans les jardins
» et le bois qui sont au sud de Coulmiers, y péné-
» trèrent malgré la résistance furieuse de l'ennemi,
» mais ne purent se rendre maîtres du village. L'en-
» nemi, qui s'y était retranché et qui avait accumulé
» sur ce point une grande partie de ses forces et de
» son artillerie, faisait les plus grands efforts pour
» s'y maintenir, afin de protéger la retraite des troupes
» de sa gauche, qui se trouvaient d'autant plus com-
» promises que notre mouvement en avant s'accen-
» tuait davantage.

» Pour faire cesser cette résistance, le général en
» chef appela le général Dariès et la réserve d'artil-
» lerie. Cette dernière s'établit en batterie à hauteur
» du Grand-Lus; et, après un feu des plus violents
» pendant plus d'une demi-heure, finit par réduire
» au silence les batteries de l'ennemi.

» En ce moment, les tirailleurs, soutenus par quel-
» ques bataillons du général Barry, conduits par le
» général en personne, reprirent leur marche en
» avant et pénétrèrent dans le village, d'où ils chas-
» sèrent l'ennemi vers quatre heures du soir.

» Dans cette attaque, les troupes du général Barry,

» 7ᵉ bataillon de chasseurs de marche, 31ᵉ régiment
» d'infanterie de marche, et le 22ᵉ de mobiles (Dor-
» dogne), montrèrent beaucoup de vigueur et d'en-
» train.

» A gauche du général Barry, une partie des troupes
» du contre-amiral Jauréguiberry, éclairées sur leur
» gauche par les francs-tireurs du commandant Lié-
» nard, traversèrent Charsonville, Épieds, et arri-
» vèrent devant Cheminiers, où elles furent assaillies
» par une grêle d'obus. Elles déployèrent leurs tirail-
» leurs, mirent leurs batteries en position, et conti-
» nuèrent leur marche en ouvrant un feu de mous-
» queterie. La lutte que soutinrent ces troupes fut
» d'autant plus sérieuse, qu'elles furent longtemps
» exposées, non-seulement aux feux partant de Saint-
» Sigismond et de Gémigny qui étaient devant elles,
» mais encore à ceux de Coulmiers et de Rosières
» qui n'attiraient pas encore l'attention du général
» Barry.

» Il était à peu près deux heures et demie. A ce
» moment, le général Reyau fit prévenir le général
» Chanzy que sa cavalerie avait éprouvé une résis-
» tance sérieuse; que son artillerie avait fait des
» pertes en hommes et en chevaux; qu'elle n'avait
» plus de munitions, et qu'il était dans l'obligation
» de se retirer.

» Pour éviter un mouvement tournant que l'ennemi
» aurait pu tenter par suite de cette retraite, le géné-
» ral Chanzy, qui dans cette journée a montré du
» coup d'œil et de la résolution, porta sa réserve en
» avant, dans la direction de Saint-Sigismond, en la

» faisant soutenir par le reste de son artillerie de
» réserve.

» Le contre-amiral Jauréguiberry était parvenu à
» faire occuper le village de Champs par un bataillon
» du 37e ; mais, à peine arrivé, attaqué par de l'artil-
» lerie et des colonnes d'infanterie qui entraient en
» ligne, ce bataillon dut abandonner le village.

» L'énergique volonté de l'amiral parvint cepen-
» dant à nous maintenir dans nos positions jusqu'à
» quatre heures et demie, et l'arrivée d'une batterie
» de 12 réussit à maîtriser l'artillerie ennemie.

» Pendant ce laps de temps, le 37e de marche et le
» 33e de mobiles ont été fortement éprouvés. A cinq
» heures, toutes les troupes de l'amiral Jaurégui-
» berry se portèrent à la fois en avant et s'emparèrent
» au pas de charge et à la baïonnette des villages de
» Champs et d'Ormeteau.

» Après la prise de ces villages, dont le dernier
» avait été soigneusement crénelé et admirablement
» disposé pour la défense, l'ennemi, en pleine retraite,
» fut poursuivi, tant qu'il fit clair, par le feu de notre
» artillerie.

» En résumé, dans la journée du 9, nous avons
» enlevé toutes les positions de l'ennemi, qui, d'après
» l'aveu d'officiers bavarois faits prisonniers, doit
» avoir subi des pertes considérables. Nous avons eu
» à lutter contre le 1er corps d'armée bavarois, assisté
» de cavalerie et d'artillerie prussiennes.

» Cette journée eut pour résultat d'obliger l'en-
» nemi à évacuer non-seulement toutes les positions
» retranchées qu'il occupait derrière la rivière des

» Mauves et les environs d'Orléans, mais encore
» d'abandonner en toute hâte cette ville, pour battre
» en retraite sur Artenay par Saint-Péravy et Patay,
» en laissant entre nos mains plus de 2,000 prison-
» niers, sans compter tous les blessés.

» La pluie et la neige qui étaient tombées toute la
» nuit et dans la journée du lendemain, et qui avaient
» détrempé les terres, rendirent impossible une pour-
» suite qui eût pu nous donner de plus grands résul-
» tats. Malgré ces difficultés, une reconnaissance
» poussée jusqu'à Saint-Péravy s'empara de deux
» pièces d'artillerie, d'un convoi de munitions et
» d'une centaine de prisonniers dont cinq officiers.

» Le général des Paillères, dont la marche sur
» Orléans avait été calculée sur une plus longue résis-
» tance de l'ennemi, marcha pendant quatorze heures
» dans la journée du 9, dans la direction du canon;
» et, malgré ses efforts, ses têtes de colonne ne
» purent arriver à la nuit que jusqu'à Chevilly.

» Nos troupes d'infanterie de ligne et nos mobiles
» qui voyaient le feu pour la première fois, ont été
» admirables d'entrain, d'aplomb et de solidité.

» L'artillerie mérite de grands éloges, car, malgré
» des pertes sensibles, elle a dirigé son feu et manœu-
» vré, sous une grêle de projectiles, avec une préci-
» sion et une intrépidité remarquables.

» Nos pertes dans cette journée ont été d'environ
» 1,500 hommes tués ou blessés.

» Le colonel de Foulonge, du 31° de marche, a été
» tué. Le général de division Ressayre, commandant

» la cavalerie du 16ᵉ corps d'armée, a été blessé par
» un éclat d'obus.

» Je ne saurais trop vous dire, Monsieur le ministre,
» combien j'ai eu à me louer de la vigueur que l'ar-
» mée tout entière a montrée dans cette journée. Il
» serait trop long de citer tous les actes de courage
» et de dévouement qui me sont signalés.

» J'ai l'honneur de recommander à toute votre sol-
» licitude les demandes de récompense que je vous
» adresse, et qui sont justifiées par des faits d'armes
» accomplis dans cette circonstance.

» Agréez, Monsieur le ministre, l'assurance de mon
» profond respect.

» *Le général en chef de l'armée de la Loire,*

» *Signé* : D'AURELLE. »

Le 12 novembre, dans la matinée, le ministre de la guerre arriva à Villeneuve-d'Ingré, au quartier général. Il était accompagné de M. Steenackers, directeur général des postes et des télégraphes, de M. le préfet d'Orléans et de plusieurs autres personnes.

M. Gambetta, le général en chef, le général Borel, le général des Paillères et M. de Freycinet se réunirent en conférence. On arrêta, comme il avait été convenu bien avant la bataille de Coulmiers, l'établissement d'un camp retranché autour d'Orléans, pour servir de base à nos opérations futures[1].

M. Gambetta n'était pas resté longtemps à la conférence, il s'était retiré dans une pièce voisine pour

---

[1] Voir, à ce sujet, la lettre de M. de Freycinet, en date du 27 octobre, page 132.

y rédiger la proclamation suivante adressée à l'armée :

« Soldats de l'armée de la Loire,

» Votre courage et vos efforts nous ont enfin ramené
» la victoire, depuis trois mois déshabituée de nos
» drapeaux. La France en deuil vous doit sa pre-
» mière consolation, son premier rayon d'espérance.

» Je suis heureux de vous apporter, avec l'expres-
» sion de la reconnaissance publique, les éloges et
» les récompenses que le gouvernement décerne à
» vos succès.

» Sous la main de chefs vigilants, fidèles, dignes
» de vous, vous avez retrouvé la discipline et la
» force. Vous nous avez rendu Orléans, enlevé avec
» l'entrain de vieilles troupes depuis longtemps accou-
» tumées à vaincre.

» A la dernière et cruelle injure de la mauvaise
» fortune, vous avez montré que la France, loin
» d'être abattue par tant de revers inouïs jusqu'à pré-
» sent dans l'histoire, entendait répondre par une
» générale et vigoureuse offensive.

» Avant-garde du pays tout entier, vous êtes
» aujourd'hui sur le chemin de Paris. N'oublions
» jamais que Paris nous attend, et qu'il y va de notre
» honneur de l'arracher aux étreintes des barbares
» qui le menacent du pillage et de l'incendie.

» Redoublez donc de constance et d'ardeur. Vous
« connaissez maintenant nos ennemis ; jusqu'ici leur
» supériorité n'a tenu qu'au nombre de leurs canons.
» Comme soldats, ils ne vous égalent ni en courage
» ni en dévouement.

» Retrouvez cet élan, cette furie française qui ont
» fait notre gloire dans le monde, et qui doivent
» aujourd'hui nous aider à sauver la patrie.

» Avec des soldats tels que vous, la République
» sortira triomphante des épreuves qu'elle traverse ;
» car, après avoir organisé la défense, elle est en
» mesure à présent d'assurer la revanche nationale.
» *Vive la France! Vive la République une et indivi-*
» *sible!*

» *Le membre du gouvernement de la défense natio-*
» *nale, ministre de l'intérieur et de la guerre,*

» Léon Gambetta.

» Quartier général de l'armée de la Loire, 12 novembre 1870. »

L'occupation d'Orléans était, pour le moment, l'objectif du gouvernement de Tours; la lettre suivante de M. de Freycinet l'atteste de la manière la plus convaincante.

« Tours, 27 octobre 1870.

» Général,

» Aussitôt que votre armée sera à Orléans (si Dieu
» veut qu'elle y arrive), et sans perdre un instant,
» vous donnerez des ordres pour établir un camp
» fortifié autour de cette ville, pouvant contenir de
» 150 à 200,000 hommes.

» On devra immédiatement fortifier et armer tous les
» points donnant de bonnes défenses, de manière que
» votre armée installée là puisse défier tous les efforts
» des armées prussiennes, si elles tentaient de vous

» déloger. Constituez à Orléans un point d'arrêt
» défensif à la marche de l'ennemi.
  » Recevez, etc.
                    » *Signé* : DE FREYCINET. »

Tous les ordres contenus dans cette lettre sont exprimés en termes clairs, nets, et ne peuvent laisser aucun doute sur l'intention du gouvernement de se fortifier à Orléans pour *défier là tous les efforts de l'armée prussienne.*

C'était donc un temps d'arrêt à faire, dont le général en chef espérait profiter pour concentrer son armée, lui permettre de recevoir des renforts considérables en troupes de toutes armes, et continuer son organisation encore si incomplète.

L'administration devait surtout pourvoir à l'habillement de nos mobiles, à demi nus par cette saison rigoureuse.

Il était facile de prévoir que, plus serait grand l'effet produit à Versailles par la bataille de Coulmiers, plus nombreuses et plus aguerries devaient être les troupes envoyées contre l'armée de la Loire.

M. de Freycinet, dans son livre intitulé *la Guerre en province* (chapitre V, p. 101), dit : « Après la prise d'Orléans, si l'on avait marché sur Paris, on aurait réussi. » Et il blâme le général en chef de l'armée de la Loire de ne pas avoir continué l'offensive.

Le général en chef connaissait mieux que lui ce qu'il était possible de demander à son armée; malgré tout le courage dont elle venait de donner tant de preuves, marcher sur Paris après Coulmiers, était une tentative insensée, téméraire, c'était exposer cette armée à une destruction certaine, c'était encourir devant le pays une responsabilité que ne pouvait accepter un général expérimenté, soucieux de sa réputation et des grands intérêts qui lui étaient confiés.

Avant de se lancer sur Paris, il fallait détruire l'armée du prince Charles, qui arrivait de Metz à marches forcées ; l'opération contre les lignes d'investissement de la capitale n'était possible qu'après la défaite de l'ennemi qui opérait en dehors de ces lignes.

A quel danger ne s'exposait-on pas en lançant à travers les lignes allemandes une armée de 70 à 80,000 hommes, de formation récente, mal pourvue d'effets de toute espèce, peu habituée aux fatigues, incapable de marches rapides, et avec la perspective de trouver sur son flanc droit le prince Frédéric-Charles, dont « les premiers détachements se mon- » trèrent à Montargis, à peu près au moment où le » général d'Aurelle entrait à Orléans? » (*La Guerre en province*, par M. de Freycinet, chapitre V, p. 109.)

Il y avait dans l'armée de la Loire de bons éléments ; il aurait suffi de peu de temps pour la rendre solide, compacte, et la préparer à tenter de grands efforts pour la délivrance du pays.

Fallait-il compromettre par trop de précipitation ou un amour-propre aveugle, les avantages résultant de la victoire qu'on venait de remporter?

D'ailleurs et avant tout, Orléans était alors le seul objectif; il importait d'y exécuter au plus tôt les travaux qui devaient en faire un camp retranché, suivant les instructions données par le ministre de la guerre, lui-même, dans sa lettre du 27 octobre.

M. de Freycinet dit encore dans le chapitre V, page 102 de son livre : qu'à la conférence de Villeneuve-d'Ingré, le général en chef, jugeant dangereux de rester à Orléans, « conclut en proposant d'évacuer immédiatement Orléans, et de rentrer dans les anciennes positions de Salbris, derrière la Sauldre. »

Comment! parti de Salbris depuis quinze jours à peine pour chasser d'Orléans les Prussiens, et venir au lendemain de la victoire, proposer l'abandon de cette ville pour aller reprendre les anciennes positions derrière la Sauldre!

Une pareille idée choque le bon sens, et ne mériterait pas de réfutation.

Il est impossible que la mémoire de M. de Freycinet puisse lui faire défaut à ce point. Il y a donc dans ce récit une intention de malveillance tellement évidente, que le général en chef laisse aux lecteurs honnêtes et impartiaux le soin de qualifier, comme elle doit l'être, cette insinuation.

Mais comme il importe que sur cette question délicate il ne reste aucun doute dans les esprits, le général d'Aurelle, en publiant une lettre qui lui a été écrite, au sujet de l'occupation d'Orléans, par son chef d'état-major, le général Borel, fera justice des erreurs de M. de Freycinet.

Voici cette lettre :

« Diziers, 4 novembre 1870.

» Mon général,

» Vous m'avez fait l'honneur de me demander mon
» avis au sujet d'une tentative à faire sur Orléans pour
» occuper cette ville, et de vous préparer les détails
» d'exécution d'un projet conçu dans ce sens.

» La question a une si haute importance, que, con-
» trairement aux usages reçus entre le général en
» chef et son chef d'état-major, je crois devoir consi-
» gner mon avis par écrit.

» Lorsque, le 26 du mois dernier, il fut arrêté entre
» le gouvernement et le commandant en chef de l'ar-
» mée de la Loire, qu'on marcherait sur Orléans,
» nous nous trouvions dans les conditions suivantes :

» L'ennemi, maître d'Orléans, pouvait avoir envi-
» ron 70,000 hommes détachés de l'armée de Paris,
» avec 180 pièces de canon. On voulait profiter du
» moment où il avait porté une bonne partie de ses
» forces dans l'Ouest, pour tomber sur Orléans avec
» toutes les troupes de l'armée de la Loire, occuper
» cette ville, y établir un camp retranché en y ame-
» nant une puissante artillerie, de manière à rester
» maître de cette position si importante, d'où l'on
» aurait protégé Tours, Vierzon et Bourges.

» Ce projet bien conçu, qui pouvait non-seulement
» réussir, mais encore amener de beaux résultats, n'a
» pu être exécuté pour plusieurs motifs, dont le prin-
» cipal a été des pluies battantes tombées plusieurs
» jours de suite, qui en détrempant fortement les ter-
» rains ont rendu impossible l'action de notre artil-

» lerie, sur laquelle nous comptions beaucoup pour
» lutter contre celle de l'ennemi, qui était en position.

» Depuis lors, un fait immense est venu modifier
» profondément notre situation. Metz a capitulé, l'ar-
» mée du prince Charles est devenue disponible, et
» il faut s'attendre, d'ici à quelques jours, à avoir
» 100,000 hommes de plus sur les bras.

» Avec la certitude de l'arrivée prochaine de ces
» puissants renforts à l'ennemi, Orléans doit-il rester
» toujours notre objectif?

» Sans doute, bien que cela soit aujourd'hui moins
» facile qu'il y a quinze jours, nous pouvons encore
» avoir l'espoir d'arriver à Orléans, tant que le prince
» Charles est éloigné; mais en supposant que nous
» réussissions à occuper cette ville dans ce moment,
» pourrons-nous la garder? Telle est la question qu'il
» faut se poser et à laquelle, pour mon compte, je
» réponds négativement.

» Nous ne pourrons pas rester à Orléans, parce
» que nous n'aurons probablement pas le temps de
» nous y établir assez solidement; mais eussions-nous
» le temps de faire les travaux nécessaires, il est très-
» probable qu'ils deviendraient inutiles. Supposons
» en effet que le prince Charles vienne déboucher
» sur Nevers en venant joindre ses forces à celles
» qui, déjà maîtresses de Dijon, s'avancent dans la
» direction d'Autun. L'armée qui serait à Orléans
» n'aurait qu'une chose à faire, ce serait de battre
» immédiatement en retraite en descendant la Loire,
» car la route de Vierzon serait déjà trop dange-
» reuse pour elle. Pour peu qu'elle tardât à faire ce

» mouvement, elle s'exposerait à être coupée, à être
» rejetée sur la rive droite de la Loire, et dans ce
» cas, il serait à craindre qu'on vît encore une fois
» dans cette guerre un nouvel exemple d'une armée
» tournée et enveloppée avec les désastreuses consé-
» quences qui en découlent.

» En résumé, à mon avis, dans les circonstances
» actuelles, Orléans ne nous est plus utile et peut être
» même dangereux pour nous, et par suite, je me
» demande s'il y a lieu de tenter une opération ayant
» pour but de l'occuper, opération qui peut ne pas
» réussir, et qui, étant même couronnée de succès,
» ne nous donnera aucun résultat.

» Je dis qu'Orléans ne nous est plus utile, et que
» son occupation ne produirait aucun résultat, parce
» que nous ne pourrions pas garder cette ville. Dans
» ma conviction, j'ai le regret de le dire, avec les
» renforts que va recevoir l'ennemi, l'armée de la
» Loire ne saurait continuer, sans s'exposer à se lais-
» ser déborder par sa droite, et à être rejetée défini-
» tivement sur la rive droite de la Loire, à manœu-
» vrer entre Orléans, Gien, Salbris et Blois, comme
» elle l'a fait jusqu'à présent.

» Impuissante à défendre le pays contre l'armée
» ennemie grossie des troupes du prince Charles, qui
» s'avancent vers l'ouest, pour pouvoir continuer la
» guerre, il faut qu'elle ait sa ligne de retraite assurée
» sur le centre de la France.

» Plus elle remontera vers le nord, plus elle sera
» exposée à se voir couper de sa véritable ligne de
» retraite. Par suite, tout mouvement sur Orléans est

» un mouvement faux, à moins qu'on n'ait pas l'inten-
» tion de garder cette ville ; et, dans ce cas, pourquoi
» l'exposer aux conséquences d'une lutte qui se fera
» surtout avec l'artillerie, et qui produira néces-
» sairement de graves dégâts? »

Pour que le général d'Aurelle, qui faisait le plus grand cas des appréciations de son chef d'état-major, n'ait pas été persuadé par ces considérations stratégiques, il fallait que ses convictions fussent bien arrêtées au sujet de l'occupation d'Orléans; elles n'ont pu être modifiées du jour au lendemain, lorsque le succès venait de couronner les efforts de l'armée de la Loire.

Dans une série d'études historiques sur l'armée de la Loire et ses opérations autour d'Orléans, septembre à décembre 1870, le *Journal du Loiret* analyse quelques pages de M. Gustave Baguenault, publiées dans la *Revue des questions historiques*. Cet article, que nous reproduisons *in extenso*, à cause du jour qu'il jette sur la question qui nous occupe, est écrit en termes vifs; on y sent l'indignation de l'honnête homme qui, de son propre mouvement, s'élève contre la calomnie.

Extrait du Journal du Loiret *du 15 novembre* 1871.

Dans les pages que M. Gustave Baguenault consacre aux événements qui survinrent entre la bataille de Coulmiers et la néfaste journée du 4 décembre, il y a un récit offert pour la première fois à l'attention du public : c'est celui de la conférence que M. Gambetta et le général d'Aurelle eurent trois jours après la victoire. Que se passa-t-il dans cette entrevue? M. Gambetta et les satellites de son génie militaire, M. de Freycinet et les autres, voulurent-ils, comme ils le crient si haut aujourd'hui, pousser le général d'Aurelle et ses troupes vers les murs assiégés de Paris? Écoutons, sur ces questions, ce que rapporte M. Gustave Baguenault, témoin de l'entretien solennel et décisif qui eut lieu en cette circonstance :

Le 12 novembre, à dix heures du matin, M. Gambetta arrivait au quartier général de Villeneuve-d'Ingré. Avec lui, on y voyait entrer le Carnot qu'il avait improvisé, M. de Freycinet; M. de Serres, ce jeune et sagace homme d'État, qui déclarait le lendemain de Coulmiers, à la préfecture du Loiret, que M. Thiers « n'entend rien à la politique et à la guerre »; M. Spuller, l'intime confident de M. Gambetta; M. Steenackers, directeur des télégraphes; et enfin le préfet du Loiret et son secrétaire, M. Gustave Baguenault. « Le général d'Aurelle de Pala-
» dines reçut le ministre dans une mauvaise pièce du
» rez-de-chaussée [1]; il était entouré de son chef d'é-
» tat-major, le général Borel; du général des Pal-
» lières, récemment nommé commandant supérieur
» du 15e corps; du colonel du génie, du général com-
» mandant le parc d'artillerie de réserve, et des au-
» tres chefs de corps. Il s'agissait de tenir une sorte
» de conseil de guerre, pour savoir comment on pro-
» fiterait de la victoire de Coulmiers, et quel plan de
» campagne on adopterait. *Personne ne fut d'avis de*
» *marcher résolûment en avant.* Seul, le préfet du

---

[1] C'était le salon, et la plus belle pièce de la maison.

» Loiret, déclinant du reste toute compétence mili-
» taire, et se faisant simplement l'organe de l'opinion
» publique, observa que la France entière s'atten-
» dait à ce qu'on frapperait immédiatement un grand
» coup, et ce serait peut-être là, ajoutait-il, le seul
» moyen de ne pas refroidir l'ardeur que la victoire
» avait donnée pour la première fois à l'armée et à la
» nation. »

Dans la suite de son récit, M. Gustave Baguenault rappelle les motifs que le général d'Aurelle et M. Gambetta, d'accord alors dans la même opinion, reconnurent propres à faire suspendre la marche de l'armée. D'abord, on croyait l'ennemi beaucoup plus nombreux qu'il ne l'était réellement; et l'on se jugeait si peu en état de se précipiter vers Paris, qu'on s'attendait à être attaqué bientôt par des forces supérieures; M. Gambetta et le général d'Aurelle, confiants dans les renseignements qu'ils avaient l'un et l'autre, étaient du même avis sur ce point. Mais combien de temps avait-on pour préparer la défensive et assurer la résistance? « On avait trois jours » selon les uns, cinq selon les autres. » Une autre raison, toute pratique et la plus importante peut-être, intervint dans la discussion. Comme le constatait le général d'Aurelle, M. Gambetta trouvait le matériel insuffisant : « Point de chevaux pour l'ar-
» tillerie, peu d'approvisionnements, un mauvais
» service de bagages. » D'ailleurs les hommes manquaient de vêtements et de chaussures, de tous les secours nécessaires pour supporter l'inclémence de la saison. Enfin M. Gambetta ne considérait pas

qu'une marche des vainqueurs de Coulmiers dans la direction de Paris pût être nécessaire en ce moment. « Selon les assurances du ministre de la » guerre, chaque moment écoulé était autant de » gagné sur l'ennemi; nous augmentions nos forces » tous les jours, tandis que lui, au contraire, s'affai- » blissait. »

Pour démontrer qu'on avait lieu de se tranquilliser dans l'expectative, M. Gambetta apprenait au général d'Aurelle que « Paris avait encore deux mois de » vivres et pouvait attendre. Le général Trochu, » prévenu de la victoire de l'armée de la Loire, » n'allait pas tarder à sortir avec cent soixante mille » hommes et à venir donner la main aux armées de » province. »

Ces assertions et ces raisonnements persuadèrent tous ceux qui assistaient à la conférence : là, pas plus que dans les lettres des jours suivants, comme nous le prouverons à notre tour dans une publication prochaine, M. Gambetta ni M. de Freycinet ne proposèrent de lancer sur les Prussiens qui assiégeaient Paris, les soldats tout à l'heure triomphants à Coulmiers.

Personne dans ce conseil de guerre n'en eut la pensée, si ce n'est le préfet du Loiret, et son opinion fut bientôt abandonnée, même par lui-même. C'est, au contraire, parce qu'on croyait impossible alors toute expédition de ce genre, qu'on s'arrêta au parti de la défensive et qu'on décida de créer en avant d'Orléans un vaste camp retranché, qui s'étendrait de Chevilly et de la forêt jusqu'à la Loire.

Telle fut l'attitude de M. Gambetta et de M. de Freycinet dans ce conseil de guerre. Ce n'est pas seulement M. Gustave Baguenault qui le déclare aujourd'hui dans la *Revue des questions historiques* : il y a vingt personnes à Orléans qui peuvent en témoigner, pour avoir entendu le même récit de la bouche de M. Pereira lui-même, dans ces heures de tristesse et de méditation où nos vainqueurs lui laissèrent, au mois de décembre, le loisir de remonter avec nous vers ces lamentables souvenirs. Au reste, le général d'Aurelle a fait devant le conseil d'enquête des déclarations semblables : nous le savons personnellement; et quand, dans un temps qui n'est pas éloigné, on reprendra ici cette même question, on aura des raisons aussi graves, bien que différentes, pour expliquer l'arrêt que l'armée de Coulmiers dut subir devant Orléans, par des circonstances fatales dont le général d'Aurelle n'a pu vaincre la force et la nécessité.

M. de Freycinet, dans un livre qui n'est qu'un long mensonge, où l'omission cache la vérité et où l'hypocrisie la déguise, a parlé avec vivacité de l'excessive prudence que le général d'Aurelle aurait montrée après Coulmiers. Qu'il nous dise maintenant pourquoi, trois jours après la victoire, ni lui ni M. Gambetta n'ont donné le conseil de marcher sur Paris ou mis ce projet en discussion! Qu'il nous dise pourquoi, loin d'exciter le général d'Aurelle à cette entreprise, M. Gambetta et lui ont accédé au parti d'organiser la défense à Orléans! Qu'il nous dise pourquoi, jugeant irréalisable, le 12 novembre, l'opération qu'il trouve aujourd'hui si facile dans son livre, il ose accuser le général d'Aurelle de n'avoir pas fait ce que ni lui ni M. Gambetta n'ont alors pensé possible! Qu'il le dise, et c'est seulement quand il aura convaincu de fausseté les témoignages de M. Pereira et de M. Gustave Baguenault, que nous nous inclinerons devant ses explications : jusque-là, nous lui reprocherons d'avoir trahi la vérité en amassant sur la tête du général d'Aurelle des imputations aussi perfides que mensongères.

Nous n'ajoutons aucun commentaire.

M. de Freycinet, en rendant compte de certains détails sur la conférence de Villeneuve-d'Ingré, manque encore d'exactitude, il a laissé son imagination s'égarer en écrivant. Il dit que cent cinquante pièces de marine à longue portée furent expédiées des ports militaires sur Orléans avec leurs agrès, pour être établies à la limite du camp. Si ces pièces ont été réellement expédiées des ports militaires, beaucoup sont restées en route, car on n'en a compté que cinquante-quatre en batterie.

L'ensemble des travaux autour d'Orléans, dit-il encore, exécutés avec activité sous l'habile direction du génie militaire et de plusieurs ingénieurs, « ne » tarda pas à faire de cette position, au dire de tous » les hommes de l'art, une des plus fortes qu'une » armée pût avoir à défendre. Le général en chef en » fut tellement satisfait, que, quelques jours après, » il déclarait au ministre, dans une nouvelle entrevue,

» qu'avec quarante mille hommes il se ferait fort d'y
» tenir tête à deux cent mille. »

Ce langage aurait été d'un fanfaron, et ceux qui connaissent le général en chef ne croiront pas qu'il ait prononcé des paroles si contraires à sa réserve habituelle. Le délégué de la guerre se trompe encore, en faisant allusion à « une nouvelle entrevue » avec le ministre, qui aurait eu lieu après celle du 12 novembre, à Villeneuve-d'Ingré. Le général d'Aurelle n'a revu M. Gambetta que quatre mois plus tard, sur les bancs de l'Assemblée nationale.

Il n'était pas possible de laisser passer, sans les relever, d'aussi nombreuses erreurs. Elles fourmillent, du reste, dans le livre de M. de Freycinet : nous aurons plus d'une fois encore l'occasion de les signaler à l'attention du lecteur.

M. Gambetta, après avoir accordé des récompenses, partit très-satisfait de sa visite au quartier général. Il félicita le général en chef sur le bon esprit des troupes. Il comptait que sa proclamation, flatteuse pour l'armée, détruirait la déplorable impression produite par celle qui avait suivi la capitulation de Metz, et accusé les officiers généraux de trahison.

L'armée du général de Tann, battue à Coulmiers, s'était dirigée sur Étampes. Elle s'arrêta à une journée de marche en arrière de Toury, vers Angerville. Elle s'était vite reconstituée et attendait les événements. Elle espérait attirer vers Chartres ou Paris l'armée de la Loire, qui n'était pas encore en état de se mesurer avec les forces réunies de l'armée prussienne.

La position que le général de Tann avait prise vers Angerville cachait un piége dans lequel il fallait éviter de tomber.

Le général en chef ne se laissa pas aller à des entraînements irréfléchis, et ne jugea pas à propos de continuer l'offensive. L'armée n'était pas prête, et personne ne songeait à se porter en avant[1].

A cette considération puissante, s'en joignait une autre qu'on s'efforçait de dissimuler, pour ne pas affaiblir le moral de l'armée.

La petite vérole avait fait invasion dans nos bivouacs. Le nombre des décès était déjà considérable. Après quelques jours passés devant Orléans, les hôpitaux et les nombreuses ambulances qui marchaient à la suite de l'armée étaient encombrés de varioleux et d'hommes atteints de diarrhée. Les malades étaient dirigés sur les hôpitaux de l'intérieur, et nos effectifs diminuaient d'une manière sensible. Les hommes qui entraient aux ambulances ne reparaissaient plus à leurs corps. Les médecins, mus par un sentiment naturel d'humanité, leur faisaient obtenir des congés ou les évacuaient sur des hôpitaux éloignés.

Les Sœurs de charité, et beaucoup de dames du monde qui, par un noble dévouement, s'étaient faites infirmières, les retenaient le plus possible, pour ne pas les exposer de nouveau aux dangers de la guerre.

L'occupation d'Orléans et l'établissement d'un camp retranché devant cette ville étant décidés, des

[1] Voir la dépêche télégraphique de M. de Freycinet, en date du 11 novembre, page 120.

ordres furent immédiatement donnés pour mettre ces projets à exécution.

De nouveaux emplacements furent assignés aux troupes.

Le commandant de Cathelineau, qui était resté à Orléans depuis le 9 au soir, reçut l'ordre d'aller s'établir dans la forêt. A cet effet, le général en chef lui écrivit la lettre suivante :

Le général d'Aurelle à M. de Cathelineau, commandant des volontaires vendéens.

« Mon cher commandant,

» L'ennemi paraît arriver en force du côté de Mon-
» targis. Il est nécessaire que la forêt d'Orléans soit
» fortement occupée. Mon intention est d'y envoyer
» non-seulement des troupes, mais tous les francs-
» tireurs dont je puis disposer en ce moment, moins
» ceux du commandant Lipowski, qui sont employés
» sur la ligne de la Conie, du côté de Châteaudun,
» pays qu'ils connaissent parfaitement.

» Pour coordonner l'action des francs-tireurs de la
» forêt d'Orléans, je désirerais les mettre tous sous
» le même commandement, que je voudrais placer
» entre vos mains.

» Mais avant de rien décider, j'ai voulu vous
» consulter pour savoir si vous accepteriez ce
» commandement. Je pourrais vous faire donner un
» grade, qui vous permettrait hiérarchiquement de
» donner des ordres et d'en exiger l'exécution. Au
» reste, pour cette dernière considération, je compte

» beaucoup sur votre position et sur votre caractère
» bien connu, pour vous donner cette autorité morale
» indispensable au commandement.

» Recevez, etc.

» *Signé :* Général D'AURELLE. »

M. de Cathelineau accepta ce commandement, fut nommé colonel, et rendit d'excellents services. Il partit pour occuper dans la forêt d'Orléans, entre Chilleurs et Loury, la position qui lui paraîtrait la plus convenable pour le service d'éclaireurs.

Par décret du 14 novembre, le général d'Aurelle fut nommé général en chef de l'armée de la Loire, et le général Martin des Paillères commandant du 15ᵉ corps d'armée.

Mesures prises pour la défense d'Orléans en prévision d'une attaque.

ORDRE GÉNÉRAL.

« L'ensemble du projet de défense est basé sur une
» forte occupation de la forêt et sur une ligne de re-
» tranchements et de batteries qui, partant de Che-
» villy, va aboutir vers le village de la Chapelle, en
» passant par Gidy, Boulay, les Ormes et le Bout-
» de-Coute.

» Mais avant de se retirer dans cette position, il
» y a lieu de tenir une ligne d'avant-postes fortifiés,
» de manière à retarder la marche de l'ennemi, en
» lui faisant éprouver le plus de pertes possible.

» La ligne d'avant-postes fortifiés passerait, en
» partant de la droite, par Provenchère, Huêtre,
» Coinces, le Chêne, Saint-Péravy, Coulimelle,
» Saint-Sigismond et Coulmiers. Il y aurait lieu de
» fortifier aussi et de mettre en état de défense le vil-
» lage de Bricy.

» Pour l'exécution de ce projet de défense, il est
» nécessaire de modifier l'emplacement des troupes.

» Si le 16e corps était attaqué dans sa position
» actuelle, il lui serait très-difficile de suivre sa
» ligne de retraite, qui est la grande route de Châ-
» teaudun à Orléans, et dans le cas où son centre
» serait forcé, il ne pourrait plus se retirer que par
» Gémigny et Rosières, et peut-être même serait-il
» jeté en dehors vers Ouzouer-le-Marché. Le même
» danger menacerait aussi toute notre cavalerie, qui
» se trouve sur la gauche de Saint-Péravy, et qui
» pourrait être séparée du reste de l'armée.

» D'un autre côté, Chevilly qui est le point le plus
» avancé et qui sert de pivot à la ligne de défense,
» doit être très-fortement occupé.

» Enfin le 15e corps, dont la 1re et la 2e division
» sont entre Gidy et Chevilly, et la 3e division tout à
» fait à l'extrême gauche, devra occuper fortement
» les positions assignées à ses divisions.

» Pour la facilité du commandement, il importe de
» concentrer les troupes des 15e et 16e corps comme
» il suit :

15e CORPS D'ARMÉE.

» 1re division entre Chevilly et Saint-Lyé ; 2e divi-

» sion entre Gidy et Boulay, occupant les avant-
» postes fortifiés de la Provenchère et de Huêtre.

» 3ᵉ division entre Gidy et Boulay, occupant Bricy,
» qui devra être mis en état de défense.

16ᵉ CORPS D'ARMÉE.

» Une division à Saint-Péravy, occupant les vil-
» lages de Coinces, le Chêne, Coulimelle, Saint-
» Sigismond, Gémigny, Rosières et Coulmiers.

» Une division aux Barres et à Bucy Saint-Li-
» phard.

» Toute la cavalerie du 15ᵉ corps qui est à la gau-
» che, moins une brigade, quittera celle du 16ᵉ corps
» et ira s'établir à Saint-Lyé.

» Dans le cas où l'ennemi nous obligerait à quitter
» la ligne d'avant-postes fortifiés, les troupes du
» 15ᵉ corps se replieraient en arrière des retranche-
» ments, de manière à défendre l'espace compris
» entre Boulay et Chevilly.

» Le 16ᵉ corps, après avoir reporté en arrière et
» rallié les troupes des avant-postes, aurait à défen-
» dre tout ce qui se trouve au sud de la route de
» Châteaudun, appuyant sa droite aux Barres, et fai-
» sant pivoter sa gauche autour de ce point, en pro-
» fitant de tous les bois dont le pays est couvert,
» pour arrêter ou tout au moins retarder la marche
» de l'ennemi.

» Il est essentiel que la réserve d'artillerie du
» 15ᵉ corps puisse s'établir du côté de Clos-Aubry ou
» de la Haute-Épine, pour avoir sa ligne de retraite

» assurée, et pour contribuer à la défense des
» ouvrages.

» Quant au parc du 16° corps, on devra le faire
» rétrograder, pour le placer en arrière d'Ormes. »

Dès le 13 novembre, le général en chef fut informé, par une lettre de M. de Freycinet, que le 17° corps d'armée, qui se formait à Mer et à Blois, sous les ordres du général de division Durrieu, récemment rappelé d'Algérie, où il était sous-gouverneur, passerait prochainement sous son commandement.

Le général Durrieu avait été lui-même prévenu de cette disposition, car, le 15 novembre, son chef d'état-major, le colonel de Bouillé, fut envoyé auprès du général en chef pour prendre ses ordres, et pour connaître l'emplacement que devait occuper le 17° corps d'armée.

La dépêche télégraphique suivante fut expédiée au ministre de la guerre :

Général d'Aurelle à guerre, Tours.

« Villeneuve-d'Ingré, 16 novembre 1870.

» Je viens de voir le chef d'état-major du 17° corps
» d'armée.

» Voici les emplacements que je propose pour les
» troupes de ce corps :

» La 1re division, à peu près organisée, à Ouzouer-
» le-Marché, ayant sa réserve d'artillerie derrière
» elle.

» La 2ᵉ division entre Beaugency et Josnes.

» La 3ᵉ division à Marchenoir.

» Le quartier général à Lorges.

» Une brigade de cavalerie cantonnée à Charson-
» ville, Sérouville et Binas, l'autre brigade à Éco-
» man.

» Le parc d'artillerie à Marchenoir. »

Cette disposition des troupes fut approuvée.

Le général en chef n'avait pas encore été à Orléans depuis l'évacuation de cette ville par l'armée bavaroise.

Il s'y rendit le 14, dans l'après-midi, avec l'intention de visiter les ambulances ; mais il dut y renoncer, les blessés ayant été disséminés dans toutes les parties de la ville.

Il se présenta chez monseigneur l'évêque, et fit ensuite une visite au préfet du Loiret, M. Pereira, avec lequel il s'était mis en rapport, dès les premiers jours, pour régler une foule de questions importantes.

Le plus grand ordre fut promptement rétabli dans tous les services militaires de la place, grâce à la vigilance, à l'activité et à la fermeté déployées par le général Dariès, nommé commandant supérieur de cette ville.

Rentré à quatre heures à son quartier général, le général en chef s'occupa d'organiser la 3ᵉ division du 16ᵉ corps d'armée qui ne l'avait jamais rejoint, et se trouvait encore à Gien, sous les ordres du général Maurandy.

Elle était incomplète et ne se composait, pour le moment, que du 8ᵉ régiment de mobiles (Charente-Inférieure), commandé par le chef de bataillon de Wast-Vimeux, ancien député, du 8ᵉ bataillon de marche de chasseurs à pied, et du 36ᵉ régiment de marche, retenu au Mans par ordre du général commandant supérieur régional de l'Ouest.

Le général Maurandy reçut l'ordre de quitter Gien et de se diriger sur Orléans.

Il y arriva le 17, et fut, le lendemain, prendre position aux Barres, à droite et à gauche de la route de Châteaudun, en avant du village et face à Saint-Péravy.

Le lendemain, Mgr Dupanloup se rendit au quartier général à Villeneuve-d'Ingré, et y reçut l'accueil dû à son noble caractère, à son patriotisme et aux services signalés qu'il avait déjà rendus à nos blessés et à nos pauvres prisonniers, en allant plaider leur cause, avec une chaleureuse énergie, auprès du roi de Prusse lui-même [1].

Pendant sa visite au quartier général, toujours occupé de faire le bien, il demanda pour un officier bavarois, grièvement blessé, la faveur de le faire rentrer dans ses foyers, à condition qu'il prendrait par écrit l'engagement de ne plus servir contre la France pendant la durée de la guerre.

---

[1] On trouvera plus loin, aux Pièces justificatives, note n° 6, la lettre qu'il écrivit, à la date du 23 octobre 1870, au général commandant à Orléans pendant l'occupation, pour se plaindre de la violation de la convention de Genève, et dans laquelle il menaçait le commandant bavarois de s'adresser au roi Guillaume, s'il n'était pas fait droit à sa juste demande.

C'était le neveu de l'ambassadeur de Bavière à Rome. L'engagement écrit pris par cet officier fut envoyé le lendemain, et le général d'Aurelle accorda l'autorisation de le repatrier : il fut dirigé par Bourges et Clermont afin qu'il ne traversât pas nos lignes. Le général en chef en prévint le ministre de la guerre.

Pendant ce temps les travaux de défense s'exécutaient, mais ils étaient loin de marcher avec la rapidité sur laquelle comptait le ministre de la guerre. Comme tous les hommes qui manquent de pratique, il ne s'était pas rendu compte que pour faire de grands travaux de terrassement, il fallait un matériel qu'on n'avait pas sous la main. On s'adressa aux préfets de plusieurs départements voisins. Ils eurent beaucoup de peine à réunir les travailleurs nécessaires et les outils qu'on leur avait demandés. Des ingénieurs furent désignés pour prêter leur concours aux officiers du génie militaire. Ils firent preuve de dévouement, d'intelligence, et se rendirent très-utiles.

M. le capitaine de vaisseau Ribourt, homme de grande valeur et d'énergie, fut envoyé de Cherbourg à Orléans avec des compagnies d'artillerie de marine, pour la mise en batterie et le service des pièces qu'on avait fait venir des ports militaires.

En visitant les travaux de défense, le général en chef fut témoin, près de Saran, du premier essai fait par M. Steenackers pour utiliser les ballons qui avaient servi à expédier les dépêches de Paris à la délégation de Tours.

Le directeur général des postes et des télégraphes avait eu la pensée de les employer à des reconnaissances militaires aériennes. Il fallait pour le succès de cette entreprise choisir des positions dominant le pays. Ces ballons étaient retenus captifs; un système de poulies permettait de les élever ou de les abaisser à volonté.

Ils devaient être montés par des observateurs habiles ou des officiers d'état-major munis de bonnes lunettes d'approche, pour découvrir l'ennemi aussi loin que possible, et de tout ce qui était nécessaire pour faire des levés à vue.

Pour manœuvrer ces ballons, une compagnie se trouvait distraite de tout autre service.

Il fallait en outre, pour pouvoir faire des observations, un temps clair et favorable.

Ces expériences ne réussirent pas, on dut y renoncer.

Pendant la guerre de la sécession, les Américains étaient parvenus à obtenir de bons résultats en se servant de ballons captifs. Ce moyen de faire des reconnaissances a besoin d'être étudié et ne doit pas être abandonné.

Au moment de l'organisation du 15e corps à Salbris, le général d'Aurelle n'avait pas oublié le service de l'aumônerie. M. l'abbé Lanusse, très-sympathique aux soldats, et qui avait fait la campagne du Mexique, fut nommé aumônier en chef à titre provisoire.

Plus tard, le général en chef des 15e et 16e corps

demanda la confirmation de cette nomination; elle ne lui fut pas accordée.

Après la bataille de Coulmiers, le général en chef désirant récompenser les aumôniers du zèle et du dévouement dont ils avaient fait preuve, écrivit à l'abbé Lanusse :

« Villeneuve-d'Ingré, 17 novembre 1870.

« Monsieur l'aumônier en chef,

» Je vous envoie, pour le soumettre à votre appro-
» bation, un mémoire de proposition pour la croix de
» la Légion d'honneur fait en faveur de M. l'abbé***;
» je désire, avant de donner suite à cette proposition,
» avoir votre avis.

» Je saisis cette occasion pour vous dire que je
» suis tout disposé à demander des récompenses pour
» les aumôniers de l'armée de la Loire, dont le
» dévouement auprès de nos soldats blessés a été si
» digne d'éloges.

» Je vous prie de m'adresser des mémoires de
» proposition pour ceux que vous aurez jugés les
» plus méritants. Veuillez me les envoyer aujour-
» d'hui même, pour qu'ils soient joints au supplément
» de demandes de récompense que j'expédie ce soir
» à Tours.

» Recevez, etc.

» *Le général en chef,*

» D'AURELLE. »

Le général Chanzy, en exécution des ordres du général en chef, avait donné des instructions à son corps d'armée, pour prendre des positions devant Orléans. Ces ordres éloignant toute pensée d'une marche en avant, il écrivit au général d'Aurelle pour faire valoir les avantages qu'il y aurait à sortir de cette inaction.

Il lui représenta que le prince Frédéric-Charles, libre de ses mouvements après la capitulation de Metz, allait se diriger à marches forcées vers Orléans, qu'il était préférable de ne pas l'attendre, et qu'il fallait marcher au-devant du duc de Mecklembourg pour lui livrer bataille.

Celui-ci avait son armée près de Chartres, il s'était rapproché du général de Tann après la journée de Coulmiers, pour le soutenir en cas de poursuite. Il observait attentivement ce qui se passait vers la Conie, faisait des pointes de tous les côtés pour réquisitionner des vivres, et menaçait le Mans, Châteaudun et le pays compris entre ces deux villes.

Le général en chef, au contraire, plein de confiance dans les bonnes positions sur lesquelles il s'était retranché, voyait sans appréhension le prince Frédéric-Charles se diriger sur Orléans pour réunir, en avant de cette ville, son armée à celles du duc de Mecklembourg et du général de Tann. Il pensait avec raison qu'une fois sorti des positions qu'il occupait, il lui serait impossible d'y rentrer, que le duc de Mecklembourg éviterait la bataille, chercherait à attirer l'armée de la Loire loin d'Orléans, avec l'espérance de nous voir prendre à dos par l'armée venant de Metz, et de nous placer ainsi entre deux feux.

Si l'on était sorti des positions pour faire des reconnaissances ou livrer des combats sans importance, le temps ainsi employé aurait été perdu pour la continuation de nos travaux forcément suspendus.

Le général en chef n'avait confié à personne son projet. Il savait, et l'expérience le prouve chaque jour, que le secret d'une opération de guerre n'est jamais gardé. Il voulait donc attendre dans ses positions fortifiées l'arrivée du prince Frédéric-Charles, persuadé qu'après sa jonction avec l'armée du duc de Mecklembourg et celle du général de Tann, il ne manquerait pas de livrer bataille à l'armée de la Loire ; qu'il ne pouvait même se dispenser de le faire, sous peine de perdre le prestige qui s'attachait au général réputé le plus habile, et à l'armée la mieux aguerrie de l'Allemagne.

Le général d'Aurelle espérait recevoir la bataille dans des positions bien étudiées et bien fortifiées.

Ce plan lui paraissait préférable à tout autre, et convenait le mieux à ses jeunes troupes.

C'est dans ce but qu'il avait mis tous ses soins à se retrancher devant Orléans.

C'était bien aussi l'avis de MM. Gambetta et de Freycinet, malgré ce qu'ils ont dit et écrit depuis.

S'ils avaient eu d'autres projets, pourquoi auraient-ils accumulé devant Orléans tant d'engins de guerre et de défense? Pourquoi cet appel d'ouvriers terrassiers dans cinq départements voisins? Pourquoi avoir fait venir à grands frais un matériel considérable d'artillerie de marine? Dans quel but avoir détourné de leurs fonctions spéciales une foule d'ingénieurs, pour leur faire exécuter des travaux inutiles?

Pourquoi enfin ces lignes si étendues destinées à couvrir notre infanterie?

C'était évidemment en vue d'une attaque prévue de l'armée prussienne réunie, que, de concert avec le général d'Aurelle, le ministre de la guerre avait ordonné tous ces travaux qui coûtaient tant de peines et d'argent.

Le général d'Aurelle avait confiance en son armée, il la connaissait bien, l'avait vue à l'œuvre; elle était pleine de courage, mais il ne pouvait se faire illusion au point de lui croire l'aplomb et la solidité de vieilles troupes.

L'armée, d'ailleurs, n'était composée que de deux corps, le 15° et le 16°; car à l'époque où le général Chanzy insistait pour marcher en avant, le 17° corps était en formation; quant aux 18° et 20° corps, ils ne faisaient pas encore partie de l'armée de la Loire.

Cependant rien ne semblait marcher au gré de M. Gambetta; dans sa fiévreuse impatience, il s'enivrait de bruit et de mouvement. Il fallait chaque jour au tribun une occasion de proclamations ardentes et enthousiastes, où il promettait au peuple la victoire et la délivrance de la patrie; et à la nouvelle d'un revers souvent causé par l'imprudence de ses conseillers, il lançait l'anathème sur le général malheureux : c'était un traître, un homme vendu! Par ces accusations injustes, odieuses, le dictateur exposait aux fureurs d'une population en délire celui qui n'avait d'autre tort que de ne pas réaliser ses prophétiques inspirations.

Excité par ces déclamations, le peuple ne voyait que trahison partout, et suspectait le dévouement de ces vieux généraux qui, en venant offrir leurs services, ne demandaient qu'à verser leur sang pour la patrie.

Le ministre levait des soldats et produisait ainsi de l'effet sur le vulgaire. Il ne s'inquiétait pas de savoir si ces armées rassemblées à la hâte étaient prêtes à combattre, si elles étaient équipées, vêtues, si elles étaient pourvues d'armes en bon état et de munitions assorties.

Les effectifs des corps étaient exagérés, car jamais ni lui ni son délégué n'ont su se rendre compte d'une situation.

Le dictateur trompait par tous les moyens cette malheureuse nation; elle lui livrait généreusement ses enfants et son or pour repousser l'invasion, mais non pour continuer cette guerre à outrance, qui soutenait sa popularité dans les classes exaltées du parti républicain.

Il fallait enfin justifier par l'apparence de la nécessité cette usurpation de pouvoirs sans précédent dans notre histoire, qui n'avait eu pour sanction que l'audace de ce dictateur, et la faiblesse d'une nation surprise par une déclaration de guerre insensée et des revers inouïs.

L'ordre du 16 novembre avait indiqué, d'une manière générale, les positions que devaient occuper les 15e et 16e corps en avant d'Orléans; après exécution de l'ordre donné, les troupes étaient sur les emplacements suivants :

15ᵉ CORPS D'ARMÉE.

La cavalerie du 15ᵉ corps sur la droite de Saint-Lyé.

1ʳᵉ division d'infanterie (des Paillères) entre Saint-Lyé et Chevilly, avec avant-postes à Neuville-aux-Bois, Villereau, Bucy-le-Roi, Artenay.

La réserve d'artillerie divisionnaire à Chevilly.

2ᵉ division d'infanterie (Martineau des Chenez) de Chevilly à Gidy, avec la Provenchère et Huêtre pour avant-postes.

Réserve d'artillerie divisionnaire à Gidy.

3ᵉ division d'infanterie (Peytavin) de Gidy à Boulay, avant-postes à Bricy.

Réserve d'artillerie divisionnaire à Boulay.

Réserve d'artillerie du 15ᵉ corps à Clos-Aubry.

16ᵉ CORPS D'ARMÉE.

1ʳᵉ division à Coinces, Villardu, Lignerolles, Roumilly, Saint-Péravy, Coulimelle, Saint-Sigismond et Champs, avec avant-postes à l'Encornes, Rouvray, Patay et Pérouville.

Réserve d'artillerie divisionnaire à Saint-Péravy.

2ᵉ division, 1ʳᵉ brigade, à Gémigny, Cheminiers, Rosières et Coulmiers.

2ᵉ brigade en réserve à Bucy Saint-Liphard.

Réserve d'artillerie divisionnaire vers Ormes.

3ᵉ division en réserve aux Barres, avec sa réserve d'artillerie divisionnaire derrière elle.

Réserve d'artillerie du 16ᵉ corps à Pezelle et Haute-Épine.

La cavalerie du 16ᵉ corps à la gauche, à Coulimelle, Tournoisis et Nids, avec un escadron en avant-postes à Brilly et un autre à Villeneuve-sur-Conie.

Le général Chanzy compléta les ordres du général en chef par les instructions suivantes données au 16ᵉ corps, et dont il envoya copie au général d'Aurelle :

« Au quartier général de Saint-Péravy,
» 17 novembre 1870.

» Pour l'exécution des ordres du général en chef,
» en date des 15 et 17 de ce mois, le 16ᵉ corps se
» tiendra prêt à exécuter les mouvements qui se
» feront le 18 dans la matinée.

» La division de cavalerie resserrera ses cantonne
» ments en profitant de ceux abandonnés par la
» division du 15ᵉ corps, partie aujourd'hui pour
» Saint-Lyé, et les établira entre Tournoisis, Nids,
» Saint-Sigismond et Coulimelle, sans dépasser ces
» points extrêmes.

» Le général Michel[1] désignera des points de con
» centration de façon qu'on puisse se rallier rapide
» ment à la moindre alerte, et il s'éclairera sur sa
» gauche.

» Deux batteries d'artillerie à cheval resteront à
» Tournoisis; les deux autres rejoindront la réserve
» du 16ᵉ corps d'armée à la Haute-Épine. L'ambu
» lance et le convoi de la division de cavalerie seront
» à Coulimelle.

» Le général Michel sera à Coulimelle.

[1] Le général Michel, nommé au commencement de novembre commandant de l'armée de l'Est, n'avait conservé ce poste que pendant quelques jours.

» Le 4ᵉ de cavalerie légère mixte restera chargé
» des avant-postes. Il aura un escadron à Villeneuve-
» sur-Conie, détachant un peloton à Péronville; deux
» escadrons à Patay, détachant un peloton à Rouvray;
» un escadron à Brilly, détachant un peloton à l'En-
» cornes.

» Sougy étant en avant des positions du 15ᵉ corps,
» sera gardé par les soins de ce corps.

» Ces escadrons et ces pelotons seront partout
» cantonnés dans les fermes, dans les conditions
» prescrites pour assurer la rapidité des rassemble-
» ments en cas d'alerte.

» 1ʳᵉ DIVISION D'INFANTERIE (Jauréguiberry).

» Quartier général à Saint-Péravy.

» 1ʳᵉ *brigade* (général Bourdillon).

» 39ᵉ de marche; deux bataillons à Coinces, avec
» une compagnie à Villardu; un bataillon au Chêne,
» avec une compagnie à Roumilly; 3ᵉ bataillon de
» marche de chasseurs à pied, entre Saint-Péravy et
» la ferme du Mesnil; 75ᵉ de mobiles, les trois batail-
» lons en avant de Saint-Péravy et à droite de la route
» de Patay, détachant deux compagnies à Lignerolles.

» 2ᵉ *brigade* (général Deplanque).

» 37ᵉ de marche; 1ᵉʳ bataillon à Coulimelle; deux
» bataillons à Saint-Sigismond, avec une compagnie
» à la Vallée et une à Villarson.

» 33ᵉ de marche; deux bataillons à Saint-Sigis-
» mond, l'autre à Champs.

» L'artillerie de la 1ʳᵉ division, une batterie à

» Coinces; quatre mitrailleuses à Saint-Péravy; la
» 3ᵉ batterie à Saint-Sigismond.

» La réserve d'artillerie et l'ambulance à Saint-
» Péravy; le convoi à Nuisement.

2ᵉ DIVISION (général Barry).

» Quartier général à Gémigny.

1ʳᵉ brigade :

» 7ᵉ bataillon de chasseurs à pied à Gémigny;
» 31ᵉ de marche, les trois bataillons à Rosières, déta-
» chant deux compagnies à Coulmiers, une à Banne-
» ville et une à Ormeteau.

2ᵉ brigade :

» En avant de Bucy Saint-Liphard, à droite et à
» gauche de la route qui conduit à Coulmiers. Cette
» brigade aura deux compagnies à Descures, sur la
» route de Coulmiers, pour se relier avec la 1ʳᵉ bri-
» gade.

» Les trois batteries d'artillerie à Gémigny, ainsi
» que la section de mitrailleuses.

» Le convoi et la réserve d'artillerie à Bucy Saint-
» Liphard, en arrière du village dans la direction
» des Ormes, sans encombrer la route.

» L'ambulance à Bucy Saint-Liphard.

» 3ᵉ DIVISION (général Maurandy).

» Aux Barres, à droite et à gauche de la route de Châ-
» teaudun, en avant du village et face à Saint-Péravy.

» L'ambulance, le convoi et l'artillerie de cette
» division, en arrière du village des Barres, tou-

» chant aux dernières maisons du côté d'Orléans.

» La réserve d'artillerie du 16⁰ corps à la Haute-
» Épine, de façon à déboucher facilement et rapide-
» ment sur la route de Châteaudun.

» Les parcs, le convoi, la réserve en arrière
» d'Ormes, dans la direction d'Orléans, à droite et à
» gauche de la route.

» L'ambulance aux Barres.

» Le quartier général du 16⁰ corps à Saint-Péravy.

» Le colonel commandant le génie fera étudier,
» dès demain, les défenses à établir à Coinces, au
» Chêne, à Saint-Péravy, Coulimelle, Saint-Sigismond,
» Gémigny et Coulmiers.

» L'artillerie étudiera de son côté les meilleurs em-
» placements pour les batteries sur toute cette ligne
» de défense. Un rapport sera adressé aussitôt que
» possible au général commandant le 16⁰ corps.

» Toutes les dispositions devront être prises pour
» que ces travaux puissent commencer dès le lende-
» main au matin du jour où les troupes auront pris
» leurs nouvelles positions, et être poussés avec la
» plus grande rapidité.

» Les avant-postes eux-mêmes devront être mis en
» état de défense, en crénelant les murs des maisons
» et en élevant des ouvrages en terre.

» Les francs-tireurs conserveront les positions sui-
» vantes et concourront, avec le régiment de cava-
» lerie du colonel Barbut, au service des avant-postes
» et des reconnaissances, de façon à éclairer le
» 16⁰ corps le plus loin possible en avant de ses
» lignes.

» Les francs-tireurs de la Sarthe, commandant de Foudras, à Sougy et à Terminiers;

» Les francs-tireurs de Paris, lieutenant-colonel Lipowski, à Patay, Rouvray et Guillonville.

» Les francs-tireurs de Saint-Denis, commandant Liénard, à Péronville, surveillant toute la ligne de la Conie jusqu'à la hauteur de Varize.

» Ces trois groupes de francs-tireurs relèveront, pour tout ce qui est du service des avant-postes, du lieutenant-colonel Lipowski, qui s'entendra lui-même avec le colonel Barbut pour combiner et exécuter les reconnaissances.

» Le 15ᵉ corps de son côté doit faire les mouvements ci-après :

» 1ʳᵉ division, à Chevilly et Saint-Lyé.

» 2ᵉ division, entre Gidy et Chevilly, occupant la Provenchère et Huêtre.

» 3ᵉ division, entre Gidy et Boulay, occupant Bricy.

» La cavalerie du 15ᵉ corps à Saint-Lyé.

» Le grand quartier général de l'armée de la Loire à Villeneuve-d'Ingré.

» *Le général commandant le 16ᵉ corps,*

» *Signé:* Général CHANZY. »

Le général Chanzy ajouta à ces ordres particuliers au 16ᵉ corps d'armée, d'autres instructions pour le cas d'une attaque de l'ennemi, avec des détails peut-être superflus.

Cet officier général possède, à un très-haut degré, les qualités d'un véritable homme de guerre, mais il est disposé à trop fractionner ses troupes au bivouac, et à s'occuper outre mesure des détails. Qu'arrive-t-il? Les généraux qui relèvent de lui, n'ayant plus d'initiative, attendent sans cesse du commandant en chef des ordres qu'il est souvent difficile de leur donner.

A cette époque, vers le 17 novembre, les armées française et allemande étaient assez rapprochées pour mettre souvent en présence les reconnaissances faites de part et d'autre. Des engagements avaient lieu fréquemment dans ces rencontres, où nos escadrons d'éclaireurs avaient presque toujours l'avantage.

Nos avant-postes étaient couverts par les francs-tireurs placés sous les ordres du lieutenant-colonel Lipowski, officier supérieur doué d'une grande intelligence, d'une activité infatigable et d'une bravoure que chacun se plaisait à reconnaître.

Il parcourait les campagnes, les fermes et les châteaux, où ses soldats n'étaient pas toujours bien accueillis, parce qu'il fallait pourvoir à leur subsistance, et surtout parce qu'on redoutait l'infâme vengeance des Prussiens, punissant les Français de l'hospitalité donnée à des soldats de la France !

Dans la nuit du 14 au 15 novembre, le lieutenant-colonel Lipowski fut informé que le prince Albrecht se trouvait à Viabon avec un régiment de uhlans et deux bataillons d'infanterie; il forma le projet de l'enlever.

Ces troupes allemandes, comptant sur l'éloignement de nos bivouacs, ne se gardaient pas avec leurs précautions habituelles ; elles furent surprises, attaquées à l'improviste, et se débandèrent dans le plus grand désordre.

Le prince Albrecht eut à peine le temps de monter à cheval, et se sauva avec une telle précipitation, qu'il laissa sur sa table l'ordre de mouvement qu'il avait reçu du duc de Mecklembourg [1].

Le général Chanzy avait formé un escadron d'éclaireurs volontaires choisis dans les divers régiments de cavalerie de son corps d'armée, parmi les meilleurs et les plus intrépides cavaliers. Il en avait confié le commandement au capitaine Bernard, officier hardi, entreprenant, d'une grande bravoure et d'une énergie remarquable.

Toujours à cheval de jour et de nuit, ces éclaireurs pénétraient dans les cantonnements ennemis, enlevaient des vedettes, faisaient des prisonniers, capturaient des chevaux, recommençant chaque jour leurs coups de main.

Nous avions par ce moyen des renseignements sur la situation de l'ennemi, mais aucun projet ne se dessinait nettement encore.

Le duc de Mecklembourg réquisitionnait les villages, brûlait et pillait ceux qui résistaient, semant ainsi partout la terreur et la désolation.

Son armée faisait des démonstrations de tous les côtés, parcourait le Perche, menaçant tantôt le Mans, tantôt Châteaudun ou les villes intermédiaires, et jetait l'indécision dans l'esprit du général com-

---

[1] Voir aux Pièces justificatives la note n° 7.

mandant supérieur régional de l'Ouest. Celui-ci avait pour mission de couvrir cette partie du pays, et on ne lui donnait pour remplir cette tâche difficile et ingrate ni troupes ni artillerie.

Il n'avait sous ses ordres que des régiments de mobiles mal organisés, mal armés, manquant de vêtements, et qui ne pouvaient tenir devant les troupes allemandes.

Le général Fiéreck s'était porté de sa personne vers les lignes de la Conie pour défendre les abords de Châteaudun, mais ses efforts furent impuissants; il se vit dans l'impossibilité de résister, battit en retraite vers Nogent, et en se retirant fit sauter le pont de pierre de Varize, qui nous était d'une grande utilité pour assurer nos communications sur les deux rives de la Conie.

Cet ordre n'aurait dû être donné qu'à la dernière extrémité, et au moment où l'urgence en aurait été reconnue. Le général en chef de l'armée de la Loire prescrivit aussitôt de rétablir ce pont.

Il écrivit au ministre de la guerre pour le tenir au courant de cette situation, et des événements qui se passaient à nos avant-postes, et sur la rive droite de la Conie.

« Villeneuve-d'Ingré, 18 novembre 1870.

» Monsieur le ministre,

» Malgré les mauvais temps, nos travaux marchent
» bien. Les terrassements sont avancés, surtout ceux
» des batteries. Dès aujourd'hui, nous aurons deux

» batteries armées de canons de marine à Chevilly et
» à Gidy.

» On poursuit le développement des tranchées-
» abris ; enfin, on met en même temps en état de
» défense une ligne de postes avancés, à la Proven-
» chère, Huêtre, Bricy, Coinces, Saint-Péravy, Couli-
» melle, Saint-Sigismond, Gémigny, Rosières et
» Coulmiers.

» La ligne de défense principale, formée par la
» lisière de la forêt depuis Saint-Lyé jusqu'à Che-
» villy, et qui se continue par Gidy, Boulay, Ormes,
» Ingré, présente un développement considérable,
» qui exige des forces nombreuses pour la garder.
» Aussi est-il urgent de pousser activement les tra-
» vaux autour d'Orléans, et d'arriver à armer le plus
» tôt possible les batteries projetées autour de cette
» ville et destinées à recevoir les canons de la marine.

» Ce ne sera que lorsque tous ces travaux seront
» terminés et que ces batteries seront armées, que
» l'armée de la Loire aura sa liberté d'action.

» Depuis le 13, le prince Albrecht, avec une tren-
» taine de mille hommes, dit-on, a fait un mouvement
» vers Chartres et jusqu'à Dreux.

» Le général Fiéreck m'informe par le télégraphe,
» que la partie de ses troupes qui était le plus au
» nord, forcée de se retirer devant l'ennemi, a été
» obligée de battre en retraite au delà d'Évreux.

» Ce mouvement divergent, joint à celui qui a été
» prescrit par le général Durrieu pour concentrer ses
» troupes autour de la forêt de Marchenoir, a enlevé
» une grande partie des forces dont disposait le com-

» mandant supérieur de l'Ouest. Il continue cepen-
» dant à garder la ligne de la Conie et celle du Loir
» jusqu'à Châteaudun.

» J'ai prescrit au général Durrieu, dont la 1re divi-
» sion doit se porter à Ouzouer-le-Marché, de remon-
» ter jusqu'à la Conie avec ses divisions, son artillerie
» et sa cavalerie, pour défendre cette ligne dans le
» cas où elle serait sérieusement menacée par l'en-
» nemi.

» Cet officier général prendrait alors, de ce côté,
» la direction des opérations.

» Avec les troupes des 15e et 16e corps, nous occu-
» pons comme avant-postes Patay et Artenay, tous
» les deux fortement retranchés.

» Une partie des francs-tireurs du lieutenant-colo-
» nel Lipowski sont derrière la Conie.

» Tous les jours notre cavalerie et les francs-tireurs
» poussent en avant des reconnaissances, dans les-
» quelles nous faisons souvent des prisonniers. Hier,
» le lieutenant-colonel Lipowski a surpris, avec deux
» compagnies, à Viabon, un régiment de uhlans. Le
» prince Albrecht, qui était établi dans une des
» auberges du village, s'est sauvé en toute hâte. On
» a trouvé chez lui des ordres de mouvement que j'ai
» l'honneur de vous adresser avec leur traduction.
» Ce document ne laisse aucun doute sur les projets
» de l'ennemi sur Chartres et Bonneval.

» Les 30,000 hommes qui sont du côté de Chartres
» ne comprennent pas toutes les troupes qui sont
» devant nous; il résulte des renseignements recueil-
» lis qu'il restait encore des forces considérables

» dans le triangle formé par Angerville, Janville et
» Gouillons, et que tous ces villages ont été mis suc-
» cessivement en état de défense.

» En outre, des renseignements fournis par le
» sous-préfet de Montargis, et qui sont donnés
» comme certains, font connaître qu'un corps de
» 30,000 hommes serait venu avant-hier, 16 du cou-
» rant, de Malesherbes, et se serait dirigé sur Pithi-
» viers et sur Sermaise. Dans la journée d'hier,
» Pithiviers aurait été occupé par des forces nom-
» breuses. Ce renseignement est donné comme cer-
» tain par le sous-préfet de Montargis.

» La direction prise par ce corps ennemi prouve
» qu'il s'est porté dans le triangle indiqué ci-dessus.
» S'est-il arrêté là avec les troupes déjà réunies sur
» ce point, ou a-t-il appuyé vers l'Ouest, du côté de
» Chartres ? c'est ce que j'ignore encore.

» Dans tous les cas, cette lenteur de l'ennemi à
» s'approcher de nous, nous permet d'exécuter nos
» travaux de défense et de rendre difficile toute ten-
» tative qu'il pourrait faire sur Orléans.

» Agréez, etc.

» *Signé* : Général D'AURELLE. »

Tous les avantages partiels remportés par nos avant-postes faisaient vivement désirer au général Chanzy de se porter en avant pour prendre l'offensive, et quitter des positions que le général en chef, au contraire, tenait à conserver. Celui-ci voyait dans un avenir prochain ses efforts couronnés de succès. Il n'avait qu'un but, garder ses positions, dans l'espoir d'y attirer les armées réunies du duc de Mecklembourg et du prince Charles, qui allaient nécessairement tenter de reprendre Orléans.

Par ce moyen, il éloignait de Paris une armée victorieuse, et cette diversion pouvait donner au général Trochu plus de chances de réussir dans les sorties qu'il avait projetées.

Le général Chanzy écrivit une lettre au général en chef, pour lui faire partager ses convictions sur la nécessité de se porter en avant. En même temps, il aiguillonnait l'impatience du ministre de la guerre en lui envoyant directement, et sans les avoir communiquées au général d'Aurelle, quelques dépêches télégraphiques au sujet des succès partiels obtenus par nos avant-postes.

La guerre d'escarmouches ne décide rien pour les opérations générales, et a le grand inconvénient de ruiner les chevaux par un service des plus fatigants.

Voici la dépêche du général Chanzy au général en chef :

« Mon général,

» J'ai déjà eu l'honneur d'appeler, à diverses repri-
» ses, votre attention sur les mouvements que l'en-
» nemi opérait en avant de nous, depuis notre arri-
» vée sur les positions que nous occupons en ce
» moment.

» Une armée qui paraît commandée par le grand-
» duc de Mecklembourg, ainsi qu'il résulte du docu-
» ment que je vous ai communiqué, et qui serait

» assez considérable, puisque les renseignements
» arrivant de divers côtés l'évaluent à soixante ou
» quatre-vingt mille hommes, s'est portée des envi-
» rons d'Étampes sur Chartres, en masquant son
» mouvement par les deux divisions de cavalerie,
» prince Albrecht et Stolberg.

» Aujourd'hui cette armée, qui s'établit solidement
» à Chartres, a commencé ses opérations vers l'Ouest,
» sur toute la ligne d'Illiers à Dreux et jusqu'à Évreux,
» ayant à sa gauche la division de cavalerie du prince
» Albrecht, qui bat tout le pays en avant de la Conie
» et de Bonneval, pour contenir les forces que nous
» avons à Châteaudun et dans le Perche, observant
» ainsi l'aile gauche de l'armée de la Loire, tandis
» que la division de cavalerie Stolberg, qui paraît
» être restée aux environs de Toury et de Janville,
» d'où elle opère jusqu'à Orgères, masque tout ce
» qui se fait le long du chemin de fer d'Orléans à
» Paris et observe notre aile droite, en attendant
» sans doute que les renforts venus de l'Est aient mis
» la seconde armée prussienne, que nous avons
» devant nous, en mesure d'entreprendre les opéra-
» tions qu'elle combine, soit sur Orléans, soit sur
» Nevers.

» Telle est l'appréciation que je me fais des dispo-
» sitions de l'ennemi, d'après les seuls renseigne-
» ments que j'ai pu recueillir directement, car il ne
» m'en a été fourni aucun autre jusqu'ici.

» Cette appréciation, je crois nécessaire de vous la
» communiquer, pour que, si vous le jugez conve-
» nable, vous puissiez la rectifier dans le cas où elle

» ne serait point exacte, parce qu'elle domine dans
» les dispositions que j'ai à prendre pour organiser
» l'action que le 16ᵉ corps doit avoir, soit pour la
» défensive, soit pour l'offensive.

» Cette étude du pays que j'ai devant moi, des
» positions que j'occupe et des éventualités qui peu-
» vent surgir, m'amène à penser qu'il serait, en toutes
» circonstances, préférable d'avancer le 16ᵉ corps
» jusqu'à hauteur de Patay, de façon à occuper par
» notre gauche une partie de la ligne de la Conie que
» j'ai visitée et qui est incontestablement la meilleure
» défense de cette contrée.

» Nous protégerions ainsi toute la grande route de
» Châteaudun à Orléans, qui peut seule assurer nos
» communications avec le 17ᵉ corps, nous relier avec
» les troupes qui sont à Châteaudun et dans le
» Perche, et nous permettre de couvrir à la fois
» Orléans, Vendôme, et par suite Blois et Tours, tout
» en nous reliant avec les forces de l'Ouest, sans
» cependant nous disséminer, en vue de l'effort que
» l'armée ennemie venant d'Étampes pourrait tenter,
» soit sur notre aile droite, soit sur un point quel-
» conque de notre ligne.

» Si vous approuviez ce mouvement, je pourrais
» pousser mes avant-postes sur la deuxième branche
» de la Conie, que je ferais occuper par tous mes
» corps de francs-tireurs et un rideau de cavale-
» rie, de façon que ces avant-postes, se reliant à
» ceux du 15ᵉ corps, poussés sur la ligne d'Artenay
» et Lumeau, puissent observer et inquiéter les deux

» communications que les deux armées ennemies
» cherchent à maintenir par Voves.

» Cette disposition réduirait la zone des réquisi-
» tions de l'ennemi, le tromperait sur nos véritables
» intentions, nous éclairerait à forte distance et con-
» soliderait la gauche de l'armée de la Loire, qui
» occuperait ainsi des positions faciles à défendre et
» sur lesquelles il importe que l'ennemi ne nous pré-
» vienne pas.

» Je verrais enfin à cette combinaison un autre
» avantage : nous changerions nos bivouacs et nos
» cantonnements, devenus inhabitables par suite des
» boues et du mauvais temps, contre des emplace-
» ments plus sains pour les troupes, dont l'état sani-
» taire laisse à désirer, et nous ménagerions sur nos
» derrières, dans le cas où nous aurions à nous replier
» sur les lignes de défense que nous préparons en ce
» moment, plus d'espace pour les mouvements de
» nos parcs et de nos convois, qui se trouvent actuel-
» lement très-agglomérés sur des communications
» restreintes qu'ils ne manqueraient pas d'obstruer,
» si nous avions à opérer un mouvement de retraite
» précipité devant un effort de l'ennemi.

» J'ajouterai, en terminant, que ce mouvement en
» avant, bien que restreint, contribuerait à maintenir
» chez nos troupes la confiance que leur a donnée la
» bataille de Coulmiers, et que l'idée d'une offensive
» peut seule maintenir efficacement.

» Veuillez agréer, etc.

» *Signé :* CHANZY. »

Comme on le voit par cette lettre, les combinaisons développées par le général Chanzy tendaient à faire abandonner par le général en chef ses projets qu'il croyait les meilleurs, et dont, après tout, il avait seul la responsabilité.

Le duc de Mecklembourg voulait faire sortir l'armée de la Loire de ses lignes.

Il n'aurait certainement pas accepté la bataille avant sa jonction avec l'armée de Frédéric-Charles. Grâce à la grande mobilité de ses troupes, il se serait retiré rapidement dans l'Ouest, sur Dreux, ou se serait replié, soit sur l'armée d'investissement de Paris, soit sur celle du prince Charles.

Dans chacun de ces cas, l'armée de la Loire, en se lançant à sa poursuite, pouvait se trouver dans une situation critique, comme il est facile de s'en convaincre en jetant les yeux sur une carte.

L'armée de la Loire aurait donc commis une grande imprudence en quittant ses positions fortifiées ; elle devait y attendre le choc de l'armée allemande, comme nous avons déjà cherché à le démontrer dans le cours de cet ouvrage.

Ainsi qu'on le sait déjà, le général d'Aurelle était très-opposé à la dissémination des troupes. Il désirait par-dessus tout les concentrer, afin de les avoir sous la main, prêtes à agir suivant ses ordres, et d'après les inspirations que pouvaient faire surgir les nécessités du moment.

Leur éparpillement l'inquiétait et faisait naître en lui de mauvais pressentiments. Le triste exemple de l'armée du Rhin, dont tous les corps avaient été battus séparément sans pouvoir se prêter appui, était sans cesse présent à son esprit.

Ah! si nos prétendus stratégistes de Tours avaient été moins aveugles, s'ils avaient réfléchi aux déplorables conséquences des fautes commises au début de cette campagne, ils eussent mis moins d'obstination à repousser les conseils de prudence que leur donnait le général en chef.

Le général Chanzy avait peine à contenir son impatience. Le silence du général en chef était la désapprobation de ses projets; il n'en persistait pas moins à provoquer des engagements partiels avec l'ennemi, et quand ils avaient lieu, il se trouvait souvent obligé d'envoyer au secours des troupes engagées d'une manière inopportune et contrairement aux intentions du général d'Aurelle.

Il eût été plus conforme à nos véritables intérêts d'attendre dans nos lignes fortifiées l'attaque de l'armée allemande que de la provoquer.

L'ennemi s'inquiétait de notre attitude calme et se tenait à distance. Il ignorait nos desseins, cherchait à les pénétrer, et pour cela livrait des combats d'avant-postes où nous avions presque toujours l'avantage; néanmoins, ils tournaient au profit de l'ennemi, parce qu'il faisait des prisonniers et en tirait des renseignements sur nos travaux, nos approvisionnements, le moral de l'armée et son degré d'instruction militaire. Mais à ces difficultés de peu d'importance, vinrent bientôt s'ajouter des complications sérieuses, qui rendirent délicate la position du général en chef vis-à-vis du ministre, et firent du commandement un fardeau lourd à porter.

L'appel aux armes qui avait lieu en France amenait sous les drapeaux une grande quantité de soldats qu'on dirigeait sur tous les points, mais particulièrement vers l'armée de la Loire.

Ces masses d'hommes, sans organisation, sans instruction militaire, sans cadres, mal équipés, mal vêtus, mal armés, devaient former de nouveaux corps d'armée, et le ministre prévenait le général d'Aurelle que plusieurs de ces corps allaient être placés sous ses ordres.

Il en fut informé par la lettre suivante de M. de Freycinet : cette lettre, vrai type d'exagération et de duplicité, mérite d'être lue et pesée avec attention.

« Tours, 19 novembre 1870.

» Général,

» Je vous écris quelques mots au sujet de nos forces,
» pour que vous puissiez envisager l'ensemble des
» ressources mises à votre disposition.

» Actuellement, le 17ᵉ corps, commandant Durrieu,
» comprenant une quarantaine de mille hommes, est
» réuni entre Meung et Châteaudun. Il est placé sous
» votre direction et protége votre aile gauche. Il est
» lui-même protégé par des troupes dispersées entre
» Châteaudun et Nogent-le-Rotrou, que je m'occupe
» de réunir sous les ordres du commandant Jaurès,
» de la marine (capitaine de vaisseau), lequel obéira
» également à vos directions stratégiques.

» A votre aile droite, j'ai appelé l'armée de Crou-

» zat à Gien. Elle compte actuellement, y compris
» une division du 18ᵉ corps, qui s'y trouve momenta-
» nément jointe, une cinquantaine de mille hommes.
» Elle vous obéira de même.

» Enfin nous formons à Nevers, sous le comman-
» dement de Bourbaki, le 18ᵉ corps, qui sera prêt
» dans quelques jours et qui, avec la division jointe
» momentanément à Crouzat, comptera quarante-
» cinq mille hommes.

» Ainsi vous aurez à votre gauche une soixantaine
» de mille hommes, et à votre droite près de quatre-
» vingt mille hommes prêts à vous appuyer et obéis-
» sant à vos directions stratégiques.

» Quoique vous n'accordiez, je le sais, aucune
» confiance à des corps aussi récemment formés, je
» continue à penser qu'il y a là un élément sérieux
» d'action à un moment donné.

» L'artillerie de Crouzat est d'une soixantaine de
» bouches à feu, et celle de Durrieu un peu supé-
» rieure. Le corps de Bourbaki va avoir également
» son artillerie complète.

» Je vous engage à examiner si vous n'augmente-
» riez pas sensiblement la force de ces corps en les
» échangeant graduellement avec ceux qui sont
» actuellement sous votre main. Ainsi peut-être
» pourriez-vous faire permuter le corps de Chanzy
» avec celui de Durrieu, que vous façonneriez à votre
» austère discipline, et un peu plus tard, vous rem-
» placeriez l'ancienne division des Paillères par le
» corps de Crouzat. Vous auriez alors à vos ailes
» des forces mobiles bien constituées, douées d'ini-

» tiative, et vous tiendriez au centre les forces nou-
» velles, que vous façonneriez peu à peu, comme
» vous avez fait pour les 15° et 16° corps.

» Ce sont des réflexions que je vous livre, et
» vous verrez la suite qu'il conviendrait de leur
» donner.

» Je vous engage également à étudier avec vos
» généraux la meilleure direction à donner à cette
» force totale de deux cent cinquante mille hommes
» que vous allez avoir sous la main. Nous ne pouvons
» demeurer éternellement à Orléans. *Paris a faim et*
» *nous réclame.*

» Étudiez donc la marche à suivre pour arriver à
» nous donner la main avec Trochu, qui marcherait
» à votre rencontre avec cent cinquante mille hom-
» mes, en même temps qu'une diversion serait tentée
» dans le Nord.

» De notre côté nous étudions un plan ici. Dès que
» nos idées seront un peu arrêtées sur cette grave
» affaire, prévenez-moi; nous nous réunirons à Tours
» ou à votre quartier général pour en disserter.

» Prière de m'accuser réception de la présente, et
» de me faire part, s'il y a lieu, de vos premières
» réflexions. M. de Rochefort me rapportera la ré-
» ponse.

» *Signé:* DE FREYCINET. »

Que d'idées contradictoires embrouillées dans cette lettre, et quelle exagération dans l'énumération de nos ressources !

Les troupes placées sous les ordres du commandant Jaurès, de la marine, qui avait remplacé le général Fiéreck dans le commandement régional de l'Ouest, étaient composées de régiments et de bataillons de mobiles sans organisation ; en un mot, c'étaient des éléments épars dans plusieurs départements voisins, qui servirent plus tard à former le 21ᵉ corps dans la deuxième armée de la Loire.

Le général d'Aurelle avait déjà décliné l'honneur de les commander, parce que, par leur éloignement, ces troupes échappaient à toute surveillance.

Quant au 17ᵉ corps en formation, son organisation était loin d'être complète.

Voici la situation de ce corps, envoyée au général en chef par le ministre de la guerre :

17ᵉ CORPS D'ARMÉE.

Commandant : DURRIEU, général de division.
Chef d'état-major général : BRUNOT DE ROUVRE, général de brigade.
Commandant de l'artillerie : BARBARY DE LANGLADE, colonel.
Chef d'état-major de l'artillerie : GRESSET, lieutenant-colonel.
Commandant le génie : CHARRIER, colonel.
Chef d'état-major du génie : NOCHÉ, lieutenant-colonel.
Intendant : AIROLLES, intendant militaire.
Prévôt : LE DOYEN, chef d'escadron de gendarmerie.

1ʳᵉ DIVISION D'INFANTERIE.

Commandant : DE BRÉMOND D'ARS, général de division.
Chef d'état-major : BÉRAUD, colonel.
Commandant de l'artillerie : CHANEL, chef d'escadron d'artillerie.
Commandant le génie : SEGOING D'AUGIS, chef de bataillon.
Sous-intendant : DE BRUNIER, sous-intendant militaire.
Prévôt : FOURIER, capitaine de gendarmerie.

1re brigade.

Commandant : PARIS, colonel de l'armée auxiliaire.
        41ᵉ régiment de marche d'infanterie.
        74ᵉ régiment de la garde mobile (Lot-et-Garonne).

2ᵉ brigade.

Commandant : DE VAISSE-ROQUEBRUNE, général de brigade de l'armée auxiliaire.
        11ᵉ bataillon de chasseurs à pied de marche.
        43ᵉ régiment de marche d'infanterie.
        72ᵉ régiment de la garde mobile (Cantal, Yonne).

ARTILLERIE. { 6ᵉ régiment, 19ᵉ batterie.
              8ᵉ régiment, 19ᵉ batterie.
              15ᵉ régiment, 19ᵉ batterie.

GÉNIE. . . . 1re section de la 3ᵉ compagnie *bis* du 1ᵉʳ régiment du génie.

2ᵉ DIVISION D'INFANTERIE.

Commandant : FEILLET-PILATRIE, général de brigade.
Chef d'état-major : DE SACHY, lieutenant-colonel.
Commandant de l'artillerie : ALIPS, chef d'escadron du train d'artillerie.
Commandant le génie : THIBOUVILLE, chef de bataillon.
Sous-intendant : THOUROUDE, sous-intendant militaire.
Prévôt : SUPLICE, lieutenant de gendarmerie.

1re brigade.

Commandant : BONET, colonel de l'armée auxiliaire.
        9ᵉ bataillon de marche de chasseurs.
        42ᵉ régiment de marche d'infanterie.
        19ᵉ régiment de la garde mobile (Cher).

2ᵉ brigade.

Commandant : HAINGLAISE, général de brigade.

   44ᵉ régiment de marche d'infanterie.
   73ᵉ régiment de la garde mobile (Loiret, Isère).

ARTILLERIE
- mixte. { 13ᵉ régiment, 13ᵉ batterie.
    2ᵉ régiment du train, 17ᵉ compagnie.
- mixte. { 13ᵉ régiment, 14ᵉ batterie.
    2ᵉ régiment du train, 17ᵉ compag. *bis*.
- 9ᵉ régiment d'artillerie, 20ᵉ batterie.

GÉNIE. . . . 2ᵉ section de la 3ᵉ compagnie *bis* du 1ᵉʳ régiment du génie.

3ᵉ DIVISION D'INFANTERIE.

Commandant : DEFLANDRE, général de brigade.
Chef d'état-major : FORGEMOL, colonel.
Commandant de l'artillerie : SERRON, chef d'escadron d'artillerie.
Commandant du génie : PAVILLON, chef de bataillon.
Sous-intendant : KELLER, sous-intendant.
Prévôt : BOUCHESEICHE, sous-lieutenant de gendarmerie.

1ʳᵉ brigade.

Commandant : JOUFFROY D'ABBANS, colonel.

   1ᵉʳ bataillon de chasseurs à pied de marche.
   45ᵉ régiment de marche d'infanterie.
   70ᵉ régiment de garde mobile (Lot).

2ᵉ brigade.

Commandant : SAUTEREAU, colonel.

   46ᵉ régiment de marche d'infanterie.
   76ᵉ régiment de la garde mobile (Ain, Aude, Isère).

ARTILLERIE.
- 8ᵉ régiment, 20ᵉ batterie.
- 10ᵉ — 20ᵉ batterie.
- 14ᵉ — 21ᵉ batterie.

GÉNIE. . . . 1ʳᵉ section de la 4ᵉ compagnie *bis* du 3ᵉ régiment du génie.

DIVISION DE CAVALERIE.

Commandant : DE LONGUERUE, général de division.
Chef d'état-major : LE GUERN, chef d'escadron.
Sous-intendant : DE PONTEVEZ, adjoint de 2ᵉ cl. à l'intendance.
Prévôt : GIRVÈS, lieutenant de gendarmerie.

1ʳᵉ *brigade.*

Commandant : DE SONIS, général de brigade.
    4ᵉ régiment mixte de cavalerie légère.
    6ᵉ régiment mixte de cavalerie légère.

2ᵉ *brigade.*

Commandant : GUÉPRATTE, général de brigade.
    4ᵉ régiment de marche de cuirassiers.
    5ᵉ régiment mixte de cavalerie (ligne).

RÉSERVE D'ARTILLERIE.

Commandant : SMET, lieutenant-colonel de l'artillerie de marine.

Batterie mixte. { Artillerie de marine.
{ 1ᵉʳ régiment du train, 10ᵉ batterie *bis*.

Batterie mixte. { Artillerie de marine.
{ 1ᵉʳ régiment du train, 18ᵉ batterie *bis*.

Batterie mixte. { 2ᵉ régiment du train. 1ʳᵉ batterie principale.
{ 1ᵉʳ régiment du train.

Batterie mixte. { 2ᵉ régiment du train, 1ʳᵉ batterie *bis*.
{ 1ᵉʳ régiment du train.

Batterie mixte. { 18ᵉ régiment d'artillerie, 15ᵉ batterie.
{ 18ᵉ régiment d'artillerie, 16ᵉ batterie.

PARC.

Commandant : RABOT, chef d'escadron.
 15ᵉ compagnie du 3ᵉ régiment du train des équipages militaires (réserves divisionnaires).
Train des équipages militaires (parc).

Le jour où le général Crouzat recevait de Tours l'avis qu'il était placé sous le commandement du général d'Aurelle, il lui télégraphia qu'il était heureux de faire partie de l'armée de la Loire et qu'il avait sous ses ordres vingt mille hommes de bonnes troupes.

M. de Freycinet portait les troupes de Crouzat, en y comprenant une division du 18e corps, à une cinquantaine de mille hommes. Or est-il vraisemblable que le 18e corps en formation eût pu détacher une division de trente mille hommes?

Examinez, disait M. de Freycinet, si vous ne pourriez faire permuter le corps de Chanzy avec celui de Durrieu, et plus tard le corps de Crouzat avec la division des Paillères.

Comment pouvait-il penser que ces mouvements fussent possibles en présence d'un ennemi si prompt à profiter de tous les avantages qu'on lui offrait, de toutes les fautes que nous commettions?

On risquait d'être surpris au milieu de ces mouvements, qui ne s'exécutaient pas sur le terrain avec la promptitude de la pensée, comme on se l'imaginait dans un cabinet de travail.

Il est digne de remarque, que cette idée bizarre de faire permuter les corps des ailes avec ceux du centre est venue à M. de Freycinet juste au moment où il se préparait à prendre la direction des opérations que devaient exécuter les deux ailes de l'armée de la Loire. Il enlevait ainsi au général en chef des troupes bien formées, pour ne lui laisser que des corps à peine organisés.

Le général d'Aurelle répondit le lendemain au ministre de la guerre la lettre suivante :

« Villeneuve-d'Ingré, 20 novembre 1870.

» Monsieur le ministre,

» J'ai l'honneur de vous accuser réception de la
» lettre qui m'a été adressée par M. de Freycinet et
» apportée par M. de Rochefort.

» Je l'ai examinée avec toute l'attention qu'elle
» mérite.

» Et d'abord, j'ai vu que le commandement territo-
» rial de l'Ouest, que vous voulez placer sous ma di-
» rection, était d'une difficulté trop grande à exercer
» pour pouvoir l'accepter, et j'ai déjà eu l'honneur de
» décliner cette responsabilité. Les troupes de ce
» commandement ne sont pas mobilisables, et ne peu-
» vent rendre de services que sur place. Leur admi-
» nistration deviendrait une difficulté que ne pourrait
» vaincre aucun intendant.

» Je demande, en conséquence, que ce commande-
» ment soit laissé entre les mains du commandant
» territorial de l'Ouest, sauf à le rattacher à celui de
» l'armée de Bretagne, si vous le jugez convenable.

» Le général Crouzat m'écrit qu'il est aujourd'hui
» à Gien avec vingt mille hommes. Quant à la divi-
» sion du 18e corps, sous les ordres du général
» Feillet-Pilatrie, elle dépend du corps d'armée qui
» s'organise à Nevers et qui est destiné au général
» Bourbaki.

» Toutes les troupes qui appartiennent au 18e corps
» sont en formation; elles ne peuvent pas compter pour
» marcher à l'ennemi comme des troupes constituées.

» L'évaluation que vous faites de toutes ces forces
» est donc exagérée et en partie fictive.

» Vous me proposez dans votre lettre de faire
» des échanges de corps de nouvelle formation, avec
» les 15ᵉ et 16ᵉ corps que j'ai sous la main.

» Je pense que ce n'est pas à la veille d'entrer en
» ligne avec l'ennemi qu'il convient de faire de pa-
» reils mouvements.

» Je suis forcé de réduire dans de notables propor-
» tions le chiffre de 250,000 hommes que vous indi-
» quez comme devant être bientôt à ma disposition.

» Je ferai tous mes efforts pour tirer le meilleur
» parti possible des troupes qui me seront confiées,
» mais il serait dangereux de se fier au mirage trom-
» peur de chiffres groupés sur le papier, et de les
» prendre pour une réalité.

» Pour étudier un plan à suivre pour arriver à
» donner la main au général Trochu, il serait néces-
» saire que je fusse au courant de ce qui se passe à
» Paris, et des intentions de cet officier général.

» Quant au projet que vous élaborez de votre côté,
» je l'examinerai dès que vous voudrez bien me le
» soumettre.

» Agréez, etc.

» *Signé :* D'Aurelle. »

Cette lettre mécontenta sans doute M. de Freycinet, car, le même jour, le général en chef en reçut une écrite de la main de M. Gambetta, qui venait corroborer les instructions envoyées par son délégué à la guerre.

Elle était ainsi conçue :

« Tours, 20 novembre 1870.

» Général,

» La lettre que vous avez reçue de M. de Freyci-
» net a été délibérée avec moi, et je vous prie de la
» considérer comme l'expression sérieuse et rigou-
» reuse de mes vues.

» Je me résume, il faut prendre trois mesures
» principales :

» 1° Il est de la plus évidente utilité d'avoir sur
» vos deux ailes des troupes solides et tout à fait
» disciplinées.

» Je me plais à reconnaître que, grâce à votre
» vigilance et à votre énergie, vous avez transformé
» le moral et la conduite de vos troupes.

» Il faut continuer cette salutaire éducation et
» l'étendre. Il est bien clair que vous ne pouvez
» accomplir ce travail avec précipitation et sans tenir
» compte des nécessités immédiates de l'action mili-
» taire, mais il faut y penser, et aussitôt qu'il sera
» possible de faire une substitution entre une portion
» des troupes placées à votre gauche, et une partie
» de celles que vous avez constituées, il faudra y
» pourvoir avec la même prudence.

» Il faudra suivre la même règle pour votre droite.
» Tout est dans le choix du moment et la mesure.

» 2° J'ai en main le rapport du général Crouzat,
» expédié ce matin, qui porte ses forces à cin-
» quante-cinq mille hommes, et qui me paraît assez
» satisfait ; je ne peux donc m'expliquer à aucun

» degré la réduction que vous en faites au chiffre
» de 20,000 hommes [1].

» D'ailleurs, quand je prévois les additions succes-
» sives que vous pouvez recevoir d'ici à trois se-
» maines, comme devant vous faire atteindre 250,000
» hommes, soyez assuré que je ne prends pas des
» fictions pour des réalités.

» J'ai trop le scrupule des intérêts en jeu pour me
» faire de telles illusions. Les renforts que je vous
» indique vous seront certainement livrés.

» Orléans doit être pour nous une nouvelle base
» d'opérations, comme le fut Salbris. C'est de là que
» nous devons partir pour opérer le grand mouve-
» ment vers Paris, d'après un plan que nous arrête-
» rons en commun.

» 3° A ce sujet, je vous prie de méditer de votre
» côté un projet d'opérations ayant Paris pour su-
» prême objectif.

» Je ne peux compter que cette préparation im-
» plique pour vous la connaissance préalable des
» projets du général Trochu.

» Nous sommes sans nouvelles, le hasard seul nous
» permet d'une façon tout à fait intermittente d'en
» obtenir : c'est une inconnue de plus dans notre
» problème que nous devons être résolus à vaincre
» comme bien d'autres. Pour cela il suffit de supposer
» une simple chose, c'est que Paris connaît notre

---

[1] Le général Crouzat crut pendant un moment qu'il avait sous ses ordres non-seulement une division détachée du 18ᵉ corps, mais encore la 1ʳᵉ division du 15ᵉ corps, qui devait opérer de concert avec lui. Le général des Paillères, étant le plus ancien, prit le commandement des forces qui devaient marcher sur Pithiviers.

» présence à Orléans, et que dès lors c'est dans
» l'arc de cercle dont Orléans est le point médian
» que les Parisiens seront fatalement amenés à agir.

» Je compte que vous voudrez prendre en consi-
» dération les vues générales mais sûres d'après
» lesquelles nous devons opérer, et veuillez agréer
» l'assurance de mes sentiments affectueux.

» Léon Gambetta. »

Il importe d'appeler l'attention du lecteur sur quelques passages de cette lettre.

Il faut, dit le ministre, « continuer cette salutaire » éducation et l'étendre. Il est bien clair que vous » ne pouvez accomplir ce travail avec précipita- » tion, etc... » Ces recommandations n'annoncent- » elles pas de sa part, que rien ne troublera de quelque temps ces préparatifs d'éducation militaire, et que l'on pourra s'occuper de l'organisation des corps nouvellement incorporés à l'armée de la Loire?

Le général en chef devait croire que, à moins d'événements imprévus, rien ne viendrait changer les projets du ministre.

« Orléans doit être pour nous une nouvelle base » d'opérations, dit plus loin M. Gambetta, comme le » fut Salbris. C'est de là que nous *devons partir* pour » opérer le grand mouvement vers Paris, d'après un » plan que *nous arrêterons* en commun. »

Cette lettre, qu'on le remarque bien, est du 20 novembre. Le général en chef a plusieurs fois répété, dans le cours de ce récit, que le ministre n'avait encore donné aucun ordre de marcher sur

Paris, et que, bien au contraire, le seul ordre reçu avait été de se retrancher en avant d'Orléans. Ce qui précède ne vient-il pas confirmer l'affirmation du général d'Aurelle? Pourquoi donc lui reprocher de ne pas avoir suivi les instructions du gouvernement de Tours, puisque tout prouve que ces instructions n'ont existé que dans l'imagination de M. de Freycinet?

Est-il besoin de commenter davantage cette lettre si claire, si explicite? Ne prouve-t-elle pas avec la dernière évidence qu'en restant devant Orléans après la victoire de Coulmiers, le général d'Aurelle n'a fait que remplir les intentions du ministre, conformes d'ailleurs à ses propres convictions?

Et quel sens donner à cet autre passage :

« Je vous prie de méditer de votre côté un projet
» d'opérations ayant Paris pour suprême objectif. »

Il est donc bien évident que jusque-là aucun projet n'avait encore été formé.

LIVRE QUATRIÈME.

OPÉRATIONS SUR PITHIVIERS.
COMBAT DE BEAUNE-LA-ROLANDE.

Situation du 18ᵉ corps. — Du commandement de ce corps. — 20ᵉ corps; il est mis sous le commandement du général Crouzat. — Dépêche de M. de Freycinet, annonçant que le mouvement sur Pithiviers sera fait par le général des Paillères et le général Crouzat. — Autographe de M. de Freycinet. — Le général Fiéreck est remplacé dans le commandement de l'armée de l'Ouest par le capitaine de vaisseau Jaurès. — Observations du général en chef au ministre sur le mouvement vers Pithiviers. — Le 17ᵉ corps prend part aux opérations militaires. — Le général Durrieu est remplacé dans son commandement par le général de Sonis. — Le prince de Joinville se présente au quartier général de l'armée de la Loire. — Le capitaine de Langalerie, aide de camp du général en chef, le reçoit, et obtient qu'il ne cherche pas à voir le général d'Aurelle. — Nouvelle lettre du ministre maintenant ses ordres, sauf de légères modifications, au sujet de l'opération sur Pithiviers. — Dépêches du ministre. — Lettre du général d'Aurelle au ministre, du 23 novembre. — Dépêches du 24 novembre aux généraux des Paillères et Crouzat. — Le général Durrieu est appelé à Tours. — M. de Freycinet dirige l'opération de Beaune-la-Rolande. — Combat de Maizières, du 24 novembre. — Les vivres destinés au général Crouzat sont arrêtés par le général des Paillères. — Artenay, abandonné pendant quelques heures, est visité par l'ennemi. — Lettre au général des Paillères. — Visite des bivouacs des 2ᵉ et 3ᵉ divisions du 15ᵉ corps. — Engagement des francs-tireurs Cathelineau à Neuville-aux-Bois. — Dépêche du ministre au général Crouzat, du 24 novembre. — Le général des Paillères reçoit l'ordre de se masser à Chilleurs-aux-Bois. — Observations du général d'Aurelle au sujet de l'opération sur Pithiviers. — Le 18ᵉ corps reçoit l'ordre de s'emparer de Montargis et de se relier ensuite au 20ᵉ corps. — Nouveaux ordres du ministre. — Combat de Beaune-la-Rolande, 28 novembre. — Héroïsme des mobiles du 20ᵉ corps. — Décret du gouvernement portant que le 18ᵉ corps a bien mérité de la patrie. — Dénûment du 20ᵉ corps; dépêche du général Crouzat au ministre. — Réponse brutale de M. de Freycinet. — Cérémonie célébrée, le 27 novembre, à la cathédrale d'Orléans. — Combat de Brou, livré par le général de Sonis avec le 17ᵉ corps. — Évacuation de Châteaudun pendant la nuit; le 17ᵉ corps se débande dans cette marche de nuit. — Effroi de la délégation du gouvernement. — Lettre du général d'Aurelle au général de Sonis. — L'ennemi fait une reconnaissance sur la Conie, le 29 novembre. — Combat de Terminiers. — Dépêche du général Chanzy annonçant une attaque pour le lendemain matin; ordres donnés pour se préparer à la recevoir. — L'attaque n'a pas lieu.

A partir du 20 novembre, les événements allaient se presser et marcher avec rapidité.

Contrairement à tout ce que la lettre de M. Gambetta avait fait pressentir au général en chef, dès le lendemain, il recevait de M. de Freycinet des instructions pour préparer un mouvement offensif sur Pithiviers.

Rien n'indiquait l'urgence, ni même la nécessité de ce mouvement. M. de Freycinet assure dans son livre, qu'en le faisant exécuter, il songeait déjà à la marche de l'armée de la Loire vers Paris, pour donner la main au général Trochu.

Ce mouvement devait être effectué par le 18ᵉ corps d'armée, qui s'organisait à Nevers et qu'on venait d'appeler à Gien.

Voici la situation de ce corps envoyée au général en chef par le ministre de la guerre :

18ᵉ CORPS D'ARMÉE.

Commandant : ABDELAL, général de division.
Chef d'état-major général : BILLOT, colonel d'état-major.
Commandant de l'artillerie : CHARLES, colonel.

Chef d'état-major de l'artillerie : D'Artiguelongue, lieutenant-colonel.
Commandant le génie : De la Berge, colonel.
Chef d'état-major du génie : Goury, lieutenant-colonel.
Intendant : Huot de Neuvier, intendant militaire.
Prévôt : Croux, chef d'escadron de gendarmerie.

1re division d'infanterie.

Commandant : Feillet-Pilatrie, général de brigade.
Chef d'état-major : De Sachy, lieutenant-colonel.
Commandant de l'artillerie : Alips, chef d'escadron du train d'artillerie.
Commandant le génie : De Vignet, chef de bataillon.
Sous-intendant : Chapel, sous-intendant militaire.
Prévôt : Louis, capitaine de gendarmerie.

1re brigade.

Commandant : Gadet, général de brigade.
    9e bataillon de marche de chasseurs à pied.
    42e régiment de marche d'infanterie.
    19e régiment de garde nationale mobile (Cher).

2e brigade.

Commandant : N.
    44e régiment de marche d'infanterie.
    73e régiment de garde mobile (Loiret, Isère).

Artillerie
- mixte. { 13e régiment d'artillerie, 13e batterie.
          2e régiment du train d'artillerie, 17e compagnie.
- mixte. { 13e régiment d'artillerie, 14e batterie.
          2e régiment du train d'artillerie, 17e compagnie *bis*.
- 9e régiment d'artillerie, 20e batterie.

Génie..... 1re section de la 7e compagnie *bis* du 1er régiment du génie.

2e division d'infanterie.

Commandant : Penhoat, contre-amiral.
Chef d'état-major : De l'Espée, lieutenant-colonel.

Commandant de l'artillerie : Bléhaut, chef d'escadron d'artillerie.
Commandant le génie : de Casanove, chef de bataillon.
Sous-intendant : Tranchard, sous-intendant militaire.
Prévôt : Bablon, lieutenant de gendarmerie.

1re brigade.

Commandant : Perrin, colonel de l'armée auxiliaire.
    12e bataillon de marche de chasseurs à pied.
    52e régiment de marche d'infanterie.
    77e régiment de garde mobile (Tarn, Maine-et-Loire, Allier).

2e brigade.

Commandant : Perreaux, général de brigade de l'armée auxiliaire.
    92e régiment d'infanterie de ligne.
    Régiment de marche d'infanterie légère d'Afrique.
    80e régiment de garde mobile (Deux-Sèvres, Ardèche, Isère).

Artillerie.
    9e régiment d'artillerie, 21e batterie.
    2e régiment d'artillerie, 22e batterie.
    13e régiment d'artillerie, une batterie.

Génie. . . . 2e section de la 7e compagnie *bis* du 1er régiment du génie.

3e DIVISION D'INFANTERIE.

Commandant : N.
Chef d'état-major : N.
Commandant de l'artillerie : Dolisie, chef d'escadron.
Commandant le génie : Girard, chef de bataillon.
Sous-intendant : Martinié, sous-intendant militaire.
Prévôt : Plasseraud, lieutenant de gendarmerie.

1re brigade.

Commandant : N.
    4e régiment de marche de zouaves.
    81e régiment de garde mobile (Charente-Inférieure, Cher, Indre).

2ᵉ brigade.

Commandant : MARCQ SAINT-HILAIRE, colonel de l'armée auxiliaire.
   53ᵉ régiment de marche d'infanterie.
   82ᵉ régiment de garde mobile (Vaucluse, Drôme, Lyon).

ARTILLERIE.
  8ᵉ régiment d'artillerie, une batterie.
  10ᵉ régiment d'artillerie, une batterie.
  14ᵉ régiment d'artillerie, une batterie.

GÉNIE. . . . 1ʳᵉ section de la 5ᵉ compagnie *bis* du 3ᵉ régiment du génie.

DIVISION DE CAVALERIE.

Commandant : BRÉMOND D'ARS, général de division.
Chef d'état-major : VINCENT, chef d'escadron.
Sous-intendant : GENTY, sous-intendant.
Prévôt : DARRAS, lieutenant de gendarmerie.

1ʳᵉ brigade.

Commandant : CHARLEMAGNE, général de brigade.
   2ᵉ régiment de marche de hussards.
   3ᵉ régiment de marche de lanciers.

2ᵉ brigade.

Commandant : GUYON-VERNIER, général de brigade.
   5ᵉ régiment de marche de dragons.
   5ᵉ régiment de marche de cuirassiers.

RÉSERVE D'ARTILLERIE.

Commandant : DE MIRIBEL, lieutenant-colonel de l'armée auxiliaire.

Mixte.
  Marine.
  2ᵉ régiment du train d'artillerie, 18ᵉ compagnie principale.

Mixte.
  Marine.
  2ᵉ régiment du train d'artillerie, 18ᵉ compagnie *bis*.

Mixte. { Garde nationale mobile (Isère).
2ᵉ régiment du train d'artillerie, 19ᵉ compagnie principale.

Mixte. { Garde nationale mobile.
2ᵉ régiment du train d'artillerie, 19ᵉ compagnie *bis.*

19ᵉ régiment d'artillerie, 16ᵉ batterie.
19ᵉ régiment d'artillerie, 17ᵉ batterie.
7ᵉ régiment d'artillerie, 21ᵉ batterie.

PARC.

Directeur : Delherbe, chef d'escadron d'artillerie.
Détachement à pied de la marine.
Détachement du 1ᵉʳ régiment du train d'artillerie (réserves divisionnaires).

RÉSERVE DU GÉNIE.

2ᵉ section de la 5ᵉ compagnie *bis* du 3ᵉ régiment du génie.
Détachement de sapeurs-conducteurs du 3ᵉ régiment du génie.

Le 18ᵉ corps devait opérer sous les ordres du ministre lui-même.

Le commandant en chef de ce corps d'armée avait été d'abord le général Bourbaki. Les difficultés qu'il eut avec le gouvernement de la défense nationale ne lui permirent pas d'accepter ce commandement.

Il fut offert au général Abdelal, qui venait d'être promu général de division; mais il déclina cet honneur pour des raisons de santé.

Le colonel d'état-major Billot, chef d'état-major de ce corps d'armée, le commanda provisoirement pendant quelques jours. Le général Bourbaki, sur les vives instances de M. Gambetta, revint sur sa première détermination, et prit possession de son commandement à la date du 2 décembre.

Le 20ᵉ corps d'armée fut aussi désigné pour coopérer au mouvement sur Pithiviers. Il était commandé par le général Crouzat, bon officier d'artillerie, récemment promu au grade de général de division à titre provisoire.

Ce corps était formé des débris de l'armée de l'Est, commandée par le général Cambriels ; par suite d'une blessure grave reçue à la bataille de Sedan, cet officier général avait dû donner sa démission de ce commandement.

Au général de Cambriels avait succédé le général Michel, qui ne commanda ce corps d'armée que pendant quelques jours et demanda à être remplacé. Enfin le général Crouzat en reçut le commandement.

Ce corps d'armée fut envoyé de Besançon à Chagny par les voies ferrées, et de là à Gien, où il apprit, quelques jours après, qu'il faisait désormais partie de l'armée de la Loire.

Le général d'Aurelle fut donc chargé de donner des ordres au général des Paillères et au général Crouzat, pour les prévenir qu'ils allaient faire un mouvement sur Pithiviers.

Voici la dépêche télégraphique de M. de Freycinet :

Guerre à général d'Aurelle, au quartier général, armée de la Loire.

« Saint-Jean de la Ruelle, 22 novembre,
» 11 heures 55 du soir.

» Suivant avis que vous a porté de Serres et que
» devait compléter un ordre spécial, le général des

» Paillères devra coucher à Chilleurs-aux-Bois après-
» demain soir, jeudi 24 courant. Le général Crouzat,
» de son côté, partant demain des Bordes, devra
» coucher après-demain soir entre Beaune-la-
» Rolande et Juranville. Transmettez-lui cet ordre
» vous-même.

» Vous recommanderez à ces deux généraux de
» s'éclairer très-soigneusement à grande distance, à
» mesure qu'ils approcheront des limites de la forêt,
» puisque l'ennemi poursuit son défilé dans la direc-
» tion de Montargis, Beaumont, Pithiviers.

» *Signé :* DE FREYCINET. »

Comme complément à cet ordre, la dépêche suivante fut adressée au général Crouzat :

Le général d'Aurelle au général Crouzat, à Gien.

« Saint-Jean de la Ruelle, 22 novembre 1870.

» Vous recevrez cette nuit une lettre du ministre,
» qui vous prescrit d'exécuter le mouvement que je
» vous ai déjà annoncé hier (partir demain matin
» de Gien avec 20,000 hommes, aller coucher aux
» Bordes et vous diriger sur Loury). Seulement vous
» devez emmener non pas une partie, mais tout ce
» qui constitue votre commandement.

» Il est bien entendu que vous laissez à Gien tout
» ce qui appartient au 18e corps.

» Accusez-moi réception de cette dépêche. »

Il a été fait mention, dans la dépêche du ministre
du 22 novembre, onze heures cinquante-cinq mi-

Ministère
de la Guerre

Cabinet
du Ministre

Avis

1° Départ de Des Pallières avec une 30ᵉ de mille hommes, dans la direction de Pithiviers, jeudi 23 cᵗ.

2° occupation de Pithiviers, vendredi 24 cᵗ par le même.

Un ordre formel sera envoyé dans la journée du 22 au gᵃˡ d'Aurelles, pour enjoindre d'opérer le mouvᵗ sus-indiqué. Consacrer la journée de demain à exploter parfaitement la région.

Tours le 21 9ᵇʳᵉ 1870

Le Délégué du Ministre de la Guerre.

Cᵗᵉ de Serreys

Monsieur gᵃˡ d'Aurelles.

nutes, d'un avis apporté par M. de Serres. Voici cet avis, cette pièce est assez curieuse pour mériter d'être mise sous les yeux du lecteur :

Avis.

« 1° Départ de des Paillères, avec une trentaine
» de mille hommes, dans la direction de Pithiviers,
» mercredi 23 courant.

» 2° Occupation de Pithiviers, jeudi 24 courant,
» par le même.

» Un *ordre formel* sera envoyé dans la journée du
» 20 au général d'Aurelle, pour enjoindre d'opérer
» le mouvement susindiqué.

» Consacrer la journée de demain à explorer par-
» faitement la région.

» Tours, 21 novembre 1870.

» *Le délégué du ministre de la guerre,*

» C. DE FREYCINET.

Ces mouvements avaient pour but, selon M. de Freycinet, d'opérer une diversion devenue nécessaire pour dégager les provinces de l'Ouest, on pourrait ajouter avec raison, pour protéger Tours, siége de la délégation du gouvernement.

En effet, le duc de Mecklembourg, afin d'attirer à lui l'armée de la Loire, courait de l'Ouest à l'Est, faisait des réquisitions et menaçait tantôt Château-dun, tantôt Nogent-le-Rotrou. Il s'inquiétait peu des troupes réunies vers le Mans, parce qu'elles étaient sans organisation, sans discipline, presque sans chefs, et par conséquent incapables de tenir tête à l'armée allemande.

Le général Fiéreck, qui les commandait, n'avait pour le seconder ni généraux ni officiers supérieurs; presque tous les officiers sous ses ordres, nommés à l'élection, ne connaissaient rien du service militaire; il ne pouvait seul, malgré ses efforts, son intelligence, sa vigueur bien connue, opérer des miracles.

Les bandes qu'il commandait, car on ne saurait leur donner un autre nom, furent attaquées en avant de Nogent-le-Rotrou; ces mobiles indisciplinés s'enfuirent au premier coup de fusil, les uns dans la direction du Mans, les autres vers la Normandie.

Le capitaine de vaisseau Jaurès fut nommé au commandement de cette armée dispersée, en remplacement du général Fiéreck.

Après les plus grands efforts, il parvint à rallier une partie de cette armée, qui fut reconstituée au moyen de détachements venus de toutes les parties de la France, particulièrement de Tours, de Blois et du camp de Conlie. Son artillerie s'éleva bientôt à douze batteries.

On forma ainsi le noyau du 21ᵉ corps d'armée. Le commandant Jaurès fut nommé général de division à titre auxiliaire.

Ces troupes étaient celles qui, d'après la lettre de M. de Freycinet du 19 novembre, devaient bientôt obéir aux directions stratégiques du général en chef. Celui-ci eut la prudence de décliner la responsabilité d'un tel commandement, et les événements n'ont pas tardé à lui prouver qu'il avait agi sagement.

Le général d'Aurelle a été naturellement amené à parler du 21ᵉ corps, parce que les mouvements ordonnés sur Pithiviers ont eu pour cause la déroute de l'armée de l'Ouest[1].

Les ordres de mouvement furent expédiés le 22 novembre, dès qu'ils arrivèrent de Tours, aux généraux des Paillères et Crouzat.

Une nouvelle dépêche du ministre fut adressée, par l'intermédiaire du général en chef, au général Crouzat. Elle complétait les instructions données précédemment :

Le général d'Aurelle au général Crouzat, à Sully.

« Saint-Jean de la Ruelle, 23 novembre 1870,
» 2 heures du matin.

» D'après les ordres du ministre, vous devez aller
» coucher demain soir, 24, entre Beaune-la-Rolande
» et Juranville, et aujourd'hui à Bellegarde.

» La route par Bouzy et Chatenoy, la meilleure et
» la plus courte, a été profondément coupée en deçà
» de Chatenoy, de sorte que vous ne passeriez peut-
» être pas avec de l'artillerie.

» En cas d'impossibilité, passez par Lorris, direc-
» tion sur laquelle on ne me signale pas d'obstacles ;
» faites-la reconnaître.

---

[1] En écrivant ces pages, le général d'Aurelle s'est posé pour principe, de ne jamais traiter les opérations militaires auxquelles il n'a pas pris part; il constatera des faits, mais ne les discutera pas.

» Si vous éprouvez de telles difficultés que vous ne
» puissiez être à Beaune-la-Rolande demain soir,
» faites-moi immédiatement prévenir.

» Éclairez-vous soigneusement à grande distance,
» en vous approchant des limites de la forêt.

» Établissez des postes pour vous relier avec le
» télégraphe. »

Le général en chef ayant assuré l'exécution des ordres du ministre, comme c'était son devoir, s'empressa de lui adresser par lettre ses observations sur l'inopportunité de ce mouvement, au sujet duquel, d'ailleurs, il n'avait pas été consulté.

« Saint-Jean de la Ruelle, 23 novembre 1870.
» 2 heures du matin.

» Monsieur le ministre,

» J'ai reçu la dépêche télégraphique qui me donne
» l'ordre de faire le mouvement sur Pithiviers, avec
» la 1re division du 15e corps et le 20e corps, qui doi-
» vent aller coucher demain, 24, à Chilleurs-aux-
» Bois et Beaune-la-Rolande.

» J'ai donné des ordres en conséquence au général
» des Paillères et au général Crouzat.

» Après avoir pris mes dispositions pour assurer
» l'exécution des ordres que vous m'avez donnés, il
» me reste un autre devoir à remplir, c'est celui de
» vous faire connaître toute ma pensée au sujet de
» l'opération que vous avez prescrite, et sur les con-
» séquences qu'elle peut avoir.

» L'objectif que vous indiquez à M. le général des
» Paillères, à qui je vais confier cette opération, est
» Pithiviers, qui est un des cantonnements de la
» concentration que l'ennemi opère en avant de nous,
» entre Juranville, Sermaises et Pithiviers.

» Il faut donc s'attendre à ce qu'une grande partie
» de ses forces, qu'on doit évaluer au chiffre de 70 à
» 80,000 hommes, vienne au secours des défenseurs
» de Pithiviers, ville assez considérable, protégée en
» avant par un ravin, défendue par un château qui
» ne supporterait certainement pas un siége, mais
» qui devient un obstacle très-sérieux, lorsqu'il est
» occupé et que les défenseurs ont la certitude d'être
» soutenus, au plus tard, dans les vingt-quatre
» heures.

» Pithiviers est une de ces positions dont on ne
» doit s'emparer qu'en la tournant. Le général des
» Paillères ne pourra la tourner par la gauche, parce
» que c'est de ce côté que l'ennemi arrivera en
» force; le général Crouzat aura peut-être plus de
» facilité sur la droite; dans tous les cas, il faut s'at-
» tendre à une lutte d'autant plus sérieuse pour nous,
» que les terres sont détrempées et qu'il est impos-
» sible de faire mouvoir l'artillerie ailleurs que sur
» les chemins ferrés.

» Cette lutte ne manquera pas d'attirer à Pithiviers
» l'armée prussienne; pour ne pas laisser écraser des
» Paillères et Crouzat, nous nous trouverons dans la
» nécessité de nous porter en avant pour les sou-
» tenir.

» Arriverons-nous à temps? Cela est douteux,

» attendu que Pithiviers est plus rapproché des can-
» tonnements prussiens que des nôtres.

» Donc, pour être sûre de soutenir efficacement
» des Paillères et Crouzat, il faut que notre armée
» fasse un mouvement en avant, en même temps que
» les deux généraux marcheront sur Pithiviers.

» La conséquence à tirer de ce qui précède, c'est
» que l'opération proposée ne sera plus restreinte à
» l'occupation de Pithiviers par une portion de
» l'armée, mais deviendrait une bataille générale à
» laquelle prendrait part toute l'armée, et qu'on irait
» livrer à une journée de marche de la position forti-
» fiée que nous avons étudiée et armée avec beau-
» coup de soin.

» Au lieu de rester dans nos lignes, nous irions
» chercher l'ennemi dans les siennes, en nous expo-
» sant à embourber notre artillerie dont nous ne
» pourrions faire usage, vu l'impossibilité absolue
» de la faire marcher en dehors des chemins ferrés.

» Dans de pareilles conditions et avec l'ennemi au-
» quel nous avons affaire, l'opération que vous
» m'avez ordonné d'entreprendre sur Pithiviers ne
» me paraît pas présenter assez de chances de suc-
» cès pour être poursuivie; avec d'autant plus de
» raison que si elle venait à échouer, elle pourrait
» nous placer dans une situation très-grave au point
» de vue militaire et au point de vue moral.

» La position de Pithiviers vaut-elle qu'on joue,
» pour s'en rendre maître, une partie aussi sérieuse?
» C'est une question que je ne fais qu'indiquer, et à
» laquelle le ministre seul peut répondre.

» Telles sont les observations que m'a suggérées
» un examen approfondi du projet dont vous ne m'a-
» vez fait part qu'en me donnant des ordres pour son
» exécution.

» Dans cet examen, où j'ai été guidé par une longue
» expérience des choses militaires, j'ai mis de côté
» toute espèce de considération personnelle, et n'ai
» été inspiré que par l'idée du bien public, et des
» grands intérêts du pays que nous avons à défendre,
» dans une circonstance aussi grave que celle où
» nous nous trouvons.

» Je dois ajouter que le général des Paillères, qui
» est venu conférer avec moi au sujet de ce projet,
» partage tout à fait ma manière de voir, sur l'impos-
» sibilité qu'il y a de se servir de l'artillerie ailleurs
» que sur les chemins ferrés, sur les difficultés de
» toute nature qu'il présente, et les conséquences
» qu'il pourrait avoir.

» Recevez, etc.

» *Signé :* Général D'AURELLE. »

Les mouvements qui s'étaient opérés en avant de Nogent-le-Rotrou avaient vivement ému la délégation de la défense nationale; le ministre de la guerre, pour conjurer le danger qui la menaçait, avait ordonné que le 17ᵉ corps prît part aux opérations militaires, qu'il dirigeait lui-même, pour couvrir Châteaudun.

Le général Durrieu lui parut manquer d'initiative et d'activité. Il le trouvait trop préoccupé de son bien-être personnel, et pas assez du commandement important qui lui était confié.

Ces détails furent révélés au général en chef par M. de Serres, qui se trouvait en ce moment à son quartier général.

Ils sont, d'ailleurs, confirmés par plusieurs dépêches télégraphiques qui seront données plus loin :

Général d'Aurelle à général Durrieu, à Lorges.

« Saint-Jean de la Ruelle, 22 novembre 1870.

» Accélérez par tous les moyens possibles le mou-
» vement en avant de votre 2e division, que vous
» porterez à Binas et Chantôme.

» C'est également vers Binas, jonction des routes
» de Châteaudun et d'Orléans, que vous vous por-
» terez avec votre 1re division.

» Je puis, de là, vous diriger rapidement soit sur
» Châteaudun, soit sur Orléans, suivant les circon-
» stances. »

Le même jour, la dépêche suivante était adressée par le ministre à M. de Serres :

DEUX DESTINATAIRES.   *Copie au général d'Aurelle.*

Guerre à V. de Serres, au quartier général à Villeneuve-d'Ingré.

« Tours, 22 novembre 1870, 4 heures 50 du soir.

» Je ne reçois aucune dépêche de vous. Êtes-vous,
» oui ou non, avec général d'Aurelle ?

» Pourquoi n'a-t-on pas répondu à une question
» quatre fois renouvelée sur le commandement du
» 17e corps? Pourquoi ne me répond-on pas au sujet
» du mouvement que *j'ai indiqué* deux fois pour cou-
» vrir Châteaudun? Dans de pareils moments, les
» communications avec Tours doivent être fréquentes
» et satisfaisantes.

» CH. DE FREYCINET. »

Autre dépêche :

*Le ministre de la guerre à M. le général d'Aurelle,
à Saint-Jean de la Ruelle.* (Dépêche parvenue
avec le chiffre des inspecteurs.)

CONFIDENTIELLE.

« Tours, 22 novembre 1870.

» J'observe beaucoup d'ordres et de contre-ordres
» dans les instructions données au général de Sonis,
» qui me paraît très-bien comprendre la situation.
» Pour couper court à ces fausses manœuvres, je
» vous autorise, si vous y trouvez avantage, à confier
» le commandement du 17e corps au général de
» Sonis, à envoyer le général Durrieu à Tours au-
» près du ministre.

» La présente dépêche vous donne pleins pouvoirs
» à cet égard, comme aussi pour remplacer Durrieu
» par Jauréguiberry, en laissant de Sonis dans son
» commandement actuel. Si donc vous mainte-

14

» nez le *statu quo*, c'est sous votre propre responsa-
» bilité.

» *Signé :* C. DE FREYCINET.

» Pour copie conforme,

» *Le chef du service télégraphique*
» *de l'armée de la Loire,*

» AUBRY. »

A la réception de cette dépêche, le général d'Aurelle fit appeler M. de Serres, pour avoir des explications sur les causes du mécontentement de la délégation de Tours contre le général Durrieu. M. de Serres lui répondit qu'on ne le jugeait pas à la hauteur de la position qu'il occupait, que d'ailleurs il se plaignait souvent, critiquait les ordres qu'il recevait du ministre, et les exécutait mollement ou de mauvaise grâce. Il ajouta qu'il y avait à choisir, pour le remplacer, entre le général de Sonis et l'amiral Jauréguiberry.

De Sonis était un vigoureux colonel de l'armée d'Afrique. Jeune, actif, renommé pour sa bravoure chevaleresque, il avait de grandes qualités de commandement, et savait se faire obéir, grâce à l'ascendant qu'il exerçait autour de lui.

Le général en chef ne le connaissait pas personnellement, mais il savait que sa nomination au commandement du 17e corps d'armée serait accueillie avec faveur par les officiers et les soldats.

Il le désigna donc au choix du ministre, et lui répondit par le télégraphe :

Le général d'Aurelle au ministre de la guerre, Tours.

« Saint-Jean de la Ruelle, 22 novembre 1870.

» Je donne l'ordre au général Durrieu de se rendre
» à Tours auprès de vous, et de remettre, pendant
» son absence, le commandement du 17° corps d'ar-
» mée au général de Sonis, qu'il convient de nommer
» général de division, avant de le placer à la tête du
» 17° corps d'armée. »

Aussitôt après, le général en chef envoyait au général Durrieu et au général de Sonis les dépêches suivantes :

Le général d'Aurelle au général Durrieu, à Lorges.

« Saint-Jean de la Ruelle, 22 novembre 1870.

» D'après les instructions que je reçois du ministre
» de la guerre, veuillez vous rendre immédiatement
» auprès de lui à Tours.
» Pendant votre absence, remettez le commande-
» ment au général de Sonis.

» *Signé* : Général D'AURELLE. »

Le général d'Aurelle au général de Sonis, à Tournoisis.

« Saint-Jean de la Ruelle, 22 novembre 1870.

» D'après les instructions du ministre de la guerre,
» le général Durrieu reçoit l'ordre de se rendre près
» de lui à Tours, et de vous remettre, en son absence,
» le commandement du 17° corps d'armée.
» Je vous en informe directement, pour le cas où

» vous ne pourriez pas correspondre avec lui par le
» télégraphe. Prenez provisoirement la direction des
» opérations.

» *Signé :* Général d'Aurelle. »

A partir de ce moment, le général de Sonis commanda provisoirement le 17ᵉ corps d'armée.

A la date du 22 novembre, il se passa au quartier général un incident qui a longtemps été tenu secret, et le serait peut-être encore, s'il n'avait été rendu public par la personne qui pouvait seule rompre le silence. Vers midi, un étranger arrivait au quartier général; il fut reçu par le capitaine de Langalerie, aide de camp du général en chef : c'était le prince de Joinville.

Il se présentait sous les auspices du général Changarnier, qu'il avait vu récemment en Belgique, et sous les ordres duquel le général d'Aurelle avait longtemps servi en Afrique.

Il demanda au capitaine de Langalerie s'il pouvait espérer d'être employé dans l'armée de la Loire comme volontaire et à un titre quelconque. Il parla de la douleur profonde qu'ils éprouvaient, lui et tous les princes de sa famille, de se voir condamnés à l'inaction, lorsque la patrie était envahie, quand ils brûlaient du désir de verser leur sang pour sa défense.

Il demanda si le général recevrait sa visite.

Le capitaine de Langalerie montra beaucoup d'à-propos : il entrevit tout de suite la position délicate de son général, qui allait se trouver dans l'alternative de refuser ou de manquer à son devoir.

Le capitaine répondit au prince, qu'il avait souvent entendu le général d'Aurelle parler de la répugnance qu'il aurait à changer son rôle de soldat contre celui d'homme politique, et qu'il entrerait forcément dans cette voie s'il déférait à ses désirs.

Il lui fit observer que sa présence à l'armée ne pouvait être tenue secrète, et que du jour où on la connaîtrait, il devenait aux yeux du public un prétendant à la couronne de France, ce qui créerait de nouvelles complications, et serait peut-être une cause de troubles dans le pays.

Il l'engagea donc à ne pas insister pour voir le général d'Aurelle, à lui épargner le regret d'un refus, et à ne pas le placer dans la dure situation de manquer à ses devoirs, en laissant ignorer au gouvernement sa présence à Orléans, ou d'être exposé à le faire arrêter s'il prévenait M. Gambetta.

Le prince partit sans avoir vu le général en chef[1].

Revenons à l'opération ordonnée sur Pithiviers : elle s'était faite, comme on l'a vu, dans de mauvaises conditions, contre l'avis du général en chef et celui du général Martin des Pallières, chargé de l'exécution de ce mouvement.

A la lettre écrite le 23 novembre, à deux heures du matin, et portée à Tours au ministre de la guerre par un officier de l'état-major, le délégué de la guerre répondit, en l'absence du ministre, parti pour le Mans :

[1] Voir aux Pièces justificatives, note 8.

« Tours, 23 novembre 1870.

» Général,

» J'ai lu avec la plus grande attention votre lettre
» de ce jour, que m'a apportée votre officier de l'état-
» major général.

» A vos objections, dont je ne méconnais pas la
» portée, je ferai cette simple réponse :

» Si vous m'apportiez un plan meilleur que le mien,
» ou même si vous m'apportiez un plan quelconque,
» je pourrais abandonner le mien et révoquer mes
» ordres.

» Mais depuis douze jours que vous êtes à Orléans,
» vous ne nous avez, malgré nos invitations réité-
» rées, de M. Gambetta et de moi, proposé aucune
» espèce de plan.

» Vous vous êtes borné à vous fortifier à Orléans,
» selon nos indications, après avoir commencé à
» déclarer que la position n'y serait pas tenable [1].

» Votre avis sur ce point, je me plais à le recon-
» naître, paraît s'être grandement modifié, puisque
» vous ne désirez plus abandonner vos lignes.

» Malheureusement, ce désir, que je comprends,
» n'est pas réalisable. Des nécessités d'ordre supé-
» rieur nous obligent à *faire quelque chose*, et par
» conséquent à sortir d'Orléans.

» Ainsi que M. Gambetta et moi vous l'avons ex-
» pliqué, Paris a faim et veut être secouru. Il ne dé-

---

[1] Il a été fait justice de cette imputation calomnieuse. Voir la lettre du général Borel, en date du 4 novembre, et les observations à ce sujet, page 136.

» pend donc pas de nous de vous laisser passer l'hi-
» ver à Orléans. Je dis : *passer l'hiver,* car il n'y a
» guère de chance que la saison devienne moins mau-
» vaise, pendant trois ou quatre mois, qu'elle l'est
» en ce moment, et que l'ennemi soit moins nom-
» breux autour de vous. Or, le nombre des Prussiens
» d'un côté, et l'humidité du sol d'un autre côté, sont
» les deux objections que vous mettez en avant. Elles
» subsisteront, je le répète, beaucoup plus longtemps
» que Paris n'aura de vivres pour se nourrir. Il faut
» donc sortir de l'immobilité où le salut suprême de
» la patrie nous condamne à ne pas rester.

» A mon avis même, nous aurions déjà dû sortir.
» Nous aurions dû déjà nous porter vers ces positions
» de Pithiviers et de Montargis, qui vous inquiètent
» aujourd'hui si fort, et troubler, par des pointes
» hardies, l'éternel défilé que l'armée de Frédéric-
» Charles a fait au-dessus de vos têtes. Telle a été la
» pensée qui a inspiré ma lettre du 13 novembre,
» celle du 19 novembre, plusieurs dépêches, et enfin
» celle de M. Gambetta, du 20 novembre.

» Je ne puis donc que maintenir, sauf de légères
» variantes introduites en conséquence de votre lettre
» de ce jour, les ordres précédemment donnés pour
» le mouvement de des Paillères et de Crouzat, et je
» vous envoie, en la confirmant, copie de ma dépêche
» de ce soir. Ce mouvement a d'ailleurs été concerté
» avec M. Gambetta, et a sa pleine approbation.

» Agréez, etc..

» *Pour le ministre, le délégué,*
» C. DE FREYCINET. ».

On remarquera dans cette lettre le passage suivant : « Des nécessités d'ordre supérieur nous obligent » à *faire quelque chose.* »

Ce mot explique toute la politique de la délégation de Tours. *Faire quelque chose* est une nécessité.

Il faut éblouir le peuple, même aux dépens de la vérité; lui promettre la victoire, une prompte délivrance, afin de lui rendre supportables les sacrifices immenses d'hommes et d'argent qu'on lui impose.

Quelques modifications furent apportées au projet primitivement ordonné.

Elles furent notifiées par la dépêche télégraphique suivante :

Guerre à général d'Aurelle au quartier général de l'armée de la Loire.

« Tours, 23 novembre, dix heures
» trois quarts du soir.

» J'ai lu votre lettre apportée par capitaine d'état-
» major.

» Des Paillères exécutera demain le mouvement
» prescrit, mais s'arrêtera au-dessous de Chilleurs-
» aux-Bois, sans sortir de la forêt.

» Crouzat exécutera de même demain soir le mou-
» vement prescrit, mais prendra position entre Belle-
» garde et Boiscommun, en faisant occuper Ladon et
» Maizières par des avant-postes.

» L'un et l'autre attendront de nouveaux ordres
» pour aller plus loin.

» Quant à vous-même, il vous appartient de prendre

» des dispositions pour que le départ de des Paillères
» ne vous découvre en quoi que ce soit.

» C. DE FREYCINET. »

Une dépêche télégraphique fut en outre adressée au général en chef, en réponse à sa lettre du 23 novembre 1870, deux heures du matin :

Guerre à général d'Aurelle, quartier général de l'armée de la Loire, Saint-Jean de la Ruelle. Faire suivre.

« Tours, 23 novembre, 3 heures 45 minutes.

» Je me suis concerté avec M. Gambetta, relative-
» ment à votre dépêche de ce matin, neuf heures
» quarante-cinq, et voici la réponse que je suis chargé
» de vous transmettre :
» Nos instructions d'hier soir répondent par avance
» à votre question pour des Paillères. Nous ne de-
» mandons pas en ce moment qu'il dépasse Chilleurs-
» aux-Bois, mais nous demandons simplement qu'il
» se masse entre Chilleurs et Loury sur les points
» qu'il jugera les plus avantageux, et qu'il y attende
» de nouveaux ordres.
» Quant au mauvais état des chemins et à la dissé-
» mination relative des forces qu'entraîne le mou-
» vement simultané vers Montargis, Beaumont, Pi-
» thiviers, nous ne nous les dissimulons pas, mais
» tout plan a ses risques, et nous devons croire qu'ici
» les risques ne sont pas plus grands qu'ailleurs,
» puisque aucun autre plan ne nous a été proposé par

» vous, et que cependant un plan quelconque est
» absolument indispensable, par suite des circon-
» stances supérieures que vous connaissez. Votre
» dessein d'attaquer en toute direction, avec toutes
» vos forces réunies à Orléans, nous est indiqué pour
» la première fois, et quelle qu'en puisse être la va-
» leur intrinsèque, vous remarquerez qu'il est bien
» tard pour y revenir, notre mouvement étant déjà
» fortement engagé.

» Enfin il est permis de penser que les difficultés
» de locomotion, que vous faites valoir à juste rai-
» son, se feront également sentir pour l'ennemi, et ne
» constituent pas dès lors un élément de faiblesse
» spécial au plan en cours d'exécution.

» Vous recommanderez à des Paillères de faire des
» reconnaissances à très-grandes distances. Ainsi, il
» rapporte qu'on a dit que Chambon est occupé; mais
» il devrait le savoir d'une manière positive par ses
» moyens propres. Recommandez-lui aussi d'entre-
» tenir avec vous de bonnes communications, et ne
» laissez pas découvrir autour de vous les positions
» qu'il avait pour mission de garder jusqu'ici.

» *Signé* : C. DE FREYCINET. »

M. le délégué de la guerre comprenait la faute qu'il avait commise, il voyait bien que le mouvement sur Pithiviers était inexécutable. Mais il crut de sa dignité de soutenir son infaillibilité; dans ce but, il modifia par dépêche télégraphique ses ordres antérieurs de la manière suivante :

Sa dépêche disait : « Des Paillères exécutera demain

le mouvement prescrit, mais s'arrêtera au-dessous de Chilleurs-aux-Bois. » Or, le mouvement ordonné était de s'emparer de Pithiviers le 25, tandis que la dépêche prescrivait de rester au-dessous de Chilleurs, c'est-à-dire presque au point de départ.

Des instructions analogues furent données à Crouzat; il devait, ainsi que des Paillères, attendre de nouveaux ordres avant d'aller plus loin. Vanité! puérilité!

Toutefois, cette solution valait mieux que d'avoir persévéré dans un projet dont les conséquences pouvaient être fatales.

Le ministre de la guerre avait recommandé au général en chef, par sa lettre du 20 novembre, d'opérer une permutation entre les 16e et 17e corps d'armée, de manière à avoir plus directement sous la main le 17e corps, pour améliorer son organisation et sa discipline. Il lui fut répondu par la lettre suivante :

« Saint-Jean de la Ruelle, 23 novembre 1870.

» Monsieur le ministre,

» Depuis que j'ai reçu la lettre que vous m'avez
» fait l'honneur de m'écrire, à la date du 20 courant,
» et qui m'a été remise par M. de Serres, j'ai cherché
» par tous les moyens à concentrer le 17e corps d'ar-
» mée près de moi, afin de pouvoir m'occuper de son
» organisation d'une manière spéciale.

» Mais, depuis deux jours, nous sommes tellement
» sous le coup de l'imprévu, soit par les événements
» qui se passent vers Châteaudun, soit par le mouve-
» ment combiné de la 1re division des Paillères et du

» corps du général Crouzat, qu'il m'a été impossible
» d'opérer les divers changements que vous m'aviez
» prescrit de faire. Ces changements se trouvent
» encore forcément ajournés.

» J'espère, d'ailleurs, que le simple contact du
» 17e corps d'armée avec le 15e et le 16e amènera de
» notables améliorations dans la discipline. Je compte
» aussi, je dois le dire, sur l'énergie et la fermeté du
» général de Sonis, qui va se trouver investi du com-
» mandement de ce corps d'armée.

» Cet officier général est digne de votre confiance;
» mais pour que son autorité se trouve fortifiée, il est
» nécessaire qu'il soit nommé général de division.

» Comme vous me le dites, Monsieur le ministre,
» pour que cette interversion des corps d'armée
» puisse se faire, tout est dans le choix du moment
» et de la mesure.

» Avant les ordres donnés au général Crouzat
» pour porter son corps d'armée vers Pithiviers, je
» n'avais reçu de lui qu'une simple dépêche télégra-
» phique, dans laquelle il me disait qu'il était heureux
» de se trouver placé sous mon commandement, et
» qu'il avait avec lui 20,000 hommes de bonnes
» troupes. J'ai lieu de croire qu'il n'avait alors que
» ce chiffre à Gien. Je n'ai donc fait volontairement
» aucune réduction de son effectif. Cette réduction,
» telle que vous l'avez comprise, eût été une injure
» pour ce corps d'armée, et je ne suis pas homme à
» amoindrir le moral de mes soldats.

» Vous me recommandez de méditer un projet
» d'opération ayant Paris pour suprême objectif. La

» solution de ce problème n'est pas la moindre de
» mes préoccupations.

» Pour le résoudre, il faut la coopération et l'en-
» tente commune du gouvernement et de l'armée
» représentée par les chefs que vous avez investis de
» votre confiance.

» En ce qui me concerne, vous pouvez compter
» sur mon dévouement absolu. Dieu veuille mettre
» mes forces à la hauteur de mon dévouement!

» Agréez, etc.

» *Signé* : D'AURELLE. »

En exécution des ordres contenus dans la dépêche télégraphique du ministre, en date du 23 novembre, 10 heures 3/4, le général en chef envoya aux généraux des Paillères et Crouzat des dépêches ainsi conçues :

Le général d'Aurelle au général des Paillères, à Chevilly.

« Saint-Jean de la Ruelle, 24 novembre 1870.

» Par suite de nouvelles instructions du ministre
» de la guerre, vous exécuterez, aujourd'hui 24, le
» mouvement qui vous a été prescrit, mais vous vous
» arrêterez au-dessous de Chilleurs-aux-Bois, sans
» sortir de la forêt. Vous attendrez là de nouveaux
» ordres pour aller plus loin.

» Faites appuyer la 2ᵉ et la 3ᵉ division vers les
» emplacements de la 1ʳᵉ et de la 2ᵉ division. Je pres-
» cris au général Chanzy de faire occuper par le
» 16ᵉ corps l'emplacement de votre 3ᵉ division.

» *Signé :* Général D'AURELLE. »

Général d'Aurelle à général Crouzat, à Châtenoy.

« Saint-Jean de la Ruelle, 24 novembre 1870.

» Par suite de nouvelles instructions du ministre,
» mettez-vous en route aujourd'hui 24, mais prenez
» position entre Bellegarde et Boiscommun, en fai-
» sant occuper Ladon et Maizières par des avant-
» postes. Vous attendrez là de nouveaux ordres.

» Où en êtes-vous de vos vivres? Je me préoccupe
» de cette question. Recommandez à vos hommes de
» ne pas gaspiller leurs approvisionnements.

» *Signé* : Général D'AURELLE. »

*Le général d'Aurelle au général Chanzy, commandant
le 16ᵉ corps, à Saint-Péravy.*

« Saint-Jean de la Ruelle, 24 novembre 1870.

» D'après les instructions du ministre, le général
» des Paillères, avec la première division de son
» corps d'armée, doit partir aujourd'hui 24 pour
» Chilleurs-aux-Bois.

» Afin de remplir le vide laissé par le départ de la
» première division, les deux autres divisions du
» 15ᵉ corps d'armée feront demain un mouvement
» vers la droite, pour prendre les emplacements de
» leurs voisines de droite.

» Vous aurez à combler le vide que laissera la
» 3ᵉ division du 15ᵉ corps entre Gidy et Boulay, en y
» plaçant toutes les troupes de votre 3ᵉ division.

» *Signé* : Général D'AURELLE. »

Les prétentions du délégué de la guerre, qui voulait donner directement des ordres aux commandants des corps d'armée, apportaient chaque jour de nouvelles complications et de nouvelles difficultés dans le commandement.

Le ministre de la guerre avait ordonné au général Durrieu, relevé du commandement du 17ᵉ corps, de partir pour Tours après avoir assuré le service. Donnant à cet ordre une fausse interprétation, il avait conservé le commandement pour le remettre au général de Sonis, et l'attendait à son quartier général, continuant à diriger les opérations.

Le général de Sonis, comme commandant de la cavalerie, était en face de l'ennemi et aux prises avec lui; il ne pouvait donc se rendre auprès du général Durrieu. Il en résultait une confusion préjudiciable aux intérêts du service.

Le général en chef télégraphia au ministre, pour faire cesser cette situation anormale, qui pouvait avoir des conséquences funestes.

Le général d'Aurelle au ministre de la guerre.

« Saint-Jean de la Ruelle, 24 novembre 1870.

» Je croyais que, d'après vos ordres et les miens,
» le général Durrieu était parti pour Tours et que le
» général de Sonis était à la tête du 17ᵉ corps. Mais
» il paraît qu'interprétant mal la dépêche par laquelle
» vous lui prescrivez de ne partir qu'après avoir
» assuré le service, le général Durrieu a cru devoir
» rester jusqu'à l'arrivée du général de Sonis à son

» quartier général. Ce dernier est devant l'ennemi et
» ne peut pas quitter sa position. Il en résulte que le
» 17ᵉ corps a deux commandants en chef, et que de
» Sonis reçoit en même temps des ordres de nous et
» du général Durrieu. Donnez l'ordre à cet officier
» général de se rendre immédiatement à Tours, en
» laissant le service au chef d'état-major. »

Le général Durrieu n'avait pas compris tout d'abord qu'il était relevé de son commandement. Il quitta son quartier général très-mécontent d'une disgrâce qu'il ne croyait pas avoir méritée. Arrivé à Tours, il fit, dit-on, entendre de dures vérités aux membres du gouvernement, leur reprocha avec énergie les malheurs que leur ignorance des choses de la guerre et leur politique d'expédients ne pouvaient manquer d'attirer sur la France.

Il éprouva un tel chagrin de la mesure qui le frappait, que, dès ce moment, sa raison fut ébranlée; elle se ressentira peut-être longtemps encore de cette secousse violente.

Le général Durrieu ne s'était pas facilement prêté aux combinaisons stratégiques du gouvernement de Tours. On le trouvait lent dans ses mouvements, et peu disposé à céder aux exigences du délégué de la guerre.

Le général de Sonis, plein d'élan et de vigueur, brillant au feu, d'un caractère chevaleresque, ne demandait que l'occasion de se mesurer avec l'ennemi.

Devenu commandant du 17ᵉ corps, il fut dirigé

OPÉRATIONS SUR PITHIVIERS.

vers Châteaudun par ordre direct du ministre de la guerre. Cette opération était imprudente.

Le duc de Mecklembourg manœuvrait de manière à lui faire quitter les positions inattaquables qu'il occupait en arrière de la Conie, petite rivière qui forme, sur presque tout son parcours, une défense naturelle.

M. de Freycinet, simple ingénieur, nommé tout d'un coup, par la volonté puissante de M. Gambetta, chef d'état-major général du ministre de la guerre, devait nécessairement, malgré sa modestie, se croire le de Moltke des armées françaises.

N'y avait-il pas, en effet, entre le délégué de la guerre et le major général des armées allemandes quelques points de ressemblance? Ils travaillaient l'un et l'autre sur des cartes, et dirigeaient de leur cabinet les opérations stratégiques les plus savantes!

M. de Freycinet, malgré son intelligence et toute son activité, ne put trouver sans doute le temps de produire au grand jour, pendant la guerre, ses qualités militaires; mais elles se sont révélées, après la campagne, dans le livre intitulé *la Guerre en province*.

La France a payé cher, hélas! cette éducation militaire!

Nous allons donc le voir à l'œuvre, car, ainsi qu'il le dit dans son livre, page 126 : « Les opérations sur » Pithiviers commencèrent le 24 au matin, selon le » plan indiqué. Elles offrirent ce caractère particu- » lier qui, pendant toute la période du 10 octobre » au 9 février, ne s'est retrouvé dans aucune autre

» entreprise, *d'être conduites directement par l'admi-*
» *nistration de la guerre.* »

Pour faire l'historique de cette expédition sur Pithiviers, le général en chef se bornera à reproduire les diverses dépêches échangées entre les généraux qui commandaient sur les lieux et le ministre de la guerre, représenté par son délégué, M. de Freycinet :

L'opération militaire sur Pithiviers est en cours d'exécution. Le général des Paillères s'est transporté au-dessous de Chilleurs-aux-Bois, et le général Crouzat a pris position entre Bellegarde et Boiscommun, avec ordre d'occuper Ladon et Maizières par des avant-postes.

Le 24 novembre au soir, le général en chef expédiait au ministre de la guerre la dépêche ci-après :

« Saint-Jean de la Ruelle, 24 novembre 1870,
» 10 heures du soir.

» Je reçois du général Crouzat la dépêche suivante :
« Ainsi que vous me l'aviez prescrit, j'avais
» établi mon corps d'armée entre Boiscommun et
» Bellegarde. Une tentative que j'ai faite pour occu-
» per Maizières avec un bataillon m'a valu une
» attaque des plus violentes sur la route de Ladon et
» de Beaune-la-Rolande. La fusillade et la canonnade,
» commencées vers onze heures, n'ont cessé qu'à
» trois heures du soir sur la route de Ladon, et à
» quatre heures et demie sur la route de Beaune-la-
» Rolande. Nos pertes sont peu nombreuses, elles
» s'élèvent à une dizaine de tués et environ cinquante
» blessés.

» Les mobiles ont très-bien tenu, mais ils m'ont
» brûlé un nombre infini de cartouches.

» D'autre part, une rencontre a eu lieu à Bois-
» commun entre mes lanciers et des uhlans. Sept
» uhlans ont été tués et plusieurs faits prisonniers ;
» parmi ces derniers sont deux officiers. Malheu-
» reusement le lieutenant-colonel, M. de Brasserie, a
» été blessé et est resté aux mains de l'ennemi avec
» quelques-uns de ses lanciers.

» Je ne sais si l'attaque se renouvellera cette nuit
» ou demain matin. La position est assez difficile, car
» l'ennemi paraît tenir beaucoup à la route de Mon-
» targis à Beaune-la-Rolande et Pithiviers par Ladon.
» J'ai deux divisions entre Montliard et Bellegarde,
» une brigade qui barre la route de Beaune-la-Rolande,
» et une autre qui barre la route de Ladon.

» J'attends vos ordres pour demain. »

Le général en chef ajouta à cette dépêche :

« Ne connaissant pas le but précis des mouve-
» ments que vous avez ordonnés, il m'est fort dif-
» ficile de donner des instructions qui pourraient
» s'écarter de vos intentions.

» En exécutant ces mouvements, les généraux des
» Paillères et Crouzat se trouvent à une très-forte
» journée de marche et ne peuvent pas, par consé-
» quent, se soutenir mutuellement.

» L'attaque faite contre le général Crouzat, et la
» résistance qu'il a éprouvée, font douter qu'il puisse
» continuer son mouvement en avant.

» Dans cette situation, ces deux corps doivent-ils

15.

» se réunir, et quel serait alors leur point de concen-
» tration?

» Dans la crainte que le général Crouzat ne reçoive
» pas ses instructions en temps utile, je vous prie de
» les lui donner directement par le télégraphe, à
» Bellegarde, et de me les faire connaître. »

Aussitôt après, une dépêche télégraphique était expédiée au général Crouzat :

Le général d'Aurelle au général Crouzat à Bellegarde.

« Saint-Jean de la Ruelle, 24 novembre 1870,
» 10 heures du soir.

» J'ai demandé des instructions au ministre. Dans
» la crainte de ne pouvoir vous les transmettre en
» temps utile, j'ai prié le ministre de vous les adres-
» ser directement.

» Dans le cas où elles ne vous arriveraient pas et
» où vous auriez devant vous des forces trop consi-
» dérables, agissez suivant les circonstances et sui-
» vant ce que vous inspirera la prudence. Si vous ne
» pouviez vous maintenir, cherchez à vous rappro-
» cher du général des Paillères qui est à Chilleurs-
» aux-Bois.

» Renseignez-vous sur les routes qui conduisent
» dans sa direction. »

Dépêche adressée au général des Paillères :

*Le général d'Aurelle au général des Paillères, à Chil-
leurs-aux-Bois, par Chevilly.*

« Saint-Jean de la Ruelle, 24 novembre 1870,
» 10 heures du soir.

» Le général Crouzat avait l'ordre de s'établir

» aujourd'hui entre Bellegarde et Boiscommun et
» d'occuper Ladon et Maizières. Il n'a pu occuper
» ces deux derniers points, parce qu'il a trouvé une
» grande résistance de la part de l'ennemi. Le com-
» bat a duré de onze heures à quatre heures et demie.
» Ses pertes sont peu nombreuses : une soixantaine
» d'hommes tués ou blessés. Il a conservé ses posi-
» tions, où il suppose qu'il peut être attaqué demain.

» J'ai prescrit au général Crouzat, dans le cas où
» sa position serait trop difficile, de se rapprocher
» de vous. Mettez-vous en communication avec lui. »

Dépêche à l'intendant en chef :

Le général d'Aurelle à M. Bouché, intendant en chef de l'armée de la Loire, à Orléans.

« Saint-Jean de la Ruelle, 25 novembre 1870.

» Envoyez d'urgence des vivres à Bellegarde au
» général Crouzat, qui en a demandé depuis avant-
» hier.

» *Signé* : Général D'AURELLE. »

Les vivres envoyés au général Crouzat avaient été arrêtés par le général des Paillères, comme on le verra plus loin, ce qui explique le retard signalé dans la dépêche à l'intendant.

Quand le général des Paillères avait quitté ses positions de Chevilly et de Saint-Lyé, pour se porter le 24 sur Chilleurs-aux-Bois, la 2ᵉ division (Martineau) devait faire un mouvement à droite pour venir remplacer la première.

Parti précipitamment, le général des Paillères avait négligé, quoiqu'il en eût reçu l'ordre, de donner des instructions au général Martineau.

Un bataillon du 39ᵉ de ligne occupait Artenay, position très-importante sur la route de Paris à Orléans. Il ne fut pas relevé, et son régiment ayant exécuté le mouvement prescrit sur la droite, Artenay fut abandonné, et une reconnaissance prussienne pénétra dans ce village.

Prévenu de cette négligence par le rapport d'une de nos reconnaissances de cavalerie, le général en chef envoya un autre bataillon reprendre possession de ce poste important.

D'un autre côté, le général Martineau, manquant d'instructions, n'avait pas fait occuper Saint-Lyé; il pouvait donc être surpris pendant la nuit sur sa droite, et la 1ʳᵉ division était exposée à se voir séparée du reste du 15ᵉ corps, par la faute regrettable qui avait été commise.

C'était la première fois, depuis sa formation, qu'on pouvait reprocher à l'armée de la Loire de s'être mal gardée. On a vu, par une dépêche télégraphique du 25 novembre, que l'intendant en chef avait reçu l'ordre d'envoyer d'urgence des vivres au général Crouzat à Bellegarde.

25,000 rations de pain furent retenues à Chilleurs, et n'arrivèrent pas en temps utile à leur destination.

Le général en chef vit avec regret ces infractions aux ordres donnés, et pour en prévenir le retour, il écrivit au général des Paillères la lettre suivante :

« Saint-Jean de la Ruelle, 25 novembre 1870.

» Général,

» Vous êtes parti hier sans assurer le service; le
» général Martineau est arrivé trop tard à Chevilly,
» et, faute d'ordres, il n'a occupé que l'emplacement
» d'une de nos brigades. Je lui ai prescrit d'aller
» occuper dans la nuit la position de Saint-Lyé, entiè-
» rement découverte.

» Le général Martineau n'a encore aucune des
» instructions que vous deviez lui donner.

» Enfin, vous avez pris 25,000 rations de pain des-
» tinées au général Crouzat, et retenu pour votre ser-
» vice les voitures qui devaient les transporter, et le
» général Crouzat manque de vivres pour aujour-
» d'hui.

» Il est impossible d'assurer le service si chacun
» fait à sa guise.

» Dirigez, dès aujourd'hui même, sur Bellegarde
» les 25,000 rations que vous avez retenues à tort.

» Je reçois avis du ministre de prendre les disposi-
» tions préliminaires, en vue de diriger les deux
» autres divisions du 15ᵉ corps de votre côté. Ren-
» seignez-moi sur l'état des routes qu'elles devront
» prendre si ce mouvement s'opère.

» Recevez, etc.

» *Signé* : Général D'AURELLE. »

Les mouvements dont nous venons de parler
avaient été exécutés avec trop de précipitation pour
qu'il n'en résultât pas du désordre. Ils étaient faits

d'ailleurs, à contre-cœur par les généraux de division, mécontents de l'éparpillement des troupes, dont ils comprenaient les inconvénients.

Le général en chef partit vers une heure, avec son chef d'état-major, le général Borel, et son aide de camp, pour visiter les nouveaux bivouacs des 2e et 3e divisions.

La route nationale d'Orléans à Chevilly est pavée sur le milieu de la chaussée; elle était presque impraticable à l'artillerie et aux charrois, car on ne l'entretenait plus depuis le commencement de la guerre. Sur les bas-côtés, les terres piétinées par les troupes rendaient la marche très-difficile à l'infanterie.

Le général rentra le soir satisfait de sa visite, car il avait trouvé le moral des soldats excellent. Ils étaient gais, satisfaits de leur nourriture, et vivaient sans souci du lendemain.

Le colonel de Cathelineau était depuis une dizaine de jours dans la forêt, surveillant l'ennemi, évitant tout engagement inutile, bornant son service, pour le moment, à bien éclairer les environs.

Le 24, en cherchant à masquer le mouvement du général des Paillères, entre Chilleurs-aux-Bois et Loury, ses francs-tireurs furent vivement attaqués par des cavaliers prussiens à Neuville-aux-Bois. Ils repoussèrent l'ennemi avec vigueur et lui firent quelques prisonniers.

Le soir, le général en chef envoyait au colonel de Cathelineau l'ordre de relier la 1re division du 15e corps (des Paillères) au 20e corps (Crouzat).

Le 24 novembre, le ministre de la guerre télégraphiait au général en chef :

Guerre à général d'Aurelle, à Saint-Jean de la Ruelle.

« J'envoie à Crouzat la dépêche ci-après : Demain,
» 25 courant, maintenez vos positions. Retranchez-
» vous solidement à Montliard, Château-des-Marais,
» Boiscommun et Bellegarde, qui me paraissent des
» positions favorables. Occupez les points dominants
» par de l'artillerie. Vous devez commander les trois
» routes de Ladon, Maizières et Bellegarde. Prati-
» quez de grands abatis d'arbres; faites fossés et
» retranchements; entourez-vous de fortifications
» passagères; et pour tous ces travaux vous avez
» pleins pouvoirs pour requérir largement hommes
» et choses. Prenez à cet égard les mesures les plus
» énergiques, nous vous soutiendrons. Pendant ce
» temps, nous faisons avancer le 18e corps sur Mon-
» targis pour vous dégager. Nous vous envoyons de
» l'artillerie d'Orléans. Si, malgré tout, vous ne pou-
» vez tenir dans vos positions sans vous compro-
» mettre, vous rétrograderez lentement vers Château-
» neuf, et vous prendrez de bonnes positions derrière
» le canal d'Orléans.

» Je suis satisfait de vos mouvements jusqu'à pré-
» sent, et vous féliciterez de notre part les mobiles
» sous vos ordres, et vous me signalerez ceux qui
» mériteraient une distinction; mais vous leur recom-
» manderez sévèrement d'économiser leurs muni-
» tions. »

S'adressant au général en chef, il continue :

« En ce qui concerne le général des Paillères,
» donnez-lui vous-même l'ordre de conserver sa posi-
» tion sous Chilleurs-aux-Bois, en s'y massant.

» Prenez toutes vos dispositions préliminaires, en
» vue de diriger les deux autres divisions du 15ᵉ corps
» dans la direction de des Paillères.

» Envoyez d'urgence, par voitures requises, deux
» batteries d'obusiers de montagne à Crouzat. »

Cet ordre fut exécuté, mais avec les plus grandes difficultés et un retard facile à comprendre.

Le général des Paillères, dans sa marche de Chilleurs à Loury, avait trouvé de grands obstacles. Il en informa le général en chef par dépêche télégraphique, dont copie fut envoyée au ministre de la guerre par la lettre suivante :

« Saint-Jean de la Ruelle, 25 novembre 1870.

» Monsieur le ministre,

» J'ai l'honneur de vous adresser, ci-joint, copie
» de la dépêche du général des Paillères ainsi conçue :

Le général des Paillères au général d'Aurelle.

« Loury, 24 novembre 1870.

» Mon convoi tout entier est arrivé à hauteur
» de Saint-Lyé. Le chemin de Saint-Lyé à Loury
» étant plus mauvais encore, demain je serai obligé
» de requérir tous les chevaux du pays pour pouvoir
» l'amener ici. Je ne pourrai donc aller plus loin que
» Chilleurs. J'attendrai des ordres pour exécuter ce

» mouvement. L'ennemi occupe, dit-on, Chambon.
» Aujourd'hui, il a attaqué Neuville-aux-Bois en
» force, avec pièces de canon, cavalerie et infanterie.

» Il a été repoussé par les francs-tireurs de Cathe-
» lineau. Demain un rapport sera envoyé[1].

» Il résulte de cette dépêche que le général des
» Paillères a rencontré dans les mauvais chemins des
» difficultés telles, que, s'il se portait en avant, il ne
» pourrait, dans sa première marche, dépasser Chil-
» leurs. Il ne pourra donc pas arrêter la marche des
» Prussiens, qui s'opère dans la direction de l'ouest.

» La concentration de l'armée prussienne faite, il
» est évident que nous serons attaqués dans nos posi-
» tions qui avaient été bien fortifiées, ainsi que vous
» m'en aviez donné l'ordre. Si le général des Paillères
» occupait ses anciennes positions de Chevilly et de
» Saint-Lyé, il nous serait d'un puissant appui pour
» la résistance, ou pour nous porter en avant, afin
» d'attaquer l'armée prussienne si elle ne vient pas
» à nous.

» Dégarnir Orléans pour se porter ailleurs, c'est
» découvrir notre ligne d'opérations, où se trouvent
» concentrés les immenses approvisionnements des-
» tinés à l'armée de la Loire, et nous exposer à les
» livrer à l'ennemi.

» Des Paillères, ne pouvant que très-lentement
» avancer, perdra un temps considérable. Je serais
» d'avis qu'il rentrât dans ses positions, et que les
» 15ᵉ et 16ᵉ corps réunis, soutenus par Crouzat à

---

[1] Ce rapport ne parvint pas au général en chef.

» notre droite pour empêcher un mouvement tour-
» nant, se portassent à la rencontre de l'ennemi, ou
» allassent le chercher partout où on le trouvera.

» Dans ce mouvement, le 17ᵉ corps me couvrirait
» à gauche, et ce serait peut-être le moyen d'appeler
» à nous la partie de l'armée prussienne qui menace
» Vendôme et Blois.

» Remarquez, Monsieur le ministre, quelle est la
» dissémination de nos troupes appelées à concourir
» au même but, lorsque nous aurions tout avan-
» tage à nous trouver réunis.

» Agréez, Monsieur le ministre, etc.

» *Signé:* Général D'AURELLE. »

En faisant cette tentative si inopportune pour s'emparer de Pithiviers, le ministre de la guerre avait lancé le corps de Crouzat et la division des Paillères dans une entreprise téméraire et des plus aventureuses.

La division des Paillères avait rencontré des chemins qui ne lui permettaient plus d'avancer; artillerie, convois, tout était embourbé à Chilleurs, ainsi qu'on vient de le voir par sa dépêche au général en chef.

Cette division ne pouvait donc prêter appui au corps de Crouzat. Ce corps, malgré la valeur et les efforts de son chef, le dévouement et le courage des soldats mal équipés, mal habillés, dépourvus de chaussures, ne pouvait tenir tête plus longtemps à l'armée allemande.

En vain le délégué de la guerre prodiguait-il dans

ses dépêches les encouragements, les promesses de récompenses pour relever le moral de ces braves soldats, ils devaient nécessairement échouer dans leur entreprise, à cause de leur dénûment, de la rigueur de la température, et surtout parce qu'ils avaient à combattre un ennemi supérieur en nombre.

M. de Freycinet comprenait bien la faute qu'il avait commise, mais son orgueil ne lui permettait pas de retirer des ordres imprudemment donnés, malgré les représentations et les avertissements du général en chef.

Il convient de rappeler que dans sa dépêche au général Crouzat le ministre lui disait: « *Vous avez
» pleins pouvoirs pour requérir largement hommes et
» choses.* Prenez à cet égard les mesures les plus éner-
» giques, nous vous soutiendrons. »

Et plus loin: « *Je suis satisfait de vos mouvements,
» et vous féliciterez de notre part les mobiles sous vos
» ordres, et vous me signalerez ceux qui mériteraient
» des distinctions.* »

Le ministre de la guerre envoyait à la hâte le 18ᵉ corps, venu récemment de Nevers à Gien, pour soutenir le 20ᵉ, et donnait directement ses ordres à son commandant provisoire, le colonel Billot, chef d'état-major.

Le 25, il lui adressait à Boismorand la dépêche télégraphique suivante:

« On nous dit Montargis peu ou point occupé,
» l'ennemi paraissant s'être porté vers Beaumont. Si
» en effet l'ennemi n'est pas en trop grande force à
» Montargis, occupez cette ville, et de là étendez-

» vous vers Saint-Maurice, Montargis formant votre
» droite.

» Barricadez et coupez toutes les routes aboutis-
» sant à Montargis, autres que celles de Ladon et de
» Nogent-sur-Vernisson. Surveillez très-attentive-
» ment la forêt de Montargis, que vous ferez fouiller
» par des francs-tireurs ou des gardes nationaux.
» Vous entrerez immédiatement en relations avec
» le 20ᵉ corps vers Ladon, et vous *attendrez de nou-*
» *veaux ordres*. Il va sans dire qu'en cas de besoin,
» vous prêteriez main-forte à Crouzat. Votre objectif
» ultérieur sera un mouvement de concentration vers
» le 20ᵉ corps. »

Le même jour, il adressait une autre dépêche au général Crouzat à Bellegarde :

« Continuez à garder vos positions jusqu'à ce que
» l'arrivée du 18ᵉ corps à Ladon vous permette d'oc-
» cuper sans danger de bonnes positions vers Beaune-
» la-Rolande. A cette fin, vous vous mettrez en rela-
» tions aussitôt que possible avec le 18ᵉ corps. »

Enfin, le 26 novembre, une dépêche était adressée aux commandants des 20ᵉ et 18ᵉ corps. Elle leur donnait des instructions pour le lendemain.

Guerre à général Crouzat, commandant le 20ᵉ corps, à Bellegarde. Faire suivre. Et à général Billot, commandant le 18ᵉ corps, à Montargis. Faire suivre.

EXTRÊME URGENCE. *Copie pour général d'Aurelle.*

« Tours, 26 novembre, 11 heures 50 du soir.

» Sans nouvelles de vous, je suppose que vous

» occupez l'un et l'autre les positions prescrites dans
» ma dépêche d'hier. Sur cette base, je vous envoie
» pour demain dimanche 27 courant les instructions
» suivantes :

» Vous vous concerterez (Crouzat, Billot) pour agir
» en commun en vue d'occuper avant la nuit Beaune-
» la-Rolande, Maizières et Juranville. — Crouzat
» commandera le mouvement.

» Le 20ᵉ corps (Crouzat) occupera de bonnes posi-
» tions dans le voisinage de Beaune, telles que Ba-
» tilly et Nancray. Le 18ᵉ corps pourra occuper de
» bonnes positions, près Maizières, comme Juran-
» ville, Saint-Loup. On coupera la route de Beau-
» mont à Maizières aussi loin que possible de Mai-
» zières, et on la rendra impraticable sur la plus
» grande longueur.

» On se retranchera avec soin dans les positions
» qu'on occupera et on attendra de nouveaux ordres.

» Envoyez deux fois par jour des dépêches au
» général d'Aurelle et au ministre. »

Ainsi, tous les jours, ces commandants de corps d'armée recevaient directement du délégué de la guerre leurs instructions, avec recommandation expresse, chaque fois, *d'attendre de nouveaux ordres.*

Une position semblable a-t-elle jamais été faite à des commandants de corps d'armée ?

Cette succession de mouvements tantôt en avant, tantôt en arrière, ces temps d'arrêt automatiques exécutés d'après des ordres expédiés chaque jour par le télégraphe, et donnés loin du théâtre des événements, est-ce là de la guerre savante, comme on avait la prétention de le faire croire? N'est-ce pas annihiler cette liberté d'action, cette initiative, ces inspirations que doit avoir, sur le champ de bataille, le commandant d'un corps d'armée?

Il fallait certainement des généraux bien dociles, bien résignés, bien pénétrés de leurs devoirs, pour accepter des commandements dans de telles conditions; mais l'amour du pays donnait le courage de supporter les blessures de l'amour-propre; on ne demandait qu'à verser son sang pour venger les humiliations de la France, et ce n'est pas celui qui toute sa vie a soutenu les principes de la hiérarchie militaire et de la subordination qui pourrait blâmer les généraux d'avoir obéi aux ordres du ministre de la guerre.

Le 28 novembre, le 20ᵉ et le 18ᵉ corps, réunis sous le commandement de Crouzat, attaquent les positions occupées par les Prussiens.

Le 20ᵉ corps enlève Saint-Loup, Nancray et Batilly, mais il est arrêté devant Beaune-la-Rolande. Le 18ᵉ corps s'empare de Maizières et de Juranville, et ne peut arriver qu'à la nuit à Beaune-la-Rolande, pour soutenir le 20ᵉ corps.

Le général Crouzat est forcé de battre en retraite, et fait replier le 20ᵉ corps sur Boiscommun et le 18ᵉ sur Ladon. Les Prussiens, qui étaient restés maîtres de Beaune-la-Rolande, l'évacuent pendant la nuit, mais ils y rentrent le matin, après notre mouvement de retraite.

Dans cette journée, les francs-tireurs de Cathelineau furent très-utiles au 20ᵉ corps, en le couvrant du côté de Courcelles.

Le général d'Aurelle envoya le soir copie au ministre de la guerre de la dépêche télégraphique qu'il venait de recevoir du général Crouzat :

Général d'Aurelle au ministre de la guerre.

« Saint-Jean de la Ruelle, 28 novembre 1870,
» 11 heures 30 du soir.

» Je reçois une dépêche du général Crouzat qui
» m'annonce qu'après avoir occupé les positions de
» Maizières, Juranville, Nancray, Saint-Michel,
» Batilly, et attaqué Beaune-la-Rolande, il a été
» obligé de se replier sur ses anciennes positions,
» par suite de l'arrivée d'une forte colonne ennemie,
» avec beaucoup d'artillerie, venant de Pithiviers. Il
» n'a pas été suivi. Je l'engage à conserver ses
» positions sans reprendre l'offensive. »

Le général en chef, le lendemain 29 à midi, envoya au général Crouzat une dépêche télégraphique ainsi conçue, et copie de cette dépêche au ministre de la guerre :

Général d'Aurelle à général Crouzat, à Bellegarde, et copie au ministre de la guerre, à Tours.

« Saint-Jean de la Ruelle, 29 novembre 1870,
» midi et demi.

» Faites en sorte de vous maintenir dans les posi-
» tions que vous occupez.

» Le 18ᵉ corps, que vous avez laissé à Juranville et

16

» à Maizières, n'est-il pas en danger, et ne convient-
» il pas de le rappeler à Ladon?

» Examinez et décidez. »

Le ministre ordonna que les 18ᵉ et 20ᵉ corps, qui avaient beaucoup souffert, ne reprendraient pas l'offensive; et d'ailleurs ils étaient dans l'impossibilité de le faire.

Nos jeunes mobiles firent preuve d'un courage d'autant plus méritoire, qu'ils avaient à supporter de grandes souffrances produites par leur misère et leur dénûment.

Ils se battirent admirablement; leurs officiers, inexpérimentés, mais jeunes, vigoureux, leur donnèrent l'exemple du courage et du sacrifice. Un jeune sous-lieutenant des mobiles de la Haute-Loire, M. de la Tour-Maubourg, unique héritier d'un grand nom, fut blessé mortellement en combattant à la tête de sa compagnie. Il avait à peine vingt ans. Il excita l'admiration de tous par son courage, son sang-froid et sa résignation. Il écrivit quelques mots à sa mère pour lui faire ses derniers adieux, et mourut en héros et en chrétien.

Les généraux Crouzat et Billot déployèrent des qualités de commandement qui furent appréciées et leur méritèrent des éloges du gouvernement de la défense nationale.

Le 18ᵉ corps d'armée, surtout, fut l'objet d'une faveur particulière, et le décret suivant fut rendu :

« Les membres du gouvernement de la défense
» nationale, considérant que le 18ᵉ corps d'armée, à

» peine formé, composé en grande partie de soldats
» qui voyaient le feu pour la première fois, *et privé*
» *de son commandant en chef*, a cependant, par la fer-
» meté de son attitude, remporté des avantages
» signalés sur l'ennemi à Ladon, Maizières, Beaune-
» la-Rolande, décrètent :

» ART. 1er. Le 18e corps d'armée de la Loire a
» bien mérité de la patrie.

» ART. 2. M. le chef d'état-major Billot, général
» de brigade à titre provisoire, est nommé général
» de brigade à titre définitif.

» M. Feillet-Pilatrie, général de division à titre
» provisoire, est nommé général de division à titre
» définitif. »

Nous devons faire une remarque sur l'article 2 de
ce décret.

M. le général Billot n'y a d'autre qualification que
celle de chef d'état-major. Il n'était donc pas considéré comme le chef du corps d'armée. Qui donc le
commandait? La réponse est facile! M. de Freycinet,
sans courir aucun danger, s'arrogeait les honneurs
de ce commandement, exercé en réalité par le général Billot, qui en avait, lui, les périls et la responsabilité.

Le projet de s'emparer de Pithiviers avait échoué.
Pour expliquer les motifs de cette entreprise, M. de
Freycinet avait prétexté la nécessité de faire une
diversion, afin d'attirer vers l'est l'armée du duc de
Mecklembourg, qui menaçait Châteaudun, Nogent,
Blois et *Tours*.

Cette prétendue diversion ne produisit aucun effet. Le duc de Mecklembourg n'en continua pas moins à dévaster les lieux où il se trouvait alors, sans paraître s'inquiéter beaucoup de ce qui se passait autour de Montargis et de Beaune-la-Rolande.

Après les fatigues éprouvées dans les rudes journées du 27 et du 28, le 20ᵉ corps se trouvait dans une situation déplorable, digne de fixer l'attention du général en chef et du ministre.

Quand le mouvement sur Pithiviers avait été résolu, le général des Paillères devait, comme le plus ancien général de division, en prendre la direction; il avait reçu des ordres en conséquence. Le 29 novembre, il alla visiter le 20ᵉ corps à Bellegarde, et fut vivement impressionné par son dénûment. En rentrant à Chilleurs, il crut devoir en informer le général en chef par la dépêche télégraphique suivante:

Général commandant le 15ᵉ corps à général en chef, à Saint-Jean de la Ruelle.

« De Chilleurs à Saint-Jean de la Ruelle.

» Je viens de rendre visite au 20ᵉ corps: il est dans
» l'état le plus misérable. Il lui manque dix mille
» paires de souliers, du campement complet pour
» dix mille hommes, tentes, couvertures, mar-
» mites, etc., vingt mille havre-sacs. Veuillez le
» recommander à la sollicitude immédiate de l'inten-
» dant en chef. Le moral du corps peut se ressentir
» de ces privations. Vous écrirai à ce sujet.

» *Signé* : Général DES PAILLÈRES. »

Le général d'Aurelle s'empressa d'écrire à l'intendant en chef pour faire cesser sans retard un tel état de choses, et il en rendit compte au ministre, lui demandant d'urgence les moyens de remédier à une pareille misère.

Le général Crouzat, de son côté, fit connaître au ministre et au général en chef le dénûment de ses troupes par la dépêche télégraphique suivante :

Général Crouzat à guerre, Tours, à général d'Aurelle, à Saint-Jean de la Ruelle.

« Bellegarde, 1ᵉʳ décembre 1870.

» Ainsi que je vous l'ai télégraphié hier soir, ma
» 1ʳᵉ division occupe Chambon et la route qui mène
» de Nancray à Nibelle.

» Ma 3ᵉ division est campée en avant de Nibelle,
» se relie à gauche avec la 1ʳᵉ division, et a un ba-
» taillon à Chénault. Ma 2ᵉ division, se reliant à
» gauche avec la 3ᵉ, occupe les routes qui mènent
» de Boiscommun à Nesploy et à Nibelle. Le 18ᵉ corps
» n'occupe pas encore Nesploy, ce qui me serait d'un
» grand secours.

» A la suite des combats de ces six derniers jours,
» mes divisions sont très-affaiblies en hommes, et sur-
» tout en officiers.

» Le 3ᵉ régiment de zouaves de marche a eu à lui
» seul, à Beaune-la-Rolande, 17 officiers tués ou bles-
» sés. Je vous prie de me renforcer mes divisions.
» J'ai un besoin absolu de vingt mille havre-sacs,
» dix mille paires de souliers, dix mille paires de
» guêtres, et du campement pour dix mille hommes.

» Laissez-moi quelques jours de repos pour me
» refaire. Le moral de mes hommes est bon, mais ils
» manquent de trop de choses par le temps froid et
» pluvieux qu'il fait. Les trois bataillons de la Haute-
» Loire, 67e mobiles de marche, n'ont pour tout vête-
» ment que des pantalons et des blouses de toile
» complétement hors de service; comment pour-
» raient-ils, dans ces conditions, résister au bivouac
» au mois de décembre?

» *Signé:* Général CROUZAT. »

Cette dépêche irrita vivement M. de Freycinet. Il avait précipité le général Crouzat dans une entreprise aventureuse qui devait fatalement échouer. Le 20e corps n'était ni constitué ni organisé; il manquait des effets indispensables pour la saison d'hiver.

Le délégué de la guerre n'aurait dû s'en prendre qu'à lui-même de l'insuccès de l'opération sur Pithiviers, car il s'était obstiné à vouloir s'emparer de cette ville, malgré les observations et les avertissements du général en chef.

Au lieu d'accueillir avec bienveillance les demandes du général Crouzat, M. de Freycinet fut dur, brutal, injuste.

Voici sa dépêche :

A communiquer au général d'Aurelle. Guerre à général Crouzat, Bellegarde (Loiret).

« De Tours pour Bellegarde, 1er décembre 1870,
» 2 heures 10 minutes.

» Je reçois votre dépêche de ce soir, huit heures.

» Je ne vous cacherai pas que, faisant suite à celles
» que vous m'avez déjà adressées ces derniers jours,
» elle ne me produit pas une bonne impression.

» Vous me paraissez bien prompt à vous décou-
» rager, et vous n'opposez pas à l'ennemi cette soli-
» dité sans laquelle le succès est impossible. Vous
» me parlez aujourd'hui de quelques jours de repos.
» Il s'agit bien de repos, alors que le général Ducrot,
» moins prompt que vous à s'inquiéter, n'hésite pas
» à nous rejoindre à travers un océan d'ennemis. Il
» faut marcher et marcher vite. Donc, à partir de ce
» moment, et en vue de mettre nos opérations mili-
» taires à l'abri des hésitations possibles du 20ᵉ corps,
» je vous place, vous et votre corps, sous la direction
» stratégique du commandant en chef du 18ᵉ corps.
» Dispensé désormais du soin de former des combi-
» naisons, j'attends de vous que vous emploierez
» toute votre activité et votre énergie à relever le
» moral de vos troupes. Si l'attitude de ce corps con-
» tinuait à paraître aussi incertaine, je vous en con-
» sidérerais comme personnellement responsable, et
» vous auriez à rendre compte au gouvernement des
» conséquences que cette situation pourrait avoir. Je
» m'occupe d'ailleurs des fournitures que vous me
» demandez si tardivement.

» Pour le ministre :

» *Signé :* DE FREYCINET. »

A la réception de cette dépêche adressée à un brave et loyal soldat, le général en chef éprouva une profonde indignation qu'il ne put maîtriser. Il alla

trouver le général Borel, lui présenta cette dépêche en disant : « Voilà de quelle manière M. de Frey-
» cinet écrit à un général. Je ne transmettrai pas cette
» dépêche à Crouzat; c'est un assassinat moral ! »

Le général Borel après l'avoir lue répondit :
» Vous ne faites pas attention qu'elle lui est adressée
» directement, et qu'elle n'est pour vous qu'une com-
» munication; il doit l'avoir reçue maintenant. »

Le général d'Aurelle a vu le général Crouzat long-temps après, et l'impression produite par cette injure imméritée n'était pas encore effacée.

Cette dépêche était d'autant plus inexplicable que le général Crouzat ne faisait que remplir un devoir, en éclairant le ministre sur les besoins de son corps d'armée.

Jusque-là, le gouvernement de Tours n'avait cessé de lui prodiguer des éloges, ainsi qu'on peut s'en convaincre par une dépêche qui contenait les dernières instructions pour assigner des positions au 18° et au 20° corps d'armée, après le combat de Beaune-la-Rolande.

Le général d'Aurelle la place sous les yeux du lecteur, elle forme un contraste frappant avec la dépêche qui a été donnée ci-dessus; elles furent expédiées à vingt-quatre heures d'intervalle:

Guerre à général Crouzat, commandant le 20° corps, et à général Billot, commandant le 18° corps, à Bellegarde. Copie pour général d'Aurelle.

« Tours, 29 novembre, 11 heures 45 du soir.

» Nous sommes très-satisfait de votre vigoureuse

» pointe sur Maizières, Juranville, Beaune-la-Ro-
» lande, qui a pleinement atteint notre but, en arrê-
» tant les mouvements tournants de l'ennemi sur le
» Mans et Vendôme en rappelant ses forces sur son
» centre. Il importe par suite que vous vous concen-
» triez de votre côté et que vous établissiez une rela-
» tion plus étroite avec des Paillères. Vous prendrez
» en conséquence les positions suivantes :

» Crouzat s'établira entre Chambon, Moulin de
» Bezault, Boiscommun, Nibelle, s'appuyant ainsi
» sur les magnifiques positions de la lisière de la
» forêt. Billot s'établira vers Bellegarde et Ladon,
» donnant la main à Crouzat. Le poste de Montargis
» conserverait sa position, et, en cas de menace
» sérieuse, rejoindrait le 18ᵉ corps. Vous avez par-
» dessus tout, et comme premier soin, à vous retran-
» cher dans vos positions. Requérez hommes et choses
» pour les travaux. Nous attendons vos rapports
» sur la journée d'hier pour donner les récompenses.

» *Signé :* DE FREYCINET. »

Là s'arrêtent les réflexions que le général en chef de l'armée de la Loire avait à faire sur les événements qui viennent d'être exposés. Il laisse au lecteur le soin d'en tirer les conclusions que lui suggérera son impartialité.

Nous allons nous reporter en arrière de quelques jours, pour parler brièvement d'une cérémonie qui eut lieu à Orléans le dimanche 27 novembre.

L'habitude était à l'armée de la Loire, que tous les dimanches la messe fût dite à l'église la plus rapprochée du quartier général. Le général d'Aurelle fut informé, par l'aumônier en chef, que le 27 novembre la messe serait célébrée à la cathédrale d'Orléans par Mgr Dupanloup, pour appeler les bénédictions de Dieu sur l'armée de la Loire et sur la France. Une quête pour les blessés et les amputés devait être faite à cette occasion.

Le général en chef accompagné de son état-major, y assista. Un très-grand nombre d'officiers et de soldats de la garnison et des cantonnements voisins s'y étaient également rendus.

La quête donna des résultats inespérés. Un grand nombre de dames, prises au dépourvu et qui voulaient cependant s'associer à une bonne œuvre en faveur de nos soldats mutilés, se dépouillèrent de bijoux précieux et les déposèrent dans les aumônières.

Ce fut une cérémonie touchante. La population d'Orléans, prosternée dans cette immense basilique où s'était autrefois agenouillée Jeanne d'Arc, la vierge de Domremy, unissait ses prières à celles d'un illustre prélat, pour demander à Dieu la fin des malheurs de notre chère patrie!

Retournons à la Conie et au 17° corps. Le général de Sonis avait reçu du gouvernement de Tours l'ordre d'occuper Châteaudun, et de prêter son appui à un corps d'armée nouveau qu'on venait de former, sous le commandement du capitaine de vaisseau Jaurès.

Ce nouveau corps d'armée avait devant lui le duc de Mecklembourg, dont les troupes parcouraient les riches plaines de la Beauce, entre le Mans et Châ teaudun, frappant des contributions, enlevant les troupeaux pour alimenter l'armée allemande sous les murs de Paris.

Le général de Sonis, afin de tenir l'ennemi éloigné de Châteaudun et de la ligne de la Conie, qu'il devait couvrir, saisissait toutes les occasions qui se présentaient pour attaquer les avant-postes allemands.

Le 25 novembre, en faisant une pointe sur Illiers, il rencontra l'ennemi en force, l'attaqua avec son impétuosité habituelle, le culbuta, le poursuivit jusqu'à Brou, et rentra à Châteaudun à la nuit, après une marche pénible qui avait exténué ses troupes; cette marche avait été faite sans sacs.

Le lendemain, des personnes dignes de foi prévinrent le général de Sonis que trois armées, venant de directions différentes et formant des forces très-considérables, devaient l'attaquer et le cerner dans Châteaudun.

En recevant ces nouvelles, il s'empressa de demander des renseignements au général en chef par la dépêche télégraphique suivante :

Général commandant le 17ᵉ corps au général en chef, à Saint-Jean de la Ruelle.

« Châteaudun, 26 novembre 1870.

» Si des renseignements venus de divers côtés et
» que je n'ai pu vérifier sont exacts, les grosses
» forces de l'armée prussienne auraient quitté les en-
» virons de Paris, pour suivre le mouvement sur le
» Mans. Des prisonniers affirment que le prince royal
» était hier à Brou.

» Il en résulte que j'aurais sur les bras des forces
» très-supérieures, ce soir peut-être.

» On m'annonce de deux côtés différents que l'en-
» nemi s'approche de Châteaudun, venant de Cour-
» talin. Je vais partir, faites-moi soutenir. Quoique
» mes troupes soient très-fatiguées, nous ferons notre
» devoir. Il doit être entendu que ma ligne de retraite
» est sur Orléans, par Saint-Péravy.

» On annonce un mouvement concentrique sur
» moi des armées Frédéric-Charles, prince Albert et
» prince royal. Peut-être ces bruits sont-ils exagérés,
» mais la prudence commande d'être prêts à tout.

» *Signé :* DE SONIS. »

Le général d'Aurelle lui répondit sur-le-champ par dépêche télégraphique :

Général d'Aurelle à général de Sonis, à Châteaudun.

« Saint-Jean de la Ruelle, 26 novembre 1870.

» Il m'est impossible de vous renseigner sur les
» forces que vous avez devant vous. Il me paraît peu
» probable cependant que vous puissiez avoir affaire
» au prince royal et au prince Frédéric-Charles.

» Quoi qu'il en soit, votre pointe d'hier peut attirer
» sur vous une concentration de forces. S'il en était
» ainsi, vous ne devriez sortir de Châteaudun, dans
» une direction quelconque, sans vous être d'abord
» assuré que vos flancs ne seront pas débordés et que
» vous n'avez devant vous que des forces pas trop
» supérieures en nombre aux vôtres.

» Vous m'annoncez que vous allez partir, sans me

» faire connaître la direction que vous devez suivre;
» il m'est impossible de vous donner des instructions.
» Je ne puis que vous répéter ce que vous a recom-
» mandé le ministre : soyez prudent, et cherchez à
» vous renseigner.

» Il reste bien entendu qu'en cas de retraite,
» vous devriez vous retirer sur Orléans, par Saint-
» Péravy ou par Binas, suivant que vous le jugerez
» convenable. »

Le général en chef envoya au général Chanzy copie de la dépêche du général de Sonis, et termina ainsi la sienne :

« Observez de ce côté avec grande attention. Si
» de Sonis battait en retraite, prêtez-lui votre appui.
» Toutefois, je crois très-exagérés les renseigne-
» ments qui lui sont donnés sur les forces qu'il peut
» avoir devant lui.

» Que devient Lipowski? Envoyez-le de ce côté. »

Le gouvernement de Tours fut vivement impressionné par ces nouvelles et crut toucher à sa dernière heure. Une grande panique se répandit dans la ville, et sans même s'assurer si les renseignements parvenus étaient certains, le ministre de la guerre télégraphia au général en chef d'envoyer d'urgence à Tours un régiment d'infanterie.

Il n'y avait à Orléans que le 8e de mobiles, commandé par M. de Wast-Vimeux, chef de bataillon.

Ce régiment, arrivé de Gien depuis deux jours, était à peine installé. Le général d'Aurelle donna aussitôt l'ordre au général Peytavin, dont la division était la plus rapprochée, de faire partir sans délai le 33ᵉ de marche, commandé par le lieutenant-colonel Thiéry, et il télégraphia au ministre :

Le général d'Aurelle au ministre de la guerre, à Tours.

» Saint-Jean de la Ruelle, 26 novembre 1870.

» Le général Peytavin m'informe que le matériel
» pour transporter le régiment que vous m'avez de-
» mandé, n'arrivera qu'à quatre heures du soir.
» L'embarquement commencera dès que le train
» sera en gare. »

Le gouvernement de Tours, tenant à rapprocher le 17ᵉ corps de son côté, ne voulut pas que la retraite s'effectuât sur Orléans.
Le général d'Aurelle envoya au général de Sonis la dépêche suivante :

Général d'Aurelle à général de Sonis, à Châteaudun. Faire suivre.

« Saint-Jean de la Ruelle, 26 novembre 1870.

» Le ministre me charge de vous donner l'ordre
» formel de battre en retraite sur Écoman.
» Dans votre situation, examinez s'il n'y aurait pas
» lieu de faire une marche de nuit pour vous dérober,
» et gagner la forêt de Marchenoir.
» N'oubliez pas de donner des ordres pour votre
» convoi et votre parc d'artillerie.

» *Signé* : D'AURELLE. »

Autre dépêche du général d'Aurelle au général de Sonis :

« D'après une dépêche que je reçois du ministre
» et qui a dû vous parvenir en même temps, ce n'est
» pas sur Saint-Péravy, mais sur Binas ou Écoman,
» que vous devez vous retirer en cas de retraite.
» Exécutez les ordres du ministre.
» Dans ce nouvel ordre d'idées, ne vous paraî-
» trait-il pas prudent d'envoyer votre convoi et votre
» parc d'artillerie derrière la forêt de Marchenoir,
» qui doit devenir pour vous un point de ralliement? »

Le général en chef envoya au ministre de la guerre la dépêche suivante :

Le général en chef au ministre de la guerre, à Tours.

« Saint-Jean de la Ruelle, 27 novembre 1870.

» Le général de Sonis ayant reçu l'ordre de battre
» en retraite sur Écoman et la forêt de Marchenoir,
» le corps de Chanzy ne pourrait faire un mouve-
» ment pour protéger cette retraite sans découvrir
» complétement Orléans, où notre situation est déjà
» affaiblie par le départ de des Paillères et d'un ré-
» giment envoyé à Tours. Il est donc indispensable
» que Chanzy conserve ses positions. De Sonis fai-
» sant une marche de nuit, sera probablement au
» jour à Écoman. »

Le général Chanzy fut prévenu de conserver ses positions.

Le général d'Aurelle envoya encore au général de Sonis la dépêche ci-après :

*Le général d'Aurelle au général de Sonis, à Écoman
par Lorges. Envoyer un exprès.*

« Saint-Jean de la Ruelle, 27 novembre 1870,
» 2 heures du matin.

» Le ministre vous recommande de veiller aux
» troupes ennemies qui pourraient déboucher de
» Fréteval sur Écoman. Vous aviez le projet de vous
» établir en bataille sur la route d'Écoman à Binas.
» Ne serait-il pas plus prudent de vous mettre en
» arrière de la forêt, dont vous vous serviriez comme
» ligne de défense?

» Je donne l'ordre à M. Aubry, directeur des télé-
» graphes de l'armée, de transporter de Lorges à
» Marchenoir le bureau télégraphique.

» Reliez-vous par cavaliers avec lui. »

Cet ordre fut immédiatement donné et exécuté.

Le général Chanzy fut prévenu, par la dépêche suivante, que les emplacements assignés à de Sonis étaient changés :

« Saint-Jean de la Ruelle, 27 novembre 1870,
» 2 heures du matin.

» Le général de Sonis va s'établir derrière la forêt
» de Marchenoir. Son corps est peu nombreux, la
» forêt est étendue, et des francs-tireurs lui seraient
» très-utiles pour l'aider à se garder. Envoyez-lui ce
» que vous pourrez. Il serait nécessaire qu'on pût
» faire garder le plus tôt possible Saint-Laurent-des-
» Bois. »

Le général en chef reçut des dépêches du général

de Sonis, qui lui annonçait l'évacuation de Châteaudun, faite dans la nuit du 27 au 28.

Les troupes, après une marche des plus pénibles, s'étaient égarées et débandées. En arrivant à Écoman et à Marchenoir, le général reconnut avec douleur la désorganisation de ses régiments, et s'occupa activement de les rallier.

Quatre compagnies du 48° de marche et une batterie d'artillerie arrivèrent à Tournoisis au milieu de la nuit. Le général Chanzy en avertit le général en chef par dépêche télégraphique. Il reçut l'ordre de les former en détachement sous le commandement du plus ancien officier, et de les diriger sur Saint-Laurent-des-Bois, après leur avoir assuré des vivres.

Le général de Sonis rendit compte au général en chef de cette situation regrettable.

Dans sa lettre, il faisait l'éloge du dévouement de ses officiers, et n'adressait de blâme qu'à lui-même.

Le général en chef lui répondit par la lettre suivante :

« Saint-Jean de la Ruelle, 28 novembre 1870.

» Mon cher général,

» Votre retraite de Châteaudun sur Écoman s'est
» faite avec un peu trop de précipitation, car les ren-
» seignements que vous aviez reçus de la marche de
» l'ennemi, sur trois colonnes différentes, pour vous
» couper et vous entourer, n'étaient pas exacts. L'en-
» nemi ne s'est pas présenté devant Châteaudun le
» lendemain de votre départ.

» Cette retraite, qui s'est opérée pendant la nuit,

» a eu les conséquences qui sont inévitables en pa-
» reille circonstance. Beaucoup d'hommes se sont
» égarés, et ne savaient plus sur quel point ils devaient
» se diriger.

» Le maire de Beaugency me fait connaître qu'il y
» a dans cette ville de 1500 à 2,000 hommes isolés.
» Faites-les rallier au plus tôt en les envoyant cher-
» cher par des officiers, et assurez-leur des vivres.

» Ne vous inquiétez pas de cet insuccès, et n'en
» prenez aucun tourment. Je connais votre valeur
» militaire. Je sais que je puis compter sur votre
» vigueur, sur votre expérience acquise par de bril-
» lants services de guerre, et que, grâce à vos soins,
» le désordre momentané causé par une marche de
» nuit sera bientôt réparé.

» Vous aviez obtenu un brillant succès la veille; à
» la guerre, tous les jours ne sont pas également heu-
» reux, mais un homme tel que vous sait bien vite
» ramener la fortune.

» Recevez, etc.

» *Signé* : Général D'AURELLE.

» *P. S.* Ne faites jamais plus marcher vos troupes
» sans qu'elles aient leur sac, leurs vivres et leurs
» munitions. Cette habitude d'Afrique ne saurait se
» pratiquer dans la guerre que nous faisons, et ne
» pourrait avoir pour nous que des résultats désas-
» treux. »

Les Prussiens ne se présentèrent devant Châteaudun que le lendemain dans la matinée. Ils ignoraient son évacuation; ils l'occupèrent pour la deuxième fois, et y commirent des actes d'une cruauté inouïe.

En apprenant la retraite précipitée des troupes françaises, et le désordre qui l'avait suivie, ils se dirigèrent rapidement et en forces sur Varize. Ils y rencontrèrent les francs-tireurs de Lipowski, qui firent de grands efforts pour défendre le pont de cette ville, et empêcher le passage de la Conie. Ils se battirent en désespérés, et furent obligés de céder devant le nombre, après avoir subi de grandes pertes. La compagnie des francs-tireurs girondins, cernée dans le parc du château de Varize, fut presque entièrement détruite, après une résistance héroïque.

L'armée du duc de Mecklembourg était donc parvenue à franchir la Conie, et à s'emparer des positions avantageuses de la rive gauche que nous avions toujours conservées jusque-là. Des engagements partiels eurent lieu, et les francs-tireurs de la Sarthe, attaqués à Guillonville, entre les deux bras de la rivière, par une forte colonne, durent se replier sur Patay.

Enfin le 29, deux colonnes allemandes, composées d'infanterie, de cavalerie et d'artillerie, vinrent audacieusement attaquer nos cantonnements de cavalerie établis en avant de Villamblain.

Le général Digeard fit, avec sa brigade de cavalerie, de grands efforts pour arrêter ces colonnes, et dut se replier sur Tournoisis.

Le général Chanzy, accouru de Saint-Péravy au bruit du canon, avait emmené le 3ᵉ bataillon de chasseurs à pied, et l'avait porté à Tournoisis. La cavalerie allemande, reçue à l'entrée de ce village par une fusillade des plus vives, mit fin à cette attaque. La nuit était venue.

Le 3ᵉ bataillon de chasseurs à pied et les francs-tireurs de Paris occupèrent les positions en avant de Tournoisis, et y passèrent la nuit.

Le général en chef informa le ministre de ces événements.

Le général d'Aurelle au ministre de la guerre, à Tours.

« Saint-Jean de la Ruelle, 29 novembre 1870,
» 9 heures du soir.

» Aujourd'hui Varize a été attaqué très-sérieuse-
» ment. A la suite de cet engagement, le général
» Chanzy, qui s'était porté vers Tournoisis pour ob-
» server ce qui se passait, me fait parvenir la dépêche
» suivante :

» Je descends de cheval, l'ennemi paraît venir en
» force de Châteaudun sur notre gauche. D'autres
» colonnes sont en avant de nous. Les francs-tireurs
» Lipowski ont été obligés d'abandonner Varize et
» Péronville, après avoir subi des pertes sérieuses.
» La cavalerie a été engagée ce soir entre Tournoi-
» sis et Villamblain. L'ennemi l'a poursuivie jusqu'à
» Tournoisis, où il a été reçu par la fusillade d'un
» bataillon de chasseurs à pied. Il faisait déjà nuit.
» Nous aurons bien certainement quelque chose de
» sérieux demain matin, si même il n'est rien tenté
» cette nuit sur nos postes. Je vais prendre des me-
» sures, et vous écrire dans une heure ou deux.

» Je prends mes dispositions pour repousser une
» attaque.

» Avez-vous des renseignements à me donner sur
» les forces qui peuvent être venues du côté de Châ-
» teaudun? »

En prévision de l'attaque que le général Chanzy annonçait comme à peu près certaine pour le lendemain, le général en chef s'empressa de donner par le télégraphe des instructions à tous les chefs de corps.

*Le général d'Aurelle au général des Paillères,
à Chilleurs-aux-Bois.*

« Saint-Jean de la Ruelle, 29 novembre 1870,
» 10 heures du soir.

» Des renseignements fournis par le général Chanzy
» me font croire à la possibilité d'une attaque pour
» demain, avec des forces considérables, de la part de
» l'ennemi, qui arrive de Châteaudun.

» Si vous entendez le canon de notre côté, ne lais-
» sez pour garder la forêt que les troupes stricte-
» ment nécessaires, et ralliez-nous avec le plus de
» monde possible.

» Faites manger la soupe avant le départ.

» Laissez des cavaliers au poste télégraphique de
» Loury, pour porter des dépêches à Bellegarde et à
» Chambon. »

*Le général d'Aurelle au général Peytavin, à Gidy,
et au général Martineau, à Chevilly.*

« Saint-Jean de la Ruelle, 29 novembre 1870,
» 10 heures du soir.

» Des renseignements que je reçois du général

» Chanzy me font croire à la probabilité d'une attaque
» pour demain par des forces considérables.

» Donnez des ordres pour que la soupe soit man-
» gée à sept heures, et que tout le monde soit prêt à
» prendre les armes dès le matin.

» Donnez des instructions à vos généraux de bri-
» gade et chefs de corps, sur les dispositions à prendre
» pour répondre à une attaque. Dans le cas où les
» forces ennemies seraient trop considérables, c'est
» dans nos lignes retranchées qu'il faudrait surtout
» l'attendre.

» Organisez de bonnes réserves, pour vous en ser-
» vir au moment opportun. Prévenez les batteries de
» la marine de se tenir prêtes. Prévenez aussi vos
» avant-postes. Restez lié le plus possible avec les
» troupes des divisions placées à votre droite et à
» votre gauche.

» Je donne l'ordre au général Dariès de rallier,
» cette nuit même, sa brigade.

» Je donne l'ordre au général des Paillères, dans le
» cas où il entendrait le canon, de venir de votre côté.

» *Signé :* Général D'AURELLE. »

Le général d'Aurelle au général de Sonis, à Marchenoir.

» Saint-Jean de la Ruelle, 29 novembre 1870,
» 10 heures du soir.

» Les renseignements que je reçois de vous et du
» général Chanzy me font croire à la probabilité
» d'une attaque pour demain matin, par des forces
» considérables.

» Dans cette prévision, donnez immédiatement des

» ordres pour que toutes vos troupes se mettent de-
» main matin en marche, à cinq heures, pour se diri-
» ger sur Coulmiers, en passant par Ouzouer-le-
» Marché et Charsonville.

» Renvoyez derrière la forêt de Marchenoir vos
» gros bagages et votre convoi, qui vous rejoindra
» plus tard.

» Pour le surplus, le canon vous servira de guide.

» *Signé* : D'AURELLE. »

Général d'Aurelle au général Peytavin, à Gidy.

« Saint-Jean de la Ruelle, 29 novembre 1870,
» 10 heures du soir.

» Faites prévenir le colonel Chappe, commandant
» la réserve d'artillerie à Cercottes, qu'une attaque
» est probable pour demain matin. Qu'il fasse man-
» ger la soupe à sept heures, et qu'il ait ses batteries
» attelées. Il attendra des ordres.

» Envoyez-lui deux compagnies de soutien. »

Général d'Aurelle au général Dariès, à Orléans.

« Saint-Jean de la Ruelle, 29 novembre 1870,
» 10 heures 30 du soir.

» Donnez l'ordre au 8ᵉ régiment de mobiles, à Or-
» léans, de partir demain matin, le plus tôt possible,
» pour les Barres, où il trouvera le parc d'artillerie
» du 16ᵉ corps; il pourra compléter ses cartouches.

» Partez vous-même de votre personne, de manière
» à pouvoir prendre de bonne heure le commande-
» ment de votre brigade.

» Prévenez le préfet de l'ordre que vous recevez.
» N'envoyez pas de compagnie au ballon captif.

» *Signé :* D'AURELLE. »

Général d'Aurelle à l'intendant en chef, à Orléans.

« Saint-Jean de la Ruelle, 29 novembre 1870,
» 10 heures 45 du soir.

» N'envoyez demain aucun convoi sur les routes
» de Paris, de Châteaudun et de Coulmiers, afin
» qu'elles soient libres. Attaque probable dès le
» matin.

» *Signé :* D'AURELLE. »

Général d'Aurelle à général Crouzat, Bellegarde.

« Saint-Jean de la Ruelle, 29 novembre 1870,
» 10 heures 45 du soir.

» Les renseignements que je reçois me font croire
» à la probabilité d'une attaque par des forces consi-
» dérables pour demain matin.

» Dans cette prévision, je donne l'ordre au géné-
» ral des Paillères de marcher au canon, de nous
» rallier en ne laissant que ce qui est strictement
» nécessaire pour garder les passages de la forêt.

» Je compte sur vous pour couvrir notre flanc
» droit, si nous sommes attaqués, ce que le canon
» vous indiquera.

» *Signé :* D'AURELLE. »

Général d'Aurelle au ministre de la guerre, Tours.

« Saint-Jean de la Ruelle, 29 novembre 1870,
» 11 heures du soir.

» Je viens de donner tous mes ordres en prévision
» d'une attaque pour demain.

» J'ai prescrit à de Sonis de se mettre en marche
» à cinq heures du matin, pour se porter sur Coul-
» miers par Ouzouer-le-Marché et Charsonville, en
» se débarrassant des gros bagages, qu'il enverra à
» Marchenoir.

» Des Paillères a l'ordre de marcher au canon et
» de nous rallier avec le plus de monde possible, tout
» en gardant les passages de la forêt par de forts
» détachements.

» Enfin Crouzat a pour instruction, s'il entend le
» canon, de couvrir notre flanc droit.

» *Signé* : D'AURELLE. »

Général d'Aurelle au général Chanzy, à Saint-Péravy.

« Saint-Jean de la Ruelle, 29 novembre 1870,
» 11 heures 40 du soir.

» J'ai reçu votre dépêche, et, d'après les indica-
» tions que vous me donnez, des ordres ont été expé-
» diés partout pour résister à une attaque.

» En prévision de cette attaque, j'ai prescrit à de
» Sonis de partir demain matin à cinq heures, et de
» se diriger sur Coulmiers, en passant par Ouzouer
» et Charsonville.

» Des Paillères a l'ordre de marcher au canon, et
» de venir nous rallier avec le plus de monde pos-
» sible, tout en gardant cependant les passages de la
» forêt.

» Crouzat est prévenu, et doit appuyer notre droite.
» Je donne l'ordre de faire rallier demain matin aux
» Ormes le 8ᵉ régiment de mobiles.

» *Signé* : D'AURELLE. »

Général d'Aurelle au général Chanzy, à Saint-Péravy.

« Saint-Jean de la Ruelle, 29 novembre 1870, minuit.

» Je n'ai que deux divisions à ma droite, que je ne
» puis dégarnir. Je n'ai donc aucune troupe de sou-
» tien à vous envoyer.

» Le mouvement que j'ai prescrit au général de
» Sonis est fait pour vous appuyer, et vous le serez
» plus tard par le général des Paillères.

» Disputez le terrain pied à pied, et profitez de
» tous les travaux que nous avons fait exécuter.

» *Signé :* D'AURELLE. »

A la dépêche du général en chef, informant le ministre de la guerre des dispositions prises pour résister à l'attaque dont le général Chanzy s'était cru menacé, il fut répondu d'une manière très-affirmative que nous n'avions rien à craindre sur notre gauche.

Le général d'Aurelle s'empressa de communiquer ces renseignements au commandant du 16º corps, par la dépêche suivante :

Général en chef au général Chanzy, à Saint-Péravy.

« Saint-Jean de la Ruelle, 30 novembre 1870,
» 1 heure 15 du soir.

» D'après les renseignements que je reçois du mi-
» nistre, et qu'il me donne avec insistance, nous n'au-
» rions rien à craindre de sérieux sur notre gauche,
» quelle que puisse être la vivacité d'une attaque que
» l'ennemi dirigerait de ce côté. Cette attaque ne

» serait qu'une feinte destinée à masquer un mouve-
» ment de l'ennemi vers l'est.

» Le général Peytavin me rend compte que tout
» est tranquille en avant de lui. Une reconnaissance
» arrivée jusqu'à Terminiers n'a rien vu.

» Le général Martineau m'écrit qu'il n'a rien à
» signaler du côté d'Artenay.

» De Sonis vous est-il signalé sur votre gauche ?

» J'ai besoin de vous voir aujourd'hui, venez dès
» que vous croirez pouvoir vous absenter sans incon-
» vénient. »

L'attaque annoncée par le général Chanzy n'était pas sérieuse; l'ennemi s'était retiré, et n'avait fait qu'une démonstration.

Le commandant du 16° corps dit, dans son ouvrage, p. 55, en parlant de cette fausse attaque : « Ce qui
» venait de se passer sur la route de Châteaudun au
» Mans n'était donc qu'une démonstration, dans le
» but de s'assurer des positions nouvelles que le
» 17° corps avait prises, de constater celles qu'occu-
» pait le 16°, et de nous tromper enfin sur ses véri-
» tables intentions. *Il n'avait point été difficile au
» commandant du 16° corps de pénétrer ses véritables
» intentions.* »

Mais alors, pourquoi jeter imprudemment un cri d'alarme qui eut un tel retentissement, que le général en chef, d'après les renseignements si précis de la dépêche télégraphique du 29 novembre, donnée ci-dessus, dut prendre toutes les dispositions nécessaires pour recevoir la bataille qui lui était annoncée comme imminente?

LIVRE CINQUIÈME.

VILLEPION, LOIGNY, POUPRY, CHEVILLY ET ORLÉANS.

Le ministre fait connaître au général en chef que l'armée doit se tenir prête à se porter en avant. — Visite de MM. Crémieux et Glais-Bizoin à Orléans. — Travaux de défense autour d'Orléans. — Conférence du 30 novembre, à Saint-Jean de la Ruelle. — Ordre aux 2ᵉ et 3ᵉ divisions du 15ᵉ corps. — Ordre du général Chanzy pour la journée du 1ᵉʳ décembre. — Lettre du général Chanzy au général en chef à ce sujet. — Les mesures proposées par le commandant du 16ᵉ corps sont approuvées. — Combat de Villepion. — Rapport du général Chanzy. — Nouvelle de la sortie du général Ducrot. — Dépêche du ministre de la guerre. — Dépêche circulaire à tous les commandants de corps d'armée. — Ordre du jour du général en chef. — Proclamation de M. Gambetta au sujet des événements de Paris. — Le général en chef se rend à Chevilly. — Dépêche envoyée avant son départ à l'évêque d'Orléans. — Le 17ᵉ corps se porte sur Patay. — Instructions données par le général Chanzy pour la journée du 2. — Bataille de Loigny. — La division Barry et la division Maurandy se replient. — Le général Chanzy demande l'appui du 17ᵉ corps. — Héroïsme du général de Sonis et des zouaves pontificaux. — Fin de la bataille. — Combat de Poupry, livré par les 2ᵉ et 3ᵉ divisions du 15ᵉ corps. — Dépêche du général en chef au ministre. — Rapport du général Chanzy sur la bataille de Loigny. — Nécessité de battre en retraite. — Dépêche du ministre du 2 décembre, à quatre heures du soir, mettant les 18ᵉ et 20ᵉ corps sous les ordres du général en chef. — Ordres pour la retraite aux généraux Chanzy, des Paillères. — Bataille de Chevilly. — Relation anglaise. — La démoralisation se met dans l'armée. — Rapport du général Martineau sur la journée de Chevilly. — La 1ʳᵉ division du 15ᵉ corps est attaquée à Chilleurs-aux-Bois; elle bat en retraite en désordre sur Orléans. — Dépêche du général en chef au ministre de la guerre, du 4 décembre, faisant connaître la nécessité de l'évacuation d'Orléans. — Mesures prises à cet effet. — Dépêche du ministre prescrivant de concentrer les corps d'armée. — Nouvelle dépêche du ministre relative à l'évacuation d'Orléans. — Réponse du général en chef. — En apprenant la nouvelle de l'arrivée de la division des Paillères à Orléans, le général d'Aurelle espère pouvoir défendre la ville. — Sa dépêche au ministre. — Dépêche du gouvernement qui laisse au général d'Aurelle le soin de faire exécuter la retraite s'il la juge nécessaire. — Nouvelle dépêche du ministre approuvant les dispositions prises par le général en chef pour défendre Orléans. — La division Peytavin quitte ses positions de Gidy. — Les 16⁰ et 17⁰ corps sont séparés du 15⁰. — L'ennemi se dirige vers Ormes. — Les batteries de marine défendent les abords de la ville. — Le prince de Joinville à la batterie des Acacias. — Le 15⁰ corps passe sur la rive gauche de la Loire. — Le colonel de Marcilly ne prend aucune mesure pour faire sauter les ponts d'Orléans. — Arrivée du 15⁰ corps à la Ferté-Saint-Aubin. — Arrivée à la Motte-Beuvron de l'arrière-garde et du général des Paillères à trois heures de l'après-midi, le 5 décembre. — Panique dans la 2⁰ division. — Le 6, le 15⁰ corps occupe la position de Salbris. — *Le commandement en chef de l'armée de la Loire est supprimé.* — Dépêche du général d'Aurelle au ministre. — Nouvelle dépêche du ministre. — Réponse du général d'Aurelle. — Son départ de Salbris. — Quels étaient ses projets de réorganisation de l'armée. — Note du gouvernement. — Publicité donnée à cette note. — Conclusion.

Le 30 novembre, le général d'Aurelle reçut du ministre de la guerre deux dépêches l'avertissant de se tenir prêt à se porter en avant, mais elles ne contenaient pas d'instructions précises. Le ministre disait que les dispositions devaient être prises pour prendre la direction du nord et du nord-est.

Le général en chef apprit bientôt que le gouvernement attendait, d'un moment à l'autre, l'avis d'une sortie qui lui était annoncée. On n'en avait pas informé le général en chef, vis-à-vis duquel une grande réserve était toujours gardée.

Le général d'Aurelle répondit au ministre par la dépêche télégraphique suivante :

Général en chef au ministre de la guerre, à Tours.

« Saint-Jean de la Ruelle, 30 novembre 1870.

» Je reçois en même temps vos deux dépêches de
» dix heures trente et de onze heures cinquante. Je
» suis prêt à me porter en avant pour prendre l'of-
» fensive avec le 15ᵉ et le 16ᵉ corps, en laissant le
» 17ᵉ devant Orléans.

» Pour exécuter ce mouvement, j'ai besoin d'être
» renseigné par vous sans restriction, et le plus tôt
» possible, afin de pouvoir ordonner le mouvement
» pour le commencer dès demain matin.

» Si je laisse de Sonis, faut-il le placer sur la route
» de Châteaudun ou de Pithiviers ?

» Dois-je appeler des Paillères, qui est à Chilleurs
» avec sa division ?

» Quel doit être le rôle du 18ᵉ et du 20ᵉ corps dans
» cette opération ?

» Vous me parlez de prendre la direction du nord
» et du nord-est ; la première me conduit à Étampes,
» et la deuxième à Pithiviers. Laquelle des deux
» faut-il prendre ? En un mot, où doit être mon
» objectif ?

» *Signé :* D'AURELLE. »

Le général d'Aurelle reçut du ministre cette réponse :

Guerre à général en chef, à Saint-Jean de la Ruelle.

« Tours, 30 novembre, 3 heures 35 du soir.

» Continuez vos préparatifs en vue de vous porter
» en avant, route d'Étampes et route de Pithiviers,

» avec le 16e corps et les deux divisions du 15e, et en
» vue de ramener de Sonis, 17e corps, à Orléans. Ne
» changez pas la position de la division qui est avec
» des Paillères.

» Je vous expliquerai de vive voix ce que nous atten-
» dons de vous, et nous l'étudierons ensemble. Si le
» général Chanzy et même le général des Paillères
» peuvent se trouver à votre quartier général, ce
» soir, à huit heures, sans compromettre en quoi que
» ce soit la sécurité des troupes, je serai charmé de
» les associer à notre conférence. »

Les événements s'étaient succédé avec rapidité depuis deux jours; le général en chef n'avait pu s'occuper que des ordres à donner pour repousser l'attaque dont on s'était cru menacé. Il convient de se reporter en arrière de quelques jours et de faire le récit d'un événement qui offre quelque intérêt au point de vue politique.

MM. Crémieux et Glais-Bizoin, membres du gouvernement de la défense nationale de Tours, ne voyaient pas sans inquiétude M. Gambetta, qui s'était emparé déjà de la dictature civile, vouloir substituer son autorité à celle des généraux, et donner directement des ordres aux corps d'armée.

Nous avons vu qu'il avait ordonné, contrairement à l'avis du général en chef, une attaque sur Pithiviers qui avait amené les combats sanglants et sans résultat de Ladon, Maizières, Juranville et Beaune-la-Rolande. Les 20e et 18e corps avaient été obligés de se replier en arrière des positions conquises.

Ces corps s'étaient affaiblis numériquement par les pertes qu'ils avaient éprouvées, moralement par l'abandon des positions dont on s'était emparé au prix de tant de sang versé; et le 20ᵉ corps surtout, ainsi que l'avaient fait connaître le général des Paillères et le général Crouzat lui-même, était dans la situation la plus déplorable.

Le 17ᵉ corps, qui formait la gauche de l'armée de la Loire, à peine organisé, dut aussi obéir aux ordres directs de M. de Freycinet, alors dans toute son omnipotence.

Le général Durrieu, peu docile à se plier aux volontés du délégué de la guerre, fut remplacé dans son commandement. Le général de Sonis, à peine mis à la tête de ce corps, fut envoyé à Châteaudun. Il obtint un avantage signalé sur les troupes du duc de Mecklembourg auprès de Brou. Des renseignements inexacts jetèrent l'épouvante à Tours; il dut, par ordre du ministre, évacuer la ville le lendemain de son occupation.

L'armée de la Loire se trouvait ainsi dispersée sur une étendue considérable. La droite touchait à Montargis, la gauche à Écoman, à l'extrémité nord de la forêt de Marchenoir : elle était faible partout.

On parlait à Tours du dénûment des troupes, du mécontentement des généraux à cause de leur dissémination.

MM. Crémieux et Glais-Bizoin eux-mêmes, froissés dans leur amour-propre à cause du peu de cas que le dictateur faisait de leurs personnes et de leurs conseils, résolurent de faire acte d'indépendance, de fermeté, et se firent, dit-on, l'écho des plaintes qui leur étaient parvenues.

Ils se rendirent à Orléans, sous le prétexte de porter à l'armée des vêtements provenant de dons et de quêtes faites par les dames de Tours; mais le véritable but de ce voyage était de s'assurer par eux-mêmes de la situation morale de l'armée.

Ils se rendirent au quartier général, à Saint-Jean de la Ruelle, accompagnés du préfet du Loiret, de M. Cochery, ancien député, de M. Baguenault et de quelques autres personnes.

Ils s'attendaient à voir l'armée de la Loire réunie autour du quartier général comme dans un camp d'instruction. Grand fut leur étonnement en apprenant qu'elle occupait une étendue d'une quinzaine de lieues.

Ils demandèrent à voir les troupes les plus rapprochées, et furent conduits à Cercottes, où se trouvaient les batteries de réserve du 15ᵉ corps d'armée. Ils s'entretinrent avec les soldats, goûtèrent leur bouillon, les gratifièrent de quelques pièces d'or, et rentrèrent à Saint-Jean de la Ruelle peu satisfaits de leur visite, car ils auraient désiré voir les troupes et entendre leurs observations.

Les effets qu'ils avaient apportés, consistant en objets de lainage qu'ils espéraient distribuer eux-mêmes, furent remis au sous-intendant du quartier général, qui en fit une répartition entre les régiments.

En rentrant de Cercottes, ils adressèrent quelques questions au général en chef; il ne put leur dissimuler la douleur et le mécontentement qu'il éprouvait en voyant son armée dispersée sur une aussi grande étendue; car cette dispersion rendait illusoire, impossible, une responsabilité que le ministre et son délégué assumaient sur eux-mêmes, en donnant directement des ordres aux deux ailes de l'armée, complétement séparées du centre.

Les travaux exécutés par les artilleurs de la marine touchaient à leur achèvement. Le général en chef, accompagné de ses aides de camp, alla visiter les batteries placées en avant d'Orléans.

Elles étaient au nombre de cinq : une à la Croix-Fleury, au faubourg Saint-Vincent, battant la route de Pithiviers; deux étaient construites au nord de la gare du chemin de fer, et avaient vue sur la route de Paris; une quatrième, à la droite du faubourg Saint-Jean, dominait Saran et Ormes; et enfin la cinquième était construite à la sortie du faubourg Madeleine et commandait la route de la Chapelle.

En avant de ces batteries étaient des tranchées-abris pour l'infanterie, établies avec un soin tout particulier. On avait utilisé d'une manière très-ingénieuse les échalas des vignes, en les plantant sur le talus extérieur, la pointe inclinée vers l'ennemi. Cette défense rendait impossible l'approche de ces tranchées.

Six autres batteries, construites pour les pièces de l'artillerie de réserve, battaient les points que ne pouvaient découvrir les batteries de la marine.

Le général en chef fut très-content de ces travaux et en témoigna sa satisfaction au capitaine de vaisseau Ribourt, qui en avait la direction, ainsi qu'aux officiers de marine et aux ingénieurs qui lui avaient prêté leur concours dévoué et intelligent.

M. de Freycinet arriva le soir au quartier général, ainsi qu'il l'avait annoncé par sa dépêche. Le général Chanzy s'y rendit également.

A neuf heures, les généraux d'Aurelle, Chanzy, Borel, MM. de Freycinet et de Serres, se réunirent en conférence.

La sortie de Paris du général Ducrot était annoncée; cependant on attendait une dernière dépêche qui la confirmât. Les ordres ne devaient être donnés pour se porter en avant qu'après l'arrivée de cette nouvelle officielle, impatiemment attendue par le gouvernement de Tours.

M. de Freycinet exposa les vues du ministre de la guerre, et la nécessité de marcher sans retard à la rencontre de l'armée de Paris, s'avançant vers l'armée de la Loire.

Le temps pressait, on décida qu'il fallait se mettre en mouvement sans délai.

Le général en chef, le général Chanzy et le général Borel exposèrent qu'il y avait danger à faire cette opération avant la réunion des 15ᵉ et 16ᵉ corps. Ils étaient d'avis qu'avant de marcher sur Pithiviers, il fallait battre l'armée allemande qui se trouvait vers Janville, et qu'on ne pouvait sans péril laisser des forces aussi considérables sur notre flanc gauche.

M. de Freycinet soutint avec opiniâtreté que le corps de Chanzy était plus que suffisant pour battre le duc de Mecklembourg, et il finit par déclarer que le plan qu'il indiquait était irrévocablement arrêté par le gouvernement de Tours.

18.

Le général en chef répliqua : « Si on laisse le corps
» de Chanzy faire seul ce mouvement, on l'expose à
» être écrasé. » Malgré les observations du général
d'Aurelle, le projet du ministre fut adopté.

Il consistait à exécuter un changement de front
vers la droite : des Paillères, avec la 1re division du
15e corps à Chilleurs, devait servir de pivot. Le
16e corps avait donc le plus long chemin à parcourir;
le 15e corps (2e et 3e divisions) ne devait avancer que
successivement et au fur et à mesure que le 16e corps
s'emparerait des positions que l'armée allemande
occupait à sa gauche.

Le 17e corps restait devant Orléans pour le couvrir. Les 18e et 20e corps devaient recevoir des
ordres du ministre, en temps opportun, pour
rejoindre le gros de l'armée (15e et 16e corps), par la
route de Beaune-la-Rolande à Pithiviers. C'est dans
ce sens que le général en chef donna des ordres aux
15e, 16e et 17e corps.

Le délégué partit vers dix heures et demie; le
général Chanzy rentra à Saint-Péravy, afin de donner
les ordres nécessaires pour le mouvement qu'il devait exécuter le lendemain.

Le général en chef envoya aux 2e et 3e divisions
du 15e corps la dépêche télégraphique suivante :

*Le général en chef aux généraux Martineau à Chevilly,
Peytavin à Gidy, au colonel Chappe, commandant
la réserve d'artillerie, à Gidy.*

« Saint-Jean de la Ruelle, 30 novembre 1870,
» 11 heures du soir.

» Vos troupes ne bougeront point encore demain.

» Faites donner un jour de vivres à vos hommes et
» faites compléter votre convoi de vivres.

» *Signé :* D'AURELLE. »

M. de Freycinet dit dans son livre, *la Guerre en province*, page 127 : « Les généraux acceptèrent
» comme bonnes les données générales de l'entre-
» prise, à savoir, la mise en marche sur Fontaine-
» bleau par Pithiviers et Beaune-la-Rolande, et la
» coopération des cinq corps d'armée, placés *à par-
» tir du lendemain sous la direction supérieure du
» général d'Aurelle.* »

Cette déclaration est inexacte, et le général en chef la contredit de la manière la plus formelle.

La 1re division du 15e corps, les 18e et 20e corps d'armée durent en effet coopérer au mouvement sur Paris, mais le général en chef ne fut pas informé qu'ils seraient, à partir du lendemain, placés sous sa direction supérieure. Ils continuèrent à obéir aux ordres directs de M. de Freycinet : une dépêche télégraphique, qu'on trouvera plus loin, viendra à l'appui de cette affirmation.

Il savait bien, M. le délégué de la guerre, et le général d'Aurelle ne l'avait pas laissé ignorer, que le premier acte de sa liberté d'action eût été de réunir les trois divisions du 15e corps sous les ordres directs de son commandant le général des Paillères, et qu'il aurait en outre prescrit immédiatement aux 18e et 20e corps de se rapprocher du centre de l'armée.

Le général d'Aurelle a toujours eu la ferme conviction, partagée par tous les officiers généraux sous ses ordres et par tous les gens du métier, que cette armée de la Loire, animée d'un ardent patriotisme et d'un courage éprouvé, pouvait, étant réunie, culbuter l'armée prussienne, qu'elle avait toujours battue à forces égales, et arriver au rendez-vous donné dans la forêt de Fontainebleau.

Les revers furent la conséquence de la dissémination de ses diverses parties.

Que les esprits honnêtes et impartiaux répondent! Sur qui doit peser la responsabilité de ces malheurs?

Le général Chanzy fit paraître, le 1er décembre, l'ordre de marche pour son corps d'armée, et en envoya au général en chef la copie reproduite ci-après :

« Saint-Péravy, 1er décembre 1870.

» Le 16e corps se portera aujourd'hui en avant. Le
» général Michel réunira à dix heures la division de
» cavalerie, moins le régiment qui est à Patay, près
» du hameau de Renneville, et s'avancera jusque sur
» la route de Patay à Guillonville, pour s'établir au
» bivouac à hauteur de la ferme de Pérolait. La bri-
» gade qui est à Tournoisis prendra la direction de
» Patay, en suivant la route qui passe par le hameau
» d'Allonne, après avoir rallié tous les postes de
» cavalerie en avant de Tournoisis. Ses deux bat-
» teries d'artillerie à cheval marcheront avec cette
» colonne. Les bagages, les convois et la réserve
» d'artillerie de la division suivront la route de Saint-

» Péravy à Patay par Lignerolles, et devront partir
» exactement à dix heures pour s'installer entre Patay
» et le bivouac de la cavalerie, à droite et à gauche
» de la route.

» Le bataillon de chasseurs qui est à Tournoisis
» quittera ce village avec la brigade qui s'y trouve,
» et suivra la même route par Allonne, pour rejoindre
» sa division.

» L'amiral Jauréguiberry réunira la première divi-
» sion d'infanterie à Lignerolles, et laissant Patay à
» sa gauche, ira s'établir à Terminiers. Tout le
» matériel roulant de cette division sera dirigé sur
» Rouvray Sainte-Croix, en prenant, s'il est prati-
» cable, le chemin de traverse qui de Lignerolles va
» aboutir à Moret, en arrière de Rouvray.

» La 2e division se réunira à Pezelle, passera par
» le Chêne, Coinces, Brilly, l'Encornes, et établira
» son centre à la Borde-Martin, ayant une brigade à
» droite et à gauche de cette ferme, en avant de la
» route de Terminiers à Sougy.

» Le général Barry fera reconnaître de suite les
» chemins que son artillerie, son ambulance et son
» convoi pourraient prendre pour aller s'établir à l'En-
» cornes. Ce matériel ne suivrait la route de Patay,
» déjà encombrée, que dans le cas où les autres che-
» mins seraient impraticables ou trop fatigants pour
» les attelages.

» La 3e division, réunie à Bricy, passera par Huêtre
» et Trogny, pour s'établir à droite de Sougy, le long
» de l'ancienne route de Chartres.

» L'artillerie, l'ambulance et le convoi de cette

» division suivront la même route et s'établiront,
» l'ambulance et le convoi à Huêtre; l'artillerie à
» Trogny.

» La réserve d'artillerie quittant la Haute-Épine à
» onze heures, après avoir fait reconnaître la route
» de Coinces par le Chêne, prendra de préférence
» cette route pour venir s'établir à Lignerolles. Si ce
» chemin est trop mauvais, elle passera par Saint-
» Péravy.

» L'ambulance du quartier général et le grand
» parc se dirigeront par les Barres, Boulay, sur Bricy
» et Coinces, où ils bivouaqueront. Toutefois, si le
» parc peut de Bricy gagner Huêtre par un chemin
» suffisamment bon, il s'établira à Huêtre de préfé-
» rence à Coinces, et rendra compte au général com-
» mandant le 16e corps.

» Les bagages et le convoi du quartier général pas-
» sant par Saint-Péravy et Lignerolles, iront s'établir
» en deçà de Patay, en s'engageant dans le faubourg
» de cette ville ;

» Le quartier général du 16e corps à Patay ;

» Le quartier général de la cavalerie à Muzelles ;

» Le quartier général de la 1re division à Termi-
» niers ;

» Le quartier général de la 2e division à Rouvray
» Sainte-Croix ;

» Le quartier général de la 3e division à Sougy.

» Les divisions marcheront le plus possible dans
» l'ordre adopté au 16e corps, c'est-à-dire en lignes de
» bataillons en colonne à distance de déploiement,

» l'infanterie à travers champs, l'artillerie autant
» qu'elle le pourra sur les routes et les chemins.

» On prendra au bivouac les mesures nécessaires
» pour se garder à bonne distance.

» Chaque division fera faire en avant de son front
» des reconnaissances qui ne rentreront que quand la
» division tout entière sera établie au bivouac.

» Le général Michel devra faire reconnaître tout
» le pays entre la route de Châteaudun à Janville et
» la position qu'il occupe, en portant son attention
» principalement sur Guillonville, Orgères, Loigny
» et Lumeau.

» Les francs-tireurs du colonel Lipowski iront
» coucher ce soir à Lignerolles; l'escadron d'éclai-
» reurs aux Échelles en avant de Terminiers.

» Les deux sections de montagne marcheront avec
» l'artillerie de la 1re division jusqu'à ce que les
» francs-tireurs aient repris leurs positions en avant
» des lignes. »

En envoyant au général en chef la copie des instructions qu'il avait données à son corps d'armée, le
général Chanzy lui écrivit en même temps la lettre
suivante :

« Quartier général de Saint-Péravy,
» 1er décembre 1870.

« Mon général,

» Je vous ai adressé cette nuit l'ordre qui contient
» mes instructions au sujet du mouvement que le
» 16e corps doit exécuter aujourd'hui pour commen-
» cer l'opération arrêtée hier. Je vous ai fait observer

» que sa marche sur Pithiviers, à l'aile gauche de
» l'armée, pouvait être retardée par les tentatives
» que l'ennemi ne manquerait pas de faire sur notre
» gauche.

» Les reconnaissances poussées ce matin en avant
» de Patay constatent que les forces prussiennes
» signalées hier se seraient maintenues et même ren-
» forcées de Péronville jusqu'à Terminiers par Pru-
» neville, Guillonville et Gommiers, masquant d'au-
» tres forces plus considérables que l'on dit être
» à Villepion, Loigny et Orgères.

» Afin d'assurer mon installation ce soir au nord-
» est de Patay, de Terminiers à Sougy, je fais cou-
» vrir le mouvement d'ensemble du 16ᵉ corps par la
» 1ʳᵉ division et la cavalerie, qui, avant de s'installer
» dans les bivouacs qui leur ont été assignés, recon-
» naîtront l'ennemi à Pruneville, à Guillonville et
» Gommiers, avec l'ordre de le déloger s'il fait mine
» de vouloir y rester.

» Si l'ennemi résiste aujourd'hui et si nous le délo-
» geons de ses positions, il est probable qu'il se reti-
» rera sur celles d'Allaines, Janville et Toury, où il
» a préparé des défenses, et il me paraîtrait imprudent
» de marcher directement sur Artenay et Santilly,
» sans l'avoir forcé à quitter les positions que je
» viens d'indiquer et d'où, s'il s'y maintenait, il pour-
» rait menacer sérieusement notre gauche, et peut-
» être tomber sur nos derrières, s'il était en force de
» ce côté, ou s'il appelait à lui des renforts qui
» bien certainement doivent exister dans cette di-
» rection.

» Je crois donc qu'il est prudent que le 16ᵉ corps
» remonte par Loigny, Tillay-le-Peneux jusqu'à
» Allaines, Janville et Toury, que le 17ᵉ corps éta-
» blisse sa gauche à la Conie, sur la ligne de Patay
» et Sougy, et que le 15ᵉ corps se porte demain sur
» Santilly par Dambron, de façon à s'établir en avant
» de Santilly, en avançant sa droite sur Ruan et
» Aschères-le-Marché.

» Si le 16ᵉ corps peut enlever demain Allaines,
» Janville et Toury, il pourrait s'établir à la fin de
» la journée le long du chemin de fer d'Orléans à
» Étampes, en couvrant sa gauche par une division
» et la cavalerie.

» Après-demain, il marcherait sur Pithiviers, d'a-
» près les instructions que vous me donneriez pour
» me relier avec le 15ᵉ corps, qui, dans ce mouve-
» ment, me paraît devoir appuyer sur sa gauche, de
» façon à être en mesure de prêter son concours au
» 16ᵉ corps, le plus exposé dans cette marche aux
» tentatives que pourrait faire l'ennemi.

» Dès lors, le 17ᵉ corps devrait suivre le mouve-
» ment général et venir s'établir derrière nous, per-
» pendiculairement au chemin de fer d'Étampes, en
» avant d'Artenay, de façon à agir comme réserve,
» si cela était nécessaire, tout en couvrant Orléans.

» *Signé* : Général CHANZY. »

Le général en chef répondit à la lettre du général Chanzy par la dépêche télégraphique suivante :

Général en chef au général Chanzy, à Saint-Péravy.

« Saint-Jean de la Ruelle, 1ᵉʳ décembre 1870.

» Les mesures que vous me proposez sont très-
» sages, et méritent une attention particulière ; mais
» vous devez avant de vous installer d'une manière
» définitive ce soir à votre bivouac, faire couvrir
» le mouvement d'ensemble du 16ᵉ corps par la 1ʳᵉ di-
» vision et la cavalerie, et déloger l'ennemi des posi-
» tions qu'il occupe sur votre gauche.

» Si cette opération réussit, je ne puis d'avance
» vous donner des instructions qui deviendraient
» inutiles.

» Tenez-moi au courant de ce qui se sera passé dès
» que vous le pourrez ; je ne prendrai une déter-
» mination que lorsque je serai bien informé de votre
» situation. »

Les mouvements ordonnés par le général Chanzy au 16ᵉ corps, commencèrent le 1ᵉʳ décembre, vers dix heures du matin.

L'amiral Jauréguiberry avec sa division se porte rapidement sur le village de Gommiers, où l'ennemi s'était solidement établi. Dans sa marche, il a beaucoup à souffrir du feu bien dirigé des batteries prussiennes placées à Terminiers et à Gommiers.

La division de cavalerie du général Michel reçoit l'ordre d'exécuter un mouvement rapide sur la droite de l'ennemi, réussit à le chasser des positions qu'il occupait à Guillonville, et le force à battre en retraite sur Villepion et Faverolles.

La première brigade d'infanterie (général Bourdillon) reçoit l'ordre de marcher résolûment sur le village de Muzelles, qui est enlevé par le 39ᵉ de marche après une vive résistance.

Le village de Gommiers, vigoureusement attaqué par la réserve d'artillerie de la division et le 3ᵉ bataillon de chasseurs à pied, est pris d'assaut avec un remarquable élan.

Le général Chanzy, vers les trois heures, était maître des importantes positions de Guillonville et de Gommiers.

L'ennemi avait concentré ses forces et sa puissante artillerie entre Terminiers, Faverolles et le château de Villepion.

Le général Michel, à la tête de deux brigades de sa division, exécute une conversion à droite, et avec une remarquable sûreté de coup d'œil, dirige ses escadrons de Guillonville sur Faverolles, malgré le feu des batteries établies dans ce dernier village. La rapidité de sa marche lui permet d'affronter les projectiles ennemis sans pertes sensibles.

Débordée sur sa droite, l'aile gauche de l'armée prussienne abandonna la position de Faverolles, sur laquelle arrivait au pas de charge la brigade Bourdillon.

Un bataillon du 39ᵉ de marche, et le 3ᵉ bataillon de chasseurs à pied se firent remarquer par leur élan et leur vigueur.

La nuit approchait. L'amiral Jauréguiberry sentant la nécessité de terminer la journée par un coup de vigueur, ordonne d'enlever à la baïonnette le château de Villepion, où l'ennemi avait concentré tous ses moyens de résistance.

Il est emporté d'assaut par la brigade Bourdillon : 3ᵉ bataillon de chasseurs à pied, 39ᵉ de marche, et un bataillon du 33ᵉ mobiles (Sarthe).

Les résultats de cette journée furent l'occupation de Guillonville, de Gommiers, de Terminiers, de Faverolles et du château de Villepion.

La division Jauréguiberry, à laquelle revenaient les honneurs de la journée, bivouaqua sur les positions conquises.

La division Barry, partie le matin de Pezelle et qui avait dû suivre la direction de Chêne, Coinces, Brilly et la Borde-Martin, n'arriva qu'à la nuit, et ne put prendre part à la lutte.

La journée avait été des plus heureuses.

Le général en chef fut informé des résultats obtenus par dépêche télégraphique :

Général Chanzy au général en chef à Saint-Jean.

« Patay, 1ᵉʳ décembre 1870.

» Le 16ᵉ corps, qui a quitté ses positions à dix
» heures, a trouvé sur sa gauche l'ennemi fortement
» établi de Guillonville à Terminiers par Gommiers.
» Le combat, engagé à midi, s'est prolongé jusqu'à
» six heures du soir. Malgré la résistance énergique
» d'une force d'au moins vingt mille hommes, cava-
» lerie et infanterie, et de quarante à cinquante ca-
» nons, la 1ʳᵉ division a enlevé successivement les
» premières positions ennemies, et ensuite celles de

» Nonneville, Villepion et Faverolles, sur lesquelles
» elle bivouaque cette nuit.

» Partout nos troupes ont abordé l'ennemi avec
» un élan irrésistible. Les Prussiens ont été délogés
» des villages à la baïonnette.

» Notre artillerie a été d'une audace et d'une pré-
» cision que je ne puis trop louer.

» Nos pertes ne paraissent pas sérieuses: celles de
» l'ennemi sont considérables; on recueille des pri-
» sonniers, parmi lesquels plusieurs officiers. Les hon-
» neurs de la journée sont à l'amiral Jauréguiberry.

» L'ennemi s'est retiré dans la direction de Loigny
» et de Château-Cambray : je le suivrai demain.

» Je crois à un grand succès. »

Le général en chef répondit sur-le-champ au commandant du 16ᵉ corps d'armée :

Général en chef à général Chanzy, à Patay.

« Saint-Jean de la Ruelle, 1ᵉʳ décembre 1870,
» 10 heures 2 minutes du soir.

» Je vous félicite sur le succès que vous venez
» d'obtenir. Adressez aussi mes félicitations à l'ami-
» ral sur la vigueur qu'il a déployée. Vous recevrez
» dans la nuit l'ordre de mouvement pour demain.

» Ce mouvement sera à peu près celui que vous
» m'avez indiqué vous-même.

» Je vous fais appuyer par les divisions Peytavin
» et Martineau. Je donne l'ordre au général de Sonis
» d'avoir demain, au jour, une de ses brigades à
» Patay.

» *Signé:* D'AURELLE. »

Quelques instants après, une nouvelle dépêche était expédiée au général Chanzy pour répondre à sa lettre du matin :

Général en chef au général Chanzy, à Saint-Péravy, et au général de Sonis, à Coulmiers.

« Saint-Jean de la Ruelle, 1ᵉʳ décembre 1870,
» 10 heures 11 minutes du soir.

» J'accepte le projet de votre lettre d'aujourd'hui,
» à moins que vous ne le jugiez maintenant imprati-
» cable.

» Remontez donc avec le 16ᵉ corps jusqu'à Allaines,
» Janville et Toury, si vous le pouvez. Je donne
» l'ordre au 17ᵉ corps de se porter à Patay et à
» Sougy. La 3ᵉ division du 15ᵉ corps (Peytavin) vient
» s'établir en avant de Santilly. La 2ᵉ division (Mar-
» tineau) passant par Artenay ira à Ruan, étendant
» sa droite autant que possible jusqu'à Aschères-le-
» Marché ; enfin la 1ʳᵉ division occupera Neuville et
» Chilleurs.

» Le grand quartier général sera à Chevilly de-
» main à onze heures du matin.

» *Signé* : D'AURELLE. »

Le général en chef s'empressa de faire connaître au ministre de la guerre les brillants succès de la journée obtenus par le général Chanzy :

Général en chef au ministre de la guerre, à Tours.

« Saint-Jean de la Ruelle, 1ᵉʳ décembre 1870.

» Le corps d'armée du général Chanzy a été très-
» fortement engagé depuis midi jusqu'à la nuit close.

» Toutes les positions attaquées par la 1re division,
» sous les ordres de l'amiral Jauréguiberry, ont été
» vigoureusement enlevées, malgré une énergique
» résistance.

» Elle est installée sur les positions conquises en
» avant de Villepion et de Faverolles.

» Le général de Sonis a reçu l'ordre de porter une
» de ses brigades à Patay avant le jour.

» Le général Chanzy croit à un grand succès.

» Des fusées aperçues sur ses derrières, du côté
» de la Conie, lui font croire à des renforts ennemis
» venant de Châteaudun.

» Y a-t-il encore des troupes prussiennes de ce
» côté ? »

Le 1er décembre, dans l'après-midi, la nouvelle si impatiemment attendue de la sortie du général Ducrot arriva à Tours. Elle était apportée par un nouveau ballon, *le Jules Favre*.

Une grande victoire avait été remportée sous les murs de Paris !

Le ministre de la guerre annonça cette nouvelle au général en chef :

Guerre à général d'Aurelle, armée de la Loire,
à Saint-Jean de la Ruelle.

« Tours, 1er décembre 1870,
» 5 heures 30 du soir.

» Paris a fait hier un sublime effort. Les lignes
» d'investissement ont été rompues, culbutées avec
» un héroïsme admirable. Le général Ducrot avance

» vers nous avec son armée décidée à vaincre ou à
» mourir. Il occupe aujourd'hui les positions de Cham-
» pigny, Bry-sur-Marne, Villiers-sur-Marne, de ce
» côté-ci de la Marne. Il va évidemment se diriger
» sur la forêt de Fontainebleau en s'appuyant sur la
» Seine par la route de Melun.

» Général, cet héroïsme nous trace notre devoir.

» Volez au secours de Ducrot, sans perdre une
» heure, par les voies que nous avons combinées hier.
» Accélérez par tous les moyens ce mouvement com-
» mencé ce matin. Redoublez de vitesse et d'énergie.
» Faites appel au patriotisme de vos généraux. Leur
» grand cœur répondra au vôtre. Mais que cet élan
» n'enlève rien à votre sang-froid; continuez vos opé-
» rations avec la même prudence, seulement exé-
» cutez-les avec une foudroyante rapidité. Mettez-
» vous immédiatement en rapport avec les 17°, 18°
» et 20° corps, et donnez-leur vos instructions, pour
» que rien ne manque à cet ensemble offensif[1]. Je
» crois que vous pourrez gagner un jour depuis votre
» départ jusqu'à la forêt de Fontainebleau. En atten-

---

[1] Dans cette dépêche, M. de Freycinet recommande au général en chef de se mettre immédiatement en rapport avec les 17°, 18° et 20° corps d'armée et de leur donner des instructions pour que rien ne manque à cet ensemble offensif. C'est donc bien la preuve évidente qu'ils n'étaient pas jusque-là sous la direction du général en chef. L'affirmation de M. de Freycinet, si nettement exprimée à la page 127 de son livre, *la Guerre en province,* n'est donc pas exacte.

L'avis que les 18° et 20° corps d'armée étaient mis à la disposition du général d'Aurelle se trouve relaté pour la première fois dans cette dépêche reçue le 1ᵉʳ décembre à la nuit, trop tard pour pouvoir les faire arriver en temps utile à Artenay, où leur concours eût été si nécessaire à l'armée de la Loire. Leur présence pouvait changer la face des événements.

» dant, tâchez de trouver des émissaires sûrs, pris
» parmi des officiers ou sous-officiers très-connus,
» que vous enverrez en toute hâte dans la direction
» présumée que doit suivre Ducrot, pour l'informer
» de celle que vous suivrez vous-même, afin que,
» d'une part, sa vaillance soit soutenue par l'assu-
» rance que vous marchez vers lui, et que d'autre
» part il sache à coup sûr vers quel point il doit
» porter ses pas. Ne donnez point de dépêche à un
» émissaire, ou du moins ne donnez qu'une dépêche
» assez réduite pour qu'elle puisse être détruite par
» eux facilement, car il importe que l'ennemi ne con-
» naisse pas à l'avance nos mouvements.

» *Signé :* DE FREYCINET. »

Après avoir adressé cette dépêche au général en chef, le délégué de la guerre expédia en outre à tous les chefs des corps qui composaient l'armée de la Loire la dépêche suivante :

Guerre à général en chef du 15ᵉ corps à Loury, général en chef du 16ᵉ corps à Saint-Péravy, général en chef du 17ᵉ corps à Coulmiers, général en chef du 18ᵉ corps à Bellegarde, général en chef du 20ᵉ corps à Bellegarde. Faire suivre.

« Tours, 1ᵉʳ décembre 1870,
» 5 heures 55 du soir.

» Grande victoire à Paris avec sortie du général
» Ducrot, qui occupe la Marne. Le général en chef
» vous donnera des instructions en rapport avec ce
» grand événement.

» *Signé :* DE FREYCINET. »

Ce fut en effet un grand événement pour l'armée de la Loire que la réception de cette nouvelle. On regretta de n'avoir pas quelques moments de plus à donner aux préparatifs; mais tous, officiers et soldats, comprenaient qu'il n'y avait plus à délibérer, qu'il fallait marcher au-devant de l'armée qui nous tendait la main.

La nouvelle étant parvenue au quartier général, le général d'Aurelle adressa à son armée l'ordre du jour suivant :

Ordre du jour.

« Officiers, sous-officiers et soldats de l'armée de
» la Loire.

» Paris, par un sublime effort de courage et de
» patriotisme, a rompu les lignes prussiennes. Le
» général Ducrot, à la tête de son armée, marche
» vers nous. Marchons vers lui avec l'élan dont l'ar-
» mée de Paris nous donne l'exemple.

» Je fais appel aux sentiments de tous, des géné-
» raux comme des soldats. Nous pouvons sauver la
» France !

» Vous avez devant vous cette armée prussienne
» que vous venez de vaincre sous Orléans, vous la
» vaincrez encore.

» Marchons donc avec résolution et confiance.
» En avant sans calculer le danger !
» Dieu protégera la France !

» Au quartier général, à Saint-Jean de la Ruelle,
    » 1ᵉʳ décembre 1870.

» *Le général en chef*, D'AURELLE. »

Après avoir envoyé cet ordre à tous les commandants de corps d'armée, le général en chef adressa au ministre de la guerre une dépêche télégraphique pour le prévenir que des instructions étaient données afin de commencer, le lendemain, la marche sur Paris.

Le général en chef au ministre de la guerre, Tours.

« Saint-Jean de la Ruelle, 1ᵉʳ décembre 1870.

» La dépêche télégraphique annonçant que le gé-
» néral Ducrot avait rompu les lignes prussiennes
» près de Paris, a produit un effet immense. J'ai im-
» médiatement fait un ordre du jour à toute l'armée,
» que j'ai transmis par le télégraphe, afin que cette
» heureuse nouvelle fût connue sans retard.

» Les ordres sont donnés pour que le mouvement
» convenu hier puisse s'opérer avec promptitude.

» Le corps du général Chanzy était trop faible pour
» opérer seul contre les troupes prussiennes placées
» en avant de lui. Je le fais appuyer fortement par
» les divisions Peytavin et Martineau.

» Il est à croire que la position de Pithiviers nous
» sera vivement disputée.

» *Signé* : D'AURELLE. »

La proclamation adressée par le dictateur aux préfets, sous-préfets et généraux fut affichée à Tours et parut dans les journaux le 1ᵉʳ décembre au soir. Le ministre l'envoya aussitôt au général en chef par dépêche télégraphique. Ce document mérite d'être reproduit *in extenso*, malgré sa longueur. Cette pièce historique fera voir à la nation, à l'armée, les moyens alors employés pour exciter l'enthousiasme, entretenir des illusions qui se dissipaient bien vite devant la triste réalité.

Ministre de la guerre et de l'intérieur aux préfets, sous-préfets et généraux. Au général en chef.

« Tours, 1ᵉʳ décembre 1870,
» 8 heures du soir.

» La délégation du gouvernement a reçu aujour-
» d'hui jeudi, 1ᵉʳ décembre, la nouvelle d'une victoire
» remportée sous les murs de Paris pendant les jour-
» nées des 28, 29 et 30. . . . .
» Chers concitoyens, après soixante-douze jours
» d'un siége sans exemple dans l'histoire, tout entiers
» consacrés à préparer et organiser les forces de la
» délivrance, Paris vient de jeter hors de ses murs
» une nombreuse et vaillante armée. Préparée avec
» prudence par des chefs consommés, que rien n'a pu
» ébranler ni émouvoir dans cette laborieuse organi-
» sation de la victoire, cette armée a su attendre
» l'heure propice, et l'heure est venue. Excités, en-
» couragés par les fortifiantes nouvelles venues d'Or-
» léans, les chefs du gouvernement avaient résolu
» d'agir, et, tous d'accord, nous attendions depuis
» quelques jours, avec une sainte anxiété, le résultat
» de nos efforts combinés. C'est le 29 novembre au
» matin que Paris s'est ébranlé. Une proclamation
» du général Trochu a appris à la capitale cette ré-
» solution suprême, et avant de marcher au combat,

» il a rejeté la responsabilité du sang qui allait couler
» sur la tête de ce ministre et de ce roi dont la cri-
» minelle ambition foulé aux pieds la justice et la ci-
» vilisation moderne.

» L'armée de sortie est commandée par le général
» Ducrot, qui, avant de partir, a fait, à la manière
» antique, le serment solennel, devant la ville assié-
» gée et devant la France anxieuse, de ne rentrer
» que mort ou victorieux.

» Je vous donne dans leur laconisme les nou-
» velles apportées par le ballon *le Jules Favre*, un
» nom de bon augure et cher à la France, tombé ce
» matin à Belle-Isle en Mer. Le 29 au matin, la sor-
» tie dirigée contre la ligne d'investissement a com-
» mencé sur la droite, par Choisy, l'Hay et Chevilly.

» Dans la nuit du 29 au 30, la bataille a persisté
» sur ces divers points. Le général Ducrot sur sa
» gauche passe la Marne le 30 au matin; il occupe
» successivement Mesly et Montmesly. Il prononce son
» mouvement sur sa gauche, et, adossé à la Marne, se
» met en bataille de Champigny à Bry. L'armée passe
» alors la Marne sur huit points. Elle couche sur ses
» positions après avoir pris à l'ennemi deux pièces
» de canon. L'affaire a été rapportée à Paris par le
» général Trochu.

» Ce rapport, où on fait l'éloge de tous, ne passe
» sous silence que la grande part du général Trochu
» à l'action. Ainsi faisait Turenne. Il est constant
» qu'il a rétabli le combat sur plusieurs points en
» entraînant l'infanterie par sa présence.

» Durant cette bataille, le périmètre de Paris était

» couvert par un feu formidable. L'artillerie fouillait
» toutes les positions de la ligne d'investissement.
» L'attaque de nos troupes a été soutenue pendant
» toute l'action par des canonnières lancées sur la
» Marne et sur la Seine. Le chemin de fer circulaire
» de M. Dorian, dont on ne saurait trop célébrer le
» génie militaire, a coopéré à l'action, à l'aide de
» wagons blindés faisant feu sur l'ennemi. Cette
» même journée du 30, dans l'après-midi, a donné
» lieu à une pointe vigoureuse de l'amiral la Ron-
» cière, toujours dans la direction de l'Hay et Che-
» villy. Il s'est avancé sur *Longjumeau et a enlevé*
» *les positions d'Épinay*, positions retranchées des
» Prussiens, qui ont laissé de nombreux prisonniers
» et encore deux canons.

» A l'heure où nous lisons la dépêche de Paris,
» une action générale doit être engagée sur toute la
» ligne, l'attaque du sud du 1er décembre doit être
» dirigée par le général Vinoy. D'aussi considérables
» résultats n'ont pu être achetés que par de glo-
» rieuses pertes ; deux mille blessés, le général Re-
» nault commandant le 2e corps, et le général la
» Charrière ont été blessés. Le général Ducrot s'est
» couvert de gloire et a mérité la reconnaissance de
» la nation. Les pertes prussiennes sont très-consi-
» rables. *Tous* les renseignements sont officiels, car
» ils sont adressés par le chef d'état-major général,
» le général Schmitz.

» *Pour extrait conforme,*
» Léon Gambetta. »

Cette proclamation était suivie d'une allocution du ministre de l'intérieur et de la guerre insérée dans la même dépêche télégraphique :

« Le génie de la France un moment voilé réappa-
» raît. Grâce aux efforts du pays tout entier, la vic-
» toire nous revient ; et, comme pour nous faire ou-
» blier la longue série de nos infortunes, elle nous
» favorise sur presque tous les points. En effet, notre
» armée de la Loire a déconcerté, depuis trois se-
» maines, tous les plans des Prussiens et repoussé
» toutes leurs attaques. Leur tactique a été impuis-
» sante sur la solidité de nos troupes, à l'aile droite
» comme à l'aile gauche. Étrépagny a été enlevé aux
» Prussiens et Amiens évacué à la suite de la bataille
» de Paris.

» Nos troupes d'Orléans sont vigoureusement lan-
» cées en avant ; nos deux grandes armées marchent
» à la rencontre l'une de l'autre. Dans leurs rangs,
» chaque officier, chaque soldat sait qu'il tient dans
» ses mains le sort même de la patrie. Cela seul les
» rend invincibles.

» Qui donc douterait désormais de l'issue finale de
» cette lutte gigantesque? Les Prussiens peuvent me-
» surer aujourd'hui la différence qui existe entre un
» despote qui se bat pour satisfaire ses caprices et un
» peuple armé qui ne veut pas périr. Ce sera l'éter-
» nel honneur de la République d'avoir rendu à la
» France le sentiment d'elle-même, et l'ayant trouvée
» désarmée, abaissée, trahie, occupée par l'étranger,
» de lui avoir ramené l'honneur, la discipline, les ar-

» mées, la victoire. L'envahisseur est maintenant sur
» la route où l'attend le feu de nos populations sou-
» levées. Voilà ce que peut une grande nation qui
» veut garder intacte la gloire de son passé, qui ne
» verse son sang et celui de l'ennemi que pour le
» triomphe du droit et de la justice dans le monde.

» La France et l'univers n'oublieront jamais que
» c'est Paris qui, le premier, a donné cet exemple,
» enseigné cette politique, et fondé ainsi sa supré-
» matie morale, en restant fidèle à l'héroïque esprit
» de la révolution.

» *Vive Paris! vive la France! vive la République*
» *une et indivisible!*

» LÉON GAMBETTA. »

Ces dépêches emphatiques ne produisirent pas dans l'esprit de l'armée l'effet attendu.

L'exagération a ses inconvénients; elle porte les esprits au doute. Ces dépêches furent commentées, analysées même par les soldats dans un langage pittoresque, mordant, mais, il faut le dire, rempli d'à-propos et de bon sens.

De ces proclamations si présomptueuses, de ces promesses éblouissantes, et de toutes ces déclamations, que reste-t-il aujourd'hui?

Hélas! la France a subi, depuis, des conditions bien dures et bien humiliantes! Elle a chèrement payé les frais de cette guerre à outrance. Pendant toute la durée de son pouvoir, le dictateur, en continuant avec une funeste persévérance cette guerre qu'il avait proclamée, n'a fait qu'aggraver les maux déjà si grands de la patrie.

La France reçut assez froidement la nouvelle de la sortie d'une partie de l'armée de Paris; cette opération avait été jugée téméraire par beaucoup de personnes. En effet, au moment même où le gouvernement de Tours annonçait la marche en avant de cette armée victorieuse en plusieurs combats, la France apprenait qu'elle était déjà rentrée dans l'enceinte de Paris.

Des ordres avaient été envoyés au 16º corps pour la journée du 2 décembre. Ils n'étaient que la confirmation des instructions déjà données par le général Chanzy et dont il avait par sa lettre demandé l'approbation au général en chef.

Le général Martineau avait reçu l'ordre de partir le lendemain de bonne heure et d'aller établir sa division (2º du 15º corps), la droite appuyée à Aschères et la gauche à Ruan.

Le général Peytavin avait le lendemain quitté de bonne heure son bivouac de Gidy, pour aller occuper une position entre les villages de Santilly et de Dambron.

Le général commandant le 17º corps d'armée avait reçu l'ordre d'aller coucher avec une division d'infanterie à Saint-Péravy, mais il ne put l'exécuter que le lendemain, à cause de la fatigue de ses troupes.

La première division du 15º corps était à Neuville et à Chilleurs.

Le 2 décembre, le général en chef quitta le quartier général de Saint-Jean de la Ruelle, à huit heures du matin, et se dirigea vers Chevilly, sur la route de Paris.

Il en informa le ministre par le télégraphe.

« Saint-Jean de la Ruelle, 2 décembre 1870,
» 7 heures du matin.

» J'emmènerai probablement le 17ᵉ corps ou au
» moins deux divisions. Orléans va se trouver décou-
» vert. Dirigez sur cette ville les troupes que vous
» pourriez avoir disponibles, et faites couvrir la
» Conie, si vous en avez la possibilité. Des troupes
» venant de Chartres pourraient facilement faire un
» coup de main sur Orléans.

» M. Ribourt, capitaine de vaisseau, est laissé dans
» cette ville comme commandant supérieur. Il est
» indispensable d'y envoyer un général. Je n'en ai
» pas à laisser. A partir de dix heures et demie, mon
» quartier général sera à Chevilly. »

Au moment où le général allait monter à cheval, il envoya à Mgr Dupanloup, évêque d'Orléans, la dépêche suivante :

« Le corps d'armée du général Chanzy a obtenu
» hier un brillant succès. Il a combattu depuis midi
» jusqu'à six heures du soir.

» L'armée de la Loire part aujourd'hui pour mar-
» cher au-devant de l'armée du général Ducrot, qui a
» rompu les lignes prussiennes à Paris et qui se dirige
» vers nous.

» Priez, Monseigneur, pour le salut de la France.

» *Signé* : D'AURELLE. »

Le temps était beau, mais très-froid. Il avait gelé; la terre était durcie. Notre artillerie et notre matériel roulant étaient assurés de ne pas être arrêtés dans leurs mouvements.

Le général en chef se dirigea, en passant par Saran et Cercottes, vers Chevilly, où il arriva à dix heures; il s'y arrêta quelques instants seulement. Il n'avait point de nouvelles du 16° corps d'armée, qui avait dû reprendre ses opérations commencées la veille. Le général Chanzy devait se rendre maître de Janville et de Toury, et ce n'était qu'après le succès de cette entreprise que les 15° et 16° corps se seraient portés ensemble sur Pithiviers.

Le général de Sonis n'avait reçu qu'à la nuit la dépêche télégraphique qui lui prescrivait de se rendre à Patay; il s'était aussitôt mis en marche avec ses deux premières divisions d'infanterie.

La brigade commandée par le général de Jancigny avait précédé sa division, et était arrivée à Patay le 1er décembre, à la nuit. Ce général se mit immédiatement à la disposition du général Chanzy, assuré dès lors de l'appui du 17° corps.

Voici les instructions données par le général Chanzy pour la journée du 2 décembre :

« Patay, 1er décembre 1870.

» Le 16° corps a su aujourd'hui, comme à Vallière
» et à Coulmiers, s'acquitter de sa tâche avec vigueur
» et entrain. Les résultats sont tels qu'on pouvait
» l'espérer : nous couchons au delà des positions

» d'abord assignées. L'ennemi, partout repoussé,
» paraît opérer sa retraite dans la direction de Jan-
» ville et de Toury. Il s'agit de le poursuivre vigou-
» reusement.

» Nos positions ce soir sont : le quartier général de
» la 1re division au château de Villepion; la 1re bri-
» gade à Nonneville; la 2e à Faverolles; le général
» Barry à Terminiers avec la 2e brigade de la 2e divi-
» sion; la 1re en réserve en avant de Muzelles; la
» 3e division à Sougy; la division de cavalerie en
» arrière de Muzelles, ayant une brigade à l'ouest
» de la route de Patay à Guillonville, pour observer
» dans la direction de Bazoches et de la Conie.

» La réserve d'artillerie à droite de Patay et en
» avant de la route de Rouvray; le parc d'artillerie à
» Coinces; les bagages, le convoi de la cavalerie et
» celui du quartier général, arrêtés pendant le com-
» bat en arrière de Patay.

» Le quartier général du commandant du 16e corps
» à Patay. La brigade de Jancigny du 17e corps, à
» l'ouest et à hauteur de Patay. Le reste du 17e corps
» arrivera ce soir à Saint-Péravy. Les francs-tireurs
» Lipowski, poussés cette nuit sur Bourneville pour
» y surprendre un détachement ennemi, devront
» revenir prendre position à Guillonville, où ils se
» trouveront demain matin.

» Les directions importantes à observer cette nuit
» et à reconnaître demain au jour, sont celles d'Or-
» gères, de Villerand, de Loigny et Lumeau.

» La 3e division, partant demain à quatre heures
» de Sougy, viendra s'établir à Terminiers, où elle

» devra être rendue au jour et attendre des ordres.

» La 2ᵉ division, portant demain sa 1ʳᵉ brigade sur
» la route de Terminiers à Gommiers, marchera sur
» Loigny.

» La division de cavalerie, partant de Muzelles,
» marchera par Gommiers, Nonneville, dans la direc-
» tion d'Orgères, en débordant la gauche de la 2ᵉ divi-
» sion pour tourner Orgères si l'ennemi l'occupe, et
» venir s'établir sur la route de Châteaudun à Jan-
» ville ; ou par Villerand sur la Maladerie, si Orgères
» et ce dernier point ne sont pas occupés, pour se
» redresser ensuite sur la route de Janville, et cou-
» vrir la gauche du mouvement. Une brigade sera
» laissée en arrière, de façon à suivre le reste de la
» division, à une distance de trois kilomètres, et à
» continuer d'observer les derrières et la route de
» Cormainville.

» La 1ʳᵉ division d'infanterie, réunie à hauteur du
» château de Villepion, formera la réserve et suivra
» les mouvements de la 2ᵉ division à une distance de
» deux kilomètres.

» De Loigny, si elle n'est pas attaquée du côté
» d'Orgères et de la Maladerie, la 2ᵉ division mar-
» chera sur Tillay-le-Peneux, qu'elle devra enlever
» lorsque la 1ʳᵉ division sera à hauteur de Loigny. La
» 3ᵉ division se mettra en mouvement de Terminiers
» sur Lumeau et Baigneaux.

» La brigade du 17ᵉ corps, qui est à Patay, ira
» prendre position à Terminiers. Les divisions devront
» marcher dans le même ordre qu'aujourd'hui, les
» deux brigades de la 1ʳᵉ prenant une disposition en

» échelons; l'escadron des éclaireurs qui est aux
» Échelles, prévenu par le général Maurandy, éclai-
» rera la marche de la 3ᵉ division, sur Lumeau et
» Santilly. Les francs-tireurs du colonel Lipowski,
» ralliés par ceux du commandant de Foudras,
» appuieront à gauche le mouvement de la cavalerie,
» se portant, suivant le cas, soit sur Orgères, soit sur
» Villerand. Le résultat à atteindre serait de s'éta-
» blir demain soir :

» La 2ᵉ division à Toury, la 1ʳᵉ en avant de Jan-
» ville; la division de cavalerie au Puiset; la 3ᵉ divi-
» sion à Poinville; les bagages et le convoi de la
» 3ᵉ division s'engageront deux heures après le départ
» de cette division de Sougy, par la Borde-Martin,
» sur le chemin de Blois, ancienne voie romaine, s'il
» est praticable, pour gagner Baigneaux.

» Le matériel roulant de la 2ᵉ division par Rouvray,
» Terminiers, Faverolles et Loigny.

» La réserve d'artillerie de Patay par Rouvray,
» Terminiers et Neuvilliers, précédant les convois.

» Les bagages et le convoi du quartier général par
» Terminiers sur Lumeau, les ambulances marchant
» en tête des divers convois.

» Les parcs de Coinces par Brilly, l'Encornes et
» Sougy, si la route est praticable, ou par Ligne-
» rolles, Patay, Rouvray et Terminiers, dans le cas
» où ils ne pourraient suivre la première direction.

» Le général commandant le 16ᵉ corps d'armée
» suivra le mouvement en arrière de la 2ᵉ division, et
» à hauteur de la 1ʳᵉ. Si on peut arriver sur les posi-

» tions indiquées, son quartier général sera à Poin-
» ville.

» Les divers mouvements des divisions commence-
» ront à huit heures pour la 2ᵉ, sur laquelle les autres
» se baseront d'après les indications données ci-
» dessus.

» Les bagages de la 1ʳᵉ division suivront les bagages
» du quartier général. »

Tous les préparatifs étaient donc faits pour attaquer l'armée prussienne dans la matinée et continuer les brillants succès de la veille.

Le 17ᵉ corps avait marché pendant toute la nuit pour arriver à Patay et prendre part à la bataille qui allait se livrer.

Le général de Sonis avait rejoint de sa personne, avant le jour, le 16ᵉ corps; il fit prévenir le général Chanzy qu'il pouvait compter sur son appui. Il déploya toute son énergie, toute son activité pour mettre de l'ordre dans ses divisions et ses brigades, qui arrivaient successivement et fatiguées par une marche de nuit pénible.

Toutes les dispositions furent prises pour assurer aux troupes les vivres dont elles avaient grand besoin, et pour compléter leurs munitions.

Les régiments avaient laissé quelques hommes en arrière; pendant la marche, l'ordre n'avait pas été tel qu'on aurait pu le désirer : cependant, vers une heure de l'après-midi, les 2ᵉ et 3ᵉ divisions étaient organisées, n'attendaient que des ordres pour entrer en ligne et prêter leur concours au 16ᵉ corps.

Pendant la nuit du 1ᵉʳ au 2, l'armée française et

l'armée prussienne bivouaquèrent à peu de distance l'une de l'autre. La nuit était froide, on apercevait les feux de l'armée ennemie, que les Prussiens ne prenaient pas la peine de dissimuler, contrairement à leurs habitudes.

Nos soldats ne furent pas inquiétés pendant la nuit, mais ils étaient fatigués par les combats de la veille et eurent à souffrir de la rigueur de la température : le thermomètre descendit tout à coup à 3 ou 4 degrés au-dessous de zéro.

Dès qu'il fit jour, le général Chanzy disposa ses troupes pour le combat, d'après les instructions données la veille.

L'ordre de bataille avait été ainsi réglé : La 2e division (Barry), qui la première devait engager le combat, avait pour mission d'enlever le village de Loigny. La 1re division (Jauréguiberry), qui se trouvait à sa gauche, devait former la réserve, marcher à distance de la 2e division, et se porter sur le château de Goury après la prise de Loigny; enfin, la 3e division (Maurandy) devait marcher sur Lumeau en s'emparant, chemin faisant, des villages de Neuvilliers et d'Écuillon.

Toutes ces positions étaient solidement occupées par l'armée prussienne, et garnies d'une nombreuse artillerie.

La bataille commença vers neuf heures.

La division Barry se porta avec une grande impétuosité sur le village de Loigny, y trouva peu de résistance, et s'en empara sans pertes sensibles. Encouragée par ce succès et ne rencontrant pas d'obstacles sérieux, elle continua sa marche en avant jusqu'au château de Goury.

Les troupes allemandes s'y étaient solidement retranchées, et reçurent l'attaque par de nombreuses décharges d'artillerie.

La division Barry, enlevée avec vigueur, parvint cependant à en déloger l'ennemi.

Les Prussiens revinrent à la charge avec des renforts considérables et une artillerie trois fois supérieure à la nôtre; malgré les efforts que nos troupes firent pour se maintenir dans cette position, écrasées sous une pluie d'obus, elles furent obligées de battre en retraite sur Loigny.

L'amiral Jauréguiberry voyant la division Barry reculer en désordre, se porte rapidement en avant, oppose à l'ennemi la brigade Bourdillon, composée du 3e bataillon de chasseurs à pied, du 39e de marche et du 75e de mobiles, qui, la veille, par leur vaillante conduite au combat de Villepion, avaient fait l'admiration de l'armée. Ces braves troupes se précipitent sur l'ennemi avec un élan auquel rien ne résiste, pénètrent dans le parc de Goury, s'y maintiennent sous un feu terrible de mitraille et sous une grêle d'obus qui déciment leurs rangs.

La 3e division d'infanterie (Maurandy) est arrêtée un moment par le désordre qui s'était manifesté dans la 2e division; mais entraînée par l'exemple de la 1re division, elle recommence l'attaque d'Écuillon et s'empare de ce village.

Le château de Goury avait été repris par les Prussiens; les batteries allemandes établies sur ce point croisent leur feu avec les batteries de Lumeau, foudroient la division Maurandy, qui est obligée de reculer jusqu'à Terminiers.

La division Barry ne put se rallier malgré les renforts qu'elle avait reçus; elle battit en retraite jusqu'au château de Villepion, où elle se trouvait vers une heure, mais trop affaiblie pour recommencer la lutte.

Le général Chanzy mesure d'un coup d'œil rapide la situation critique de son corps d'armée. Il reconnaît l'impossibilité de reprendre une offensive assez vigoureuse pour lui assurer le succès de la journée. Il ne lui reste qu'à défendre avec opiniâtreté les positions qu'il occupe, pour contenir l'ennemi le plus longtemps possible, afin de rallier, à la faveur de la nuit, ses divisions désorganisées, qui toutes avaient fait des pertes considérables.

Une lueur d'espérance lui restait encore, c'était l'appui du 17ᵉ corps d'armée.

Il envoya immédiatement un de ses officiers d'état-major au général de Sonis, pour lui faire connaître sa position presque désespérée, en le priant d'arriver au plus vite avec ses troupes disponibles.

Le général de Sonis répondit à cet appel avec cet élan généreux et ce dévouement qu'on était toujours sûr de trouver en lui quand il fallait remplir un devoir.

Il se mit en route sur-le-champ.

Pendant ce temps, les avantages obtenus par l'ennemi l'encouragent : jusque-là il avait gardé la défensive, à son tour, il prend une offensive énergique, et dessine un rapide mouvement sur notre flanc gauche, cherchant à tourner la division Jauréguiberry. L'amiral, dont la présence d'esprit grandissait avec le danger, sans s'inquiéter de cette manœuvre, marche au-devant de l'armée prussienne, la déconcerte par ce mouvement hardi, fait avancer la brigade Deplanque, et ouvre sur l'ennemi un feu d'artillerie formidable, utilisant fort à propos une batterie de mitrailleuses qu'il avait sous la main. Le régiment des mobiles de la Sarthe, avec l'aplomb de vieilles troupes, fait à bonne portée un feu roulant de mousqueterie, et paralyse les charges de la cavalerie allemande, qui, venant d'Orgères, débouchait sur le champ de bataille.

La 3ᵉ division (Maurandy), loin de se rallier, s'était mise en pleine déroute, avait laissé enlever sans les défendre plusieurs pièces de canon; entraînée par l'exemple toujours si contagieux de quelques fuyards, elle s'était débandée, malgré les efforts tentés par son chef pour la contenir. Elle ne s'arrêta qu'à Huêtre, derrière les ouvrages construits pour la défense d'Orléans.

La première division (Jauréguiberry), accablée par le nombre et par le feu de nouvelles batteries qui ne cessaient d'arriver, dut céder et se retirer en bon ordre. La résistance héroïque opposée par le 3ᵉ bataillon de chasseurs à pied, le 39ᵉ de marche et le 75ᵉ de mobiles, lui permit de conserver sa position à Loigny.

A ce moment, le 16ᵉ corps faisait son dernier effort : infanterie, cavalerie, artillerie, tout avait été successivement engagé. Il n'y avait plus aucune réserve, et l'armée prussienne redoublait d'efforts pour envelopper nos dernières lignes, qui résistaient encore avec le courage du désespoir.

Tout à coup une division du 17° corps arrive à marche forcée, se dirige sur le château de Villepion et ouvre immédiatement le feu. Attaquée avec fureur par des batteries que les Prussiens venaient d'établir à Chauvreux, elle est soutenue par deux divisions de cavalerie du général Michel, et, cavalerie, infanterie, se portent ensemble sur Loigny, où se concentraient les derniers efforts de la résistance.

La nuit approche, les Prussiens sont presque maîtres de Loigny, lorsque le général de Sonis apparaît suivi de quelques batteries d'artillerie, de troupes d'infanterie, des zouaves pontificaux, et de plusieurs escadrons de cavalerie auxquels il a su communiquer son ardeur.

Il examine la position de l'ennemi : « Chacun a son heure marquée, dit-il, la mienne est venue de vaincre ou de mourir! » Il se précipite sur Loigny, à la tête de ses faibles troupes, et l'enlève avec un courage héroïque. Il est maître du village, le dépasse et continue de marcher en avant, lorsqu'il est frappé par un obus qui lui broie la cuisse.

Le général de Bouillé, son chef d'état-major, et l'intrépide Charette tombent à ses côtés; tous trois restent comme ensevelis dans leur gloire!

On les crut morts, et au pouvoir de l'ennemi; la Providence en avait décidé autrement. Ils n'étaient que blessés.

Les intrépides et héroïques soldats qui les avaient suivis, écrasés par les obus, et sans direction après la perte de leur général, furent tués ou faits prisonniers ; quelques-uns parvinrent à s'échapper à la faveur de la nuit.

La bataille de Loigny avait duré de neuf heures du matin à six heures du soir.

Une obscurité profonde régnait sur ce champ de bataille, où tant de soldats avaient trouvé une mort glorieuse, où gisaient encore tant de blessés ; il n'était éclairé qu'à de rares intervalles par les reflets sinistres de l'incendie de Loigny.

Les troupes des deux armées bivouaquèrent sur les lieux mêmes où la lutte avait pris fin.

On était sans nouvelles du brave général de Sonis.

Le 16ᵉ corps occupait les emplacements suivants :

La 1ʳᵉ division était à Faverolles, la 2ᵉ à Gommiers, la 3ᵉ à Huêtre et Trogny ; la division de cavalerie avait été reprendre ses cantonnements de la veille à Muzelles.

Le 17ᵉ corps était rentré dans ses bivouacs du matin, autour de Patay.

Pendant que le 16ᵉ corps soutenait cette lutte acharnée contre les armées du duc de Mecklembourg et du général de Tann autour de Loigny, les 2ᵉ et 3ᵉ divisions du 15ᵉ corps avaient aussi leur part glorieuse dans les combats sanglants de cette journée du 2 décembre.

En arrivant à Chevilly, à dix heures et demie du matin, le général en chef, qui avait indiqué que son quartier général y serait établi pour la journée, fut surpris de ne pas y trouver de nouvelles du général Chanzy. Il savait qu'il devait être aux prises, à cette heure, avec l'armée du duc de Mecklembourg, et il n'entendait pas le canon. Que se passait-il donc?

Il donna sur-le-champ à son état-major l'ordre du départ pour Artenay, plus rapproché des emplacements du 16ᵉ corps et des 2ᵉ et 3ᵉ divisions du 15ᵉ corps.

Il y arriva vers midi. Une certaine agitation régnait dans la ville. Sur la gauche, vers Loigny ou le château de Villepion, on se battait; le canon se faisait entendre, mais le bruit des détonations n'annonçait pas un combat aussi sérieux qu'il l'était en réalité.

La 3ᵉ division (Peytavin) du 15ᵉ corps était vivement engagée, en avant de Poupry, avec la partie de l'armée prussienne qui avait battu et forcé à la retraite la 3ᵉ division (Maurandy) du 16ᵉ corps.

Si cet officier général avait pu rallier sa division et la ramener au combat, les Prussiens se trouvaient pris entre deux feux : leur destruction sur ce point paraissait certaine. Une décision prompte et hardie pouvait nous ramener la fortune et influer puissamment sur les résultats de la journée.

Ce corps prussien se voyant attaqué sur son flanc, avait abandonné la poursuite de la division Maurandy, et s'était retourné contre la division Peytavin. Au moment de l'arrivée du général en chef, il s'avançait en forces vers Artenay; un seul bataillon gardait cette position.

Quelques troupes d'infanterie y furent envoyées à

la hâte; le général en chef fit appeler la réserve d'artillerie.

Le colonel Chappe, commandant cette réserve, fit ouvrir un feu bien nourri par ses pièces établies en batterie près d'une ferme, où trouvèrent un abri momentané les troupes d'infanterie qui lui servaient de soutien.

Le général en chef envoya sur-le-champ un officier d'état-major à Ruan, porter l'ordre au général Martineau d'arriver au plus vite, et bientôt notre ligne, si faible d'abord, se trouva renforcée.

Il fit aussi occuper le château d'Auvilliers pour nous couvrir sur la gauche, et ordonna de porter la réserve d'artillerie en avant du village d'Autroches.

Une ligne de bataille fut établie à droite et à gauche de ce village, pendant que notre artillerie ouvrait son feu avec deux batteries de 12, et utilisait avec intelligence dix mitrailleuses qui venaient d'arriver.

Des batteries prussiennes, rapidement envoyées à Milhouard et Mameraut, répondirent à notre feu, et un combat terrible d'artillerie s'engagea. La supériorité de nos batteries de 12, et nos mitrailleuses surtout, produisirent de grands ravages chez l'ennemi : en moins de trois quarts d'heure, les pièces prussiennes furent démontées et réduites au silence.

Nos troupes d'infanterie, 2ᵉ division, se portèrent en avant pour occuper les villages de Milhouard et de Mameraut. Deux escadrons de cavalerie prussienne firent une démonstration pour charger notre infanterie, mais ils s'arrêtèrent en voyant les dispositions prises pour les recevoir.

La nuit était arrivée. Bientôt on n'entendit plus que le bruit du matériel roulant regagnant les bivouacs assignés.

La réserve d'artillerie s'établit en avant d'Artenay, ainsi que la 2ᵉ division, couvrant la ville contre toute surprise de nuit; la brigade Dariès de cette division était campée à Dambron; la 3ᵉ division, près de Poupry.

Cette 3ᵉ division (Peytavin) s'était admirablement conduite, en combattant à Poupry contre des forces doubles des siennes, non sans payer par de douloureux sacrifices la gloire qu'elle avait acquise.

Elle comptait 500 hommes hors de combat, restés sur le champ de bataille ou faits prisonniers, à l'exception de quelques-uns qu'on eut le bonheur de recueillir.

Ainsi se termina cette journée du 2 décembre, où les 15ᵉ et 16ᵉ corps d'armée ajoutèrent deux pages glorieuses mais sanglantes à l'histoire de la première armée de la Loire : la bataille de Loigny et le combat de Poupry. Dans cette dernière action, les 2ᵉ et 3ᵉ divisions du 15ᵉ corps avaient battu l'ennemi; mais ce fut une victoire stérile, sans résultats ; nous avions devant nous toutes les forces réunies du duc de Mecklembourg, du général de Tann et du prince Frédéric-Charles.

Le général en chef établit pour la nuit son quartier général à Artenay. Il ne connaissait pas encore officiellement les résultats de la bataille de Loigny, mais les rapports d'un officier d'ordonnance du général Chanzy, qu'il avait vu vers deux heures de l'après-midi, avaient fait naître dans son esprit de tristes pressentiments.

Le général d'Aurelle attendait donc des nouvelles du 16ᵉ corps avec une vive anxiété.

Des renseignements inquiétants étaient arrivés de divers côtés : des paysans venus de Ruan annonçaient que de fortes colonnes, suivies d'une nombreuse artillerie, occupaient ce village et celui d'Oison.

La division Martineau, comme on l'a vu, avait dû quitter ces positions vers trois heures pour venir prendre part au combat de Poupry.

Les généraux Martineau et Peytavin, appelés par le général en chef, lui firent connaître que leurs divisions avaient beaucoup souffert, mais que cependant leur moral était bon.

Le colonel Chappe, officier supérieur d'une indomptable énergie, et qui s'était couvert de gloire au combat de Poupry, rendit compte que ses batteries de réserve avaient perdu 40 chevaux d'attelage. Des réquisitions furent ordonnées, et, dès le matin, ses batteries purent être attelées.

Plusieurs dépêches avaient été envoyées au général Chanzy. Sa réponse était attendue pour donner les ordres du lendemain.

Le général en chef expédia au ministre de la guerre une dépêche télégraphique qui lui rendait compte sommairement des événements de la journée.

« Artenay, 2 décembre 1870,
» 11 heures 30 du soir.

» Nous nous sommes battus jusqu'à la nuit. Nous » avons de ce côté conservé nos positions, mais c'est » tout ce qu'a pu faire la division Peytavin, qui avait » reçu l'ordre de se porter entre les routes de Paris » et de Chartres, pour soutenir le mouvement que le » général Chanzy devait faire sur Janville et Toury.

» Je suis sans nouvelles de Chanzy. Je sais seule- » ment que la division Maurandy, qui devait former » sa droite, n'a pas tenu, et qu'elle a rétrogradé jus- » qu'à Huêtre. La retraite de cette division a dû re- » tarder le mouvement de Chanzy, et a presque com- » promis la division Peytavin, qui a eu affaire à deux » divisions prussiennes. Elles ont cherché à déborder » sa gauche pour l'isoler. L'arrivée de l'artillerie du » 15ᵉ corps a arrêté ce mouvement tournant de l'en- » nemi, et a permis au général Peytavin de se main- » tenir sur ses positions.

» La 3ᵉ division du 15ᵉ corps a eu environ 500 hom- » mes hors de combat. Au dire des officiers prison- » niers, les pertes de l'ennemi sont considérables. Il » m'est impossible de savoir ce que je ferai demain, » avant d'avoir des nouvelles de Chanzy.

» Dans tous les cas, je ne crois pas pouvoir partir » avant onze heures du matin. Nous avons eu devant » nous une division du 11ᵉ corps et le 13ᵉ corps tout » entier, qui formaient la gauche de la ligne ennemie.

» Mon quartier général est à Artenay, et j'ai à ma » disposition les 2ᵉ et 3ᵉ divisions du 15ᵉ corps avec » toute la réserve d'artillerie. »

Enfin, vers minuit, un officier de l'état-major du général Chanzy, le capitaine Bois, arriva au quartier général après de grandes difficultés. Il gelait très-fort; la neige, qui tombait, couvrait les chemins et rendait les communications presque impossibles pendant la nuit.

Il donna de tristes détails, de vive voix, sur les résultats de la journée, et remit au général en chef la lettre suivante :

« Terminiers, 2 décembre 1870.

» Mon général,

» Après un beau succès hier, nous avons quitté ce
» matin les positions conquises à Terminiers, Fave-
» rolles, Villepion et Nonneville, pour nous porter sur
» Janville et Toury.

» Nous avions enlevé Loigny et le château de
» Goury, et nous avancions sur Bazoches et Lumeau,
» lorsque les divisions engagées se sont repliées, sur
» les positions quittées le matin, devant des forces
» considérables et devant une nombreuse artillerie
» arrivant du Nord et de l'Est.

» Tout le 16e corps étant alors engagé, et l'ennemi
» menaçant ma gauche, j'ai dû faire prévenir le géné-
» ral de Sonis, qui est arrivé vers quatre heures de
» Patay, avec ce qu'il avait de son corps d'armée.

» Avec ce renfort, nous pûmes reprendre l'offen-
» sive et nous reporter au delà de Loigny. Malheu-
» reusement le général de Sonis a été blessé et ses
» troupes se sont repliées. La nuit venait, nous avons
» été obligés de nous retirer devant un effort très-

» vigoureux de l'ennemi, et nous venons d'arriver :
» la 1re division du 16e corps et une partie du 17e à
» Terminiers, la 2e division du 16e corps et la divi-
» sion de Flandres autour de Gommiers, le général
» Roquebrune (du 17e corps) à Frécul.

» Je suis sans nouvelles du général Maurandy,
» qu'on me dit en retraite au delà de Sougy.

» Je ne sais encore ce qu'est devenu le général de
» Sonis. Le général Deplanque a été blessé. Nous
» avons de grandes pertes ; beaucoup de troupes ont
» quitté le champ de bataille en désordre ; presque
» toutes les munitions sont brûlées.

» Je redoute une attaque pour cette nuit ou pour
» demain matin. Dans l'état moral où se trouvent les
» troupes, je crois indispensable que le 15e corps ap-
» puie sur nous, et que l'ennemi entende le canon
» sur ses derrières dès le jour.

» Je ferai tout pour reprendre l'offensive, mais un
» secours m'est indispensable. Je vous prie de me
» faire parvenir vos ordres avant le jour à Terminiers
» où je suis, et de me dire si je puis compter sur une
» diversion du 15e corps.

» Je crois que nous avons devant nous toutes les
» forces ennemies accourues pour nous écraser. La
» partie se jouera par ici.

» Veuillez agréer, etc.

» *Signé* : CHANZY. »

A la lecture de cette lettre, le général en chef vit aussitôt la situation périlleuse dans laquelle se trouvait l'armée de la Loire.

Les divisions du 15ᵉ corps étaient éloignées l'une de l'autre. La 1ʳᵉ occupait Chilleurs; des forces imposantes de l'armée allemande campaient à Ruan, la séparant ainsi des divisions Martineau et Peytavin.

Le 16ᵉ corps, comme l'indiquait la lettre que venait de recevoir le général en chef, était dans une situation morale déplorable. « Beaucoup de troupes ont » quitté le champ de bataille en désordre », disait le général Chanzy; en effet, dans la journée, deux divisions, la 2ᵉ et la 3ᵉ, s'étaient débandées dans une retraite précipitée.

« Je redoute une attaque pour demain matin; dans » l'état moral où se trouvent les troupes, je crois in- » dispensable que le 15ᵉ corps appuie sur nous, » etc.

Il terminait ainsi sa lettre : « Je crois que nous » avons devant nous toutes les forces ennemies accou- » rues pour nous écraser. »

Ce que venait d'écrire le général Chanzy pour le 16ᵉ corps, s'appliquait également au 17ᵉ, comme on le verra plus loin.

Les 18ᵉ et 20ᵉ corps d'armée, obéissant jusque-là aux ordres du ministre de la guerre, avaient été retenus loin du théâtre de ces derniers événements militaires. Il était trop tard pour les appeler à prêter un appui efficace aux autres corps engagés.

La situation de l'armée de la Loire était donc très-compromise, grâce aux conceptions insensées des stratégistes de Tours.

Il n'y avait à prendre d'autre résolution que de battre en retraite, pour ne pas être exposé le lendemain à un effroyable désastre, en menant au combat des troupes démoralisées qui n'avaient plus confiance en elles-mêmes, et qui allaient trouver devant elles une armée deux fois plus nombreuse, enivrée par ses succès de la veille.

Le général en chef, après mûre mais prompte réflexion, prit le parti commandé par la prudence : c'était de sauver son armée en combinant sagement sa retraite, et il s'empressa de donner des ordres en conséquence.

Le 3 au matin, le général Chanzy envoyait la dépêche suivante au général en chef : elle venait à l'appui de la détermination qu'il avait prise :

Au général en chef, à Artenay.

« 3 décembre 1870, 4 heures du matin.

» Les généraux du 17° corps sortent d'ici. Ils dé-
» clarent que leurs troupes sont dans des conditions
» telles qu'il leur est impossible de faire un mouve-
» ment demain. Beaucoup d'hommes sans souliers,
» pas de distributions faites, tous très-fatigués.

» Ne connaissant pas encore vos instructions, et
» voulant être en mesure autant que possible de les
» remplir quelles qu'elles soient, je prescris au géné-
» ral Guépratte, commandant le 17° corps, en l'ab-
» sence du général de Sonis blessé et disparu, de
» prendre ses dispositions pour distribuer des vivres
» et être prêt dans la matinée.

» La division de Flandres, que je croyais à Gom-
» miers, a rétrogradé cette nuit jusqu'à Patay.

» *Signé :* CHANZY. »

Le général en chef reçut, le 3 au matin, la dépêche télégraphique suivante, sur laquelle il appelle l'attention sérieuse du lecteur. Elle peut se passer de commentaires, et fera justice de certaines affirmations de M. de Freycinet :

Guerre à général en chef, à Saint-Jean de la Ruelle. Faire suivre. A commandant du 17ᵉ corps, à Saint-Jean ; 15ᵉ corps, à Loury ; 16ᵉ corps, à Patay ; 18ᵉ corps, à Bellegarde ; 20ᵉ corps, à Bellegarde.

« De Tours, 2 décembre 1870,
» 4 heures du soir.

» Il demeure entendu qu'à partir de ce jour, et
» par suite des opérations en cours, vous donnerez
» directement vos instructions stratégiques aux 15ᵉ,
» 16ᵉ, 17ᵉ, 18ᵉ et 20ᵉ corps. *J'avais dirigé jusqu'à hier*
» *les 18ᵉ et 20ᵉ, et par moments le 17ᵉ. Je vous laisse*
» *ce soin désormais.*

» D'après l'ensemble de mes renseignements, je ne
» crois pas que vous trouviez à Pithiviers ni sur les
» autres points une résistance prolongée. Selon moi,
» l'ennemi cherchera uniquement à masquer son
» mouvement vers le nord-est, à la rencontre de
» Ducrot.

» La colonne à laquelle vous avez eu affaire hier et
» peut-être aujourd'hui, n'est sans doute qu'une frac-
» tion isolée qui cherche à nous retarder. Mais, je le
» répète, le gros doit filer vers Corbeil.

» En ce moment Châteaudun est réoccupé par
» nous.

» *Signé :* Gambetta. »

La retraite de l'armée étant décidée, le général en chef s'empressa d'envoyer des ordres au général Chanzy pour les 16e et 17e corps.

Général en chef au général Chanzy, à Saint-Péravy.

« Artenay, 3 décembre 1870,
» 3 heures 40 du matin.

» Dans la situation où nous a placés l'engagement
» d'hier, il est impossible de mettre à exécution une
» marche sur Pithiviers ou tout mouvement en avant,
» et nous sommes dans la nécessité de battre en re-
» traite pour reprendre nos positions. Je suis trop
» loin de vous pour pouvoir vous soutenir efficace-
» ment, et d'un autre côté j'apprends qu'il s'est fait
» sur ma droite, dans la soirée, une concentration
» d'artillerie.

» En faisant donc une démonstration sur les der-
» rières de l'ennemi, je serais exposé à être pris moi-
» même à revers. Si vous étiez en mesure de prendre
» l'offensive, le mouvement serait excellent, mais du
» moment où cela vous est impossible, ce mouvement
» pourrait être très-dangereux.

» *Signé :* D'AURELLE. »

Le général en chef était sans nouvelles du général des Paillères et de la 1re division.

Pour l'informer du mouvement de retraite de l'armée, il lui envoya la dépêche télégraphique suivante :

Général en chef au général des Paillères à Loury.

« Saran, 3 décembre 1870.

» Mettez-vous en marche demain matin de bonne

» heure pour vous rendre à Orléans, où la 1re division
» du 15e corps sera placée pour la défense de l'en-
» ceinte. Ne laissez derrière vous qu'une forte arrière-
» garde pour maintenir l'ennemi, dans le cas où il
» serait sur vos tracés. Cette arrière-garde devra
» vous rejoindre dans la soirée.

» *Signé* : D'AURELLE. »

Les généraux Martineau et Peytavin reçurent directement les ordres nécessaires pour l'exécution de leurs mouvements.

La 2e division fut chargée de l'arrière-garde. Ses instructions lui prescrivaient d'occuper successivement les diverses positions où devaient s'établir l'une des brigades et l'artillerie, afin de donner le temps aux troupes engagées les premières de se porter en arrière, pour protéger à leur tour celles qui faisaient leur mouvement. Cette retraite en échiquier fut exécutée avec une remarquable intelligence et un aplomb parfait par les généraux Dariès et Rébillard, sous la direction du général de division Martineau des Chenez.

La 3e division (Peytavin), qui avait beaucoup souffert la veille, après s'être ralliée, dut se diriger partie par Sougy, partie par Chevilly, sur ses anciennes positions de Gidy et de la Provenchère.

Le convoi, les bagages étaient partis de bonne heure, pour ne pas gêner la marche des troupes.

Le général en chef après avoir donné ses ordres, partit d'Artenay vers huit heures et demie du matin.

La fusillade ne tarda pas à se faire entendre. Le

château d'Auvilliers était occupé par les troupes de la division Martineau, ainsi que toutes les positions qui dominent la route d'Orléans.

Les brigades Dariès et Rébillard soutinrent cette retraite avec une entente du métier et une bravoure qui leur ont mérité la reconnaissance de l'armée et du pays, ainsi que les éloges de nos ennemis eux-mêmes.

Un officier anglais, autorisé à suivre les opérations de l'armée allemande, rend compte, de la manière suivante, de cette retraite de la division Martineau :

« Vers trois heures, dit le correspondant anglais,
» nos premières colonnes (allemandes) furent accueil-
» lies par un feu terrible de chassepot venant du vil-
» lage de Douzy, et de ce moment jusqu'à la nuit, les
» Français, sur les deux côtés de la route d'Artenay
» à Orléans, offrirent une vigoureuse résistance. A
» quatre heures, les Bavarois, arrivant près du vil-
» lage de Sougy, ouvrirent le feu, qui leur fut rendu
» par les tirailleurs français. A ce moment même où
» les Français se trouvaient ainsi attaqués sur leur
» extrême droite, le prince Frédéric-Charles ame-
» nait de nouvelles troupes sur leur flanc opposé,
» tandis que le duc pressait sur le centre. La ligne
» allemande avait la forme d'un croissant dont la corne
» droite à Sougy, la gauche à Bucy-le-Roi, tandis que
» le centre, qui projetait en avant, s'apprêtait à
» prendre Chevilly, la dernière station postale avant
» Orléans, qui était bravement défendue par les Fran-
» çais et furieusement bombardée par les Allemands.
» Une ligne continue de feu d'artillerie, s'étendant

» sur cinq milles (sept kilomètres) au moins, peut-
» être plus, marquait la position de l'armée alle-
» mande.

» Celle des Français n'était pas aussi clairement
» délimitée, mais les brillants éclairs de leur artillerie,
» et l'explosion incessante et innocente de leurs obus
» en l'air, témoignaient de leur désir de répondre
» aussi chaudement que possible au feu plus précis et
» plus destructif de leurs ennemis. Aujourd'hui comme
» hier, j'ai été frappé de la proportion infiniment plus
» grande des blessures faites par les balles sur celles
» faites par les obus.

» Tandis que l'artillerie française ne causait pres-
» que aucun dommage, les balles du chassepot sem-
» blaient pénétrer partout.

» Dans ces vastes plaines, elles sont particulière-
» ment destructives et dangereuses, tuant à des dis-
» tances incroyables, alors que l'ennemi est aussi in-
» visible que le messager de plomb qu'il envoie. »

Le général en chef est d'avis que le correspondant anglais se trompe, en attribuant au chassepot les effets de destruction terribles dont il rend compte en termes si pittoresques.

Il croit que ces effets furent dus surtout aux batteries de mitrailleuses, dont le colonel Chappe sut se servir avec tant d'intelligence et d'à-propos.

Le général en chef arriva à Chevilly à deux heures de l'après-midi, suivant toutes les péripéties de cette lutte acharnée, mais inégale par le nombre des combattants. Lui-même, à l'arrière-garde avec tout son état-major, au moment décisif de la journée, ordonna l'occupation par l'infanterie des tranchées construites des deux côtés de la route, pendant que les batteries de pièces de marine exécutaient un feu terrible.

Les pièces de l'artillerie prussienne étaient à chaque instant démontées par nos marins, qui tiraient avec une remarquable précision, et par notre artillerie de réserve; mais ces pièces étaient aussitôt remplacées par d'autres batteries prêtes à entrer en ligne.

Vers quatre heures et demie, le général en chef, reconnaissant que tous nos efforts étaient impuissants pour conserver Chevilly, prescrivit au général Martineau de tenir jusqu'à la nuit, de se retirer sur Cercottes et de s'établir au bivouac dans les bois qui sont des deux côtés de la route.

La bataille de Chevilly ne finit qu'à la nuit close.

M. de Freycinet, l'inspirateur des mouvements stratégiques des 18° et 20° corps, donne à entendre, par des insinuations souvent répétées dans son livre, que le général en chef doit être rendu responsable de l'inaction des 18° et 20° corps d'armée pendant les journées des 2 et 3 décembre.

Cette responsabilité retombe tout entière sur le gouvernement de Tours. Il transmit, il est vrai, mais trop tard, des instructions au général en chef pour placer ces corps d'armée sous ses ordres.

Pour être complétement édifié à ce sujet, il suffit de se reporter à la dépêche télégraphique de M. Gambetta datée du 2 décembre 1870, 4 heures du soir, parvenue à Artenay le 3 au matin. (Voir page 321).

M. de Freycinet, en écrivant son livre, *De la guerre*

en province, a commis de nombreuses et graves erreurs. Il a fait de cet ouvrage l'instrument de ses passions haineuses, en déversant le blâme et le soupçon sur ceux qui n'avaient pas adopté ses plans de campagne.

Il n'a rien vu des faits qu'il rapporte, et cependant il parle avec l'assurance d'un témoin oculaire.

Peu soucieux de la vérité dans ces pages, qu'il dit avoir écrites pour servir à l'histoire de son pays, il dénature ce qui peut engager sa responsabilité comme délégué de la guerre, et déguise tout ce qui peut aggraver les fautes qui furent la conséquence de sa présomptueuse incapacité.

Le 3 au soir, le général en chef établit pour la nuit son quartier général au village de Saran. Il partit de Chevilly à cinq heures et demie. Chemin faisant, il fut douloureusement impressionné : les soldats encombraient la route ; des compagnies entières avec leurs officiers qui, une heure auparavant, disputaient vaillamment et pied à pied le terrain à l'armée prussienne, avaient quitté leurs régiments, s'étaient débandées et fuyaient vers Orléans.

Arrivé à Cercottes, le général en chef, aidé de tous les officiers de son état-major, de ses aides de camp, des gendarmes de la prévôté, des cavaliers de son escorte, fit d'impuissants efforts pour ramener les fuyards au sentiment du devoir et de l'honneur.

Persuasion et menaces, tout fut employé, mais en vain ; le général d'Aurelle se retira le cœur brisé, en voyant ces soldats, après tant de preuves de bravoure, en proie à une de ces terreurs paniques que ne comprendront jamais ceux qui n'ont pas assisté à ce navrant spectacle de la faiblesse humaine.

Le général Martineau bivouaqua, comme il a été dit, près de Cercottes, et le général Peytavin, dans ses anciennes positions de Gidy et de la Provenchère.

A une heure avancée dans la soirée, le général en chef reçut du général Martineau son rapport sur cette journée, dans laquelle sa division et lui-même avaient bien mérité de la patrie.

Voici ce rapport :

« Cercottes, 3 décembre 1870.

«Mon général,

» Ce matin, après avoir reçu vos ordres à Artenay,
» je me suis rendu en avant du village pour donner
» mes instructions à chacun de nos généraux de bri-
» gade.

» Pendant que j'étais au milieu d'eux, j'ai reçu de
» bien des côtés des avis de mes éclaireurs indiquant
» que de fortes colonnes, composées de toutes armes,
» se dirigeaient d'Oison et de Saint-Lyé sur Château-
» Gaillard.

» Effectivement, vers neuf heures, j'entendais mes
» éclaireurs engagés avec ceux de l'ennemi. A neuf
» heures et demie, le canon des Prussiens a commencé
» à tonner en avant de moi.

» A ce moment, de nouveaux avis me prévinrent
» que des colonnes cherchaient à me déborder sur
» mes deux ailes. Dans la pensée que le général Da-
» riès pourrait être embarrassé, je me suis décidé à
» rester à Artenay avec la brigade Rébillard. J'ai

» demandé alors au colonel Chappe de se porter en
» arrière d'Artenay pour m'appuyer.

» Cet officier supérieur m'a répondu que vous lui
» aviez donné l'ordre de s'établir à Croix-Briquet,
» pour appuyer la retraite du général Dariès, et que
» du reste il n'avait plus que quatre caissons de mu-
» nitions.

» Me voyant à ce moment vivement menacé sur
» ma gauche, qui était déjà bien débordée, je me suis
» décidé à prescrire au général Dariès de se replier.

» Ce mouvement, appuyé par la brigade Rebillard
» et cinq batteries d'artillerie, a commencé vers dix
» heures et demie, et s'est exécuté en très-bon ordre.
» Les troupes ont successivement occupé toutes les
» positions défensives, sur lesquelles elles ont bien
» tenu. L'artillerie les protégeait efficacement de son
» feu. L'ordre a été tel, que je ne suis arrivé à Croix-
» Briquet qu'à midi et demi.

» A ce moment, l'artillerie du colonel Chappe est
» entrée en action. Elle a puissamment contribué à
» notre défense.

» Le feu de l'ennemi s'est un instant ralenti; mais
» tout à coup, vers une heure et demie, des forces
» nouvelles sont arrivées à l'ennemi, qui a établi sur
» ma droite une batterie de dix-huit pièces. La ca-
» nonnade a recommencé, très-forte des deux côtés.
» J'ai tenu dans cette position jusqu'à trois heures et
» demie, alors on m'a averti que ma gauche était de
» nouveau débordée.

» Le général Dariès a dû reprendre son mouvement
» de retraite. Le général Rébillard, moins menacé sur

» sa droite, tenait plus aisément. L'artillerie de ré-
» serve épuisait ses munitions, et s'est repliée avec le
» général Dariès.

» Malgré cela, on se retirait en bon ordre, dispu-
» tant toujours à l'ennemi chaque position.

» La batterie de marine nous a été assez efficace
» dans la défense de Croix-Briquet, mais elle nous a
» surtout bien appuyés pendant notre retraite de ce
» point sur Chevilly.

» L'ennemi avançant toujours et le colonel Chappe,
» qui n'avait plus de munitions, se repliant au trot,
» et me trouvant encore menacé d'être tourné sur ma
» gauche par une forte colonne de cavalerie qui était
» dans la direction de Provenchère, j'ai vu que je ne
» pourrais rester à Chevilly. J'ai donc informé, vers
» quatre heures et demie, le général Peytavin que j'al-
» lais me diriger sur Cercottes. En même temps, j'in-
» formais la batterie de marine qu'elle serait peut-
» être dans la nécessité d'enclouer ses canons.

» Ma marche sur Cercottes a été aussi lente que
» possible, et malgré la nuit, le général Rébillard,
» appuyé par deux batteries du commandant Venot,
» a lutté pied à pied. L'artillerie tirait encore à cinq
» heures et demie.

» Je bivouaque à Cercottes, me gardant en avant.

» Je ne puis encore vous envoyer l'état de mes
» pertes, que je demande aux chefs de corps.

» Mon artillerie n'a plus de munitions ; mon infan-
» terie en a consommé beaucoup. L'artillerie du co-
» lonel Chappe va à Montjoie pour se réapprovi-
» sionner. Je vous prie instamment de me faire en-

» voyer d'urgence, cette nuit, par le chemin de fer,
» des munitions pour mes deux armes, sans cela je
» ne pourrais lutter demain.

» Veuillez agréer, etc.

» *Signé :* Martineau. »

Le général Martin des Paillères, à Chilleurs, avait dû recevoir le matin une dépêche télégraphique lui apportant l'ordre de battre en retraite sur Orléans. Le général en chef destinait à cette division du 15ᵉ corps la défense de l'enceinte de la ville.

Cette dépêche n'arriva pas à temps au général des Paillères : avant d'avoir effectué la retraite qu'il devait opérer, il fut attaqué à Chilleurs par une division du prince Frédéric-Charles. Ce village avait été retranché. Plusieurs pièces d'artillerie et une batterie de mitrailleuses reçurent l'ennemi quand il se présenta ; tout semblait indiquer la possibilité d'une longue résistance.

Mais le général des Paillères et le commandant de l'artillerie, lieutenant-colonel Massenet, jugèrent que leur position n'était pas tenable : l'ennemi avait bombardé le village, qui se trouvait en flammes.

La retraite fut ordonnée : elle se fit en désordre, chaque régiment agissait pour son compte. Quelques-uns précipitèrent leur marche pour arriver plus tôt à Orléans. D'autres mal dirigés s'égarèrent, et l'une des brigades, celle du général Minot, laissa plusieurs pièces d'artillerie embourbées dans la forêt ; elles ne purent être ramenées.

Enfin, deux bataillons du 38ᵉ de ligne, sous les

ordres du colonel Courtot, placés en position à Courcy, à l'entrée de la forêt, avec deux batteries de montagne, y furent oubliés et durent à une heureuse chance de ne pas être enlevés.

Voici la dépêche télégraphique envoyée par le colonel au commandant supérieur d'Orléans, qui la remit le lendemain au général en chef :

Au commandant supérieur, à Orléans, le colonel du 38ᵉ de ligne.

« Laissé à Courcy en position à l'entrée de la forêt,
» j'y suis resté avec deux bataillons et une batterie
» de montagne jusqu'à cinq heures du soir. A quatre
» heures, n'entendant plus le canon, j'ai fait deman-
» der des ordres à Chilleurs, et j'ai appris qu'il était
» occupé par l'ennemi.

» J'ai battu en retraite par la route de Pithiviers
» jusqu'à Fay-aux-Loges, où je suis arrivé à dix
» heures et demie. J'ai rallié en route la compagnie
» d'éclaireurs. Apprenant ici que Loury est occupé
» par l'ennemi, je partirai demain matin pour Or-
» léans, d'où j'irai regagner la 1ʳᵉ division du 15ᵉ corps.
» Prière d'informer de ce mouvement le commandant
» du 15ᵉ corps.

» *Signé* : Courtot. »

Pendant la nuit que le général en chef passa à Saran, il reçut de divers côtés les nouvelles les plus alarmantes. La route d'Orléans était couverte de fuyards qui n'écoutaient plus la voix de leurs officiers. La démoralisation, dont les progrès sont si rapides, se mettait partout.

Il gelait très-fort, la terre était couverte de neige; les officiers, comme les soldats, souffraient cruellement du froid par une température de 6 à 7 degrés au-dessous de zéro, et cherchaient des abris dans les maisons. Ils étaient épuisés par deux jours de combats continuels et meurtriers, avaient besoin de repos, et trouvaient une excuse dans leurs souffrances.

Une dépêche télégraphique du général Chanzy avertissait le général en chef que les soldats exténués ne tiendraient pas le lendemain.

Le général d'Aurelle passa cette nuit douloureuse à discuter avec le général Borel les moyens de couvrir et de défendre Orléans; il était bien résolu cependant à ne pas s'y enfermer avec son armée, dont il avait par-dessus tout l'honneur à sauvegarder. Il cherchait encore à se faire illusion sur la possibilité d'une résistance en avant de cette ville, en utilisant ces tranchées-abris et ces épaulements construits avec tant de peine, mais infanterie et artillerie, tout était dispersé, et le temps pressait.

« Mon général, lui dit alors le général Borel, vos soldats ne tiendront pas, la démoralisation est trop grande, et, si vous attendez plus longtemps pour ordonner l'évacuation d'Orléans, vous vous exposez à un désastre bien plus grand que la perte de cette ville. »

Il est des circonstances à la guerre où il faut savoir prendre une résolution prompte, quelque pénible qu'elle soit, et cette résolution fut prise.

Il était quatre heures du matin ; le général d'Aurelle envoya une dépêche télégraphique au ministre de la guerre pour lui annoncer la triste et cruelle nécessité où il se trouvait d'évacuer Orléans.

Le général d'Aurelle au ministre de la guerre, Tours.

« Saran, 4 décembre 1870, 4 heures du matin.

» Dans les journées du 1er et du 2 décembre, les
» 16e et 17e corps ont été très-éprouvés et ont fait des
» pertes considérables.

» Hier 3 décembre, de neuf heures du matin à
» cinq heures et demie du soir, le 15e corps a lutté
» contre des forces supérieures en nombre et en ar-
» tillerie, devant lesquelles il n'a pu conserver ses
» positions. La 1re division s'est retirée sur Loury ; la
» 2e d'Artenay sur Chevilly d'abord, et plus tard sur
» Cercottes ; enfin la 3e a dû se replier de Huêtre sur
» Gidy. La lutte a été acharnée : aussi les pertes sont
» très-nombreuses, et comme elle s'est terminée à
» la nuit close et au milieu des bois, il en est résulté
» un assez grand désordre.

» Dans cette situation et après une lutte de trois
» jours, où tous les corps ont été plus ou moins éprou-
» vés et désorganisés, il n'y a plus lieu de faire de
» plan de campagne. Je dois même vous déclarer que
» je considère la défense d'Orléans comme impos-
» sible. Quelque pénible que soit une pareille décla-
» ration, c'est un devoir pour moi de la porter à votre
» connaissance, parce qu'elle peut épargner un grand
» désastre.

» Si nous avions du temps devant nous pour nous

» réorganiser et nous remettre, on pourrait essayer ;
» mais l'ennemi sera demain sur nous, et, je vous le
» répète avec douleur, mais avec une profonde con-
» viction, nos troupes, éprouvées et démoralisées par
» ces deux dernières journées, ne tiendront pas.

» Il ne nous reste qu'un parti à prendre, c'est de
» battre en retraite, et voici comme je la compren-
» drais.

» Les 16e et 17e corps se retireraient sur Beaugency
» et Blois, le 18e et le 20e corps sur Gien, enfin le
» 15e corps passerait la Loire à Orléans pour aller en
» Sologne. De cette manière, les routes ne seraient
» pas encombrées et on aurait plus de facilités pour
» vivre. »

Il était urgent que l'intendant en chef de l'armée fût sans retard informé de la résolution prise, afin qu'il pût prendre ses dispositions pour faire passer sur la rive gauche du fleuve les immenses approvisionnements renfermés à Orléans.

L'intendance avait toujours une quantité considérable de voitures, de charrettes requises, attelées, et prêtes à être chargées, pour le transport des vivres à la suite des corps d'armée.

Les convois furent facilement organisés, et nos approvisionnements ne tombèrent pas entre les mains des Prussiens.

DÉPÊCHE A L'INTENDANT :

Le général en chef à l'intendant en chef à Orléans.

« Saran, 4 décembre 1870, 4 heures du matin.

» Les trois jours de lutte qui viennent d'avoir lieu

» me font prévoir la possibilité d'une retraite si l'en-
» nemi continuait ses attaques. Si j'étais forcé à cette
» retraite, mon intention serait de diriger les 16° et
» 17° corps sur Beaugency et Blois, les 18° et 20° sur
» Gien, et le 15° sur la rive gauche de la Loire.

» Prenez dès à présent vos dispositions pour qu'au
» premier ordre, vous puissiez enlever d'Orléans les
» approvisionnements que vous y avez. »

Dans la journée du 3, le général en chef fut informé, par dépêche télégraphique du ministre de la guerre, que le général Chanzy réunirait provisoirement le commandement du 17° corps à celui du 16°, et que le colonel Forgemol remplacerait le général de Bouillé comme chef d'état-major.

Dès que le général en chef eut reçu la dépêche télégraphique du ministre qui le laissait libre d'appeler à lui le 18° et le 20° corps d'armée, il prescrivit au général Bourbaki, qui était arrivé la veille à Bellegarde pour commander ces deux corps, d'appuyer sur sa gauche, pour soutenir des Paillères, trop isolé à Chilleurs.

La dépêche ne lui parvint que le 3, à sept heures du soir, et il se mit en mesure d'exécuter son mouvement le lendemain matin. Des Paillères attaqué dans la journée du 3 fut forcé de se retirer sur Orléans, comme on l'a dit plus haut.

Les 18° et 20° corps ne furent donc d'aucune utilité dans ces trois journées de combats meurtriers. Trop éloignés quand ils reçurent l'ordre d'agir, ils se mi-

VILLEPION, LOIGNY, POUPRY, CHEVILLY ET ORLÉANS.

rent en mouvement lorsque l'armée prussienne était déjà aux portes d'Orléans.

Dans la nuit du 3 au 4, le général en chef reçut du ministre de la guerre la dépêche télégraphique suivante, qui mérite toute l'attention du lecteur.

Elle prouve d'une manière irrécusable que le ministre et son délégué reconnaissaient enfin le danger qu'il y avait à disséminer les troupes, et la faute qu'ils avaient commise malgré les avis donnés tant de fois.

Ils ont dû regretter amèrement leur mouvement sur Pithiviers et les ordres des derniers jours de novembre, qui ont eu sur les destinées de la France une influence si fatale.

Voici cette dépêche, qui est la condamnation de toutes les opérations stratégiques qu'ils ont dirigées.

CIRCULAIRE DE TOURS.

Guerre à général en chef, armée Loire, Chevilly; général Chanzy, Saint-Péravy; général des Paillères, Loury; général Bourbaki, Bellegarde. Faire suivre.

« 3 décembre 1870, 10 heures 50 du soir.

» Il me semble que, dans les divers combats que
» vous avez soutenus, vos divers corps ont agi plutôt
» successivement que simultanément, d'où il suit
» que chacun d'eux a presque partout trouvé l'ennemi
» en forces supérieures. Pour y remédier dorénavant,
» je suis d'avis que vos corps soient le plus concen-
» trés possible. A cet égard, il me semble que le

» 16ᵉ corps et le 17ᵉ corps sont un peu trop déve-
» loppés sur la gauche. Quant au 18ᵉ et au 20ᵉ, je les
» engage, dès ce matin, à moins d'ordres contraires de
» vous, à appuyer sur la gauche et à se rapprocher
» de des Paillères, en marquant un mouvement de
» concentration vers Orléans; mais j'ai lieu de penser
» d'après ma dépêche vers six heures, que mes in-
» dications ne lui sont pas parvenues à temps. Bref,
» en prenant la situation au point où elle est mainte-
» nant, je crois devoir appeler votre attention sur
» l'opportunité d'un mouvement concentrique général
» à effectuer demain dimanche d'aussi bonne heure
» que possible, la nuit devant être occupée à se dé-
» barrasser des *impedimenta* qui seraient mis en ar-
» rière, la partie non indispensable pouvant même
» être envoyée sur la rive gauche.

» Un tel mouvement de concentration opéré, vous
» permettrait d'utiliser vos belles batteries de marine
» et d'opposer la simultanéité de vos forces aux atta-
» ques de l'ennemi, dont le nombre n'est peut-être
» pas aussi grand qu'on pourrait le conclure d'après
» les faits de ces deux jours.

» J'insiste sur cette concentration, parce que le
» mouvement en avant de l'armée ne me paraissant
» pas pouvoir être repris tout de suite, il n'y a plus
» le même intérêt à conserver les 18ᵉ et 20ᵉ et partie
» du 15ᵉ en avant sur votre droite, dans la route à
» suivre, ainsi que cela convenait au début de l'opé-
» ration.

» J'envoie copie de la présente à vos généraux
» commandant en chef, qui à moins d'instructions

» différentes de votre part, auraient à se conformer
» aux dispositions susindiquées.

» *Pour le ministre de la guerre,*
» DE FREYCINET. »

M. de Freycinet a reproduit dans son livre un grand nombre de dépêches, mais on y chercherait vainement celle dont il vient d'être donné copie.

N'est-elle pas la censure de toutes les mauvaises opérations militaires entreprises par le gouvernement de Tours, depuis le 23 novembre 1870 ? N'est-elle pas la justification du général d'Aurelle ne cessant de protester dans ses dépêches contre la dissémination des troupes ? Ne le décharge-t-elle pas de la responsabilité morale de tous les ordres donnés au nom du dictateur par son délégué de la guerre ?

Cependant la dépêche expédiée de Saran au ministre de la guerre, à quatre heures du matin, était parvenue à Tours et y avait produit une profonde émotion et un grand étonnement.

M. de Freycinet voyant ses projets et ses combinaisons stratégiques anéantis, répondit d'un ton hautain, irrité :

Guerre à général en chef armée de la Loire,
à Cercottes.

« Tours, 4 décembre 1870,
» 5 heures du matin.

» Votre dépêche de cette nuit me cause une dou-
» loureuse stupéfaction. Je n'aperçois, dans les faits
» qu'elle résume, rien qui soit de nature à motiver la

» résolution désespérée par laquelle vous terminez.

» Jusqu'ici vous avez été mal engagé et vous vous
» êtes fait battre en détail ; mais vous avez encore
» 200,000 mille hommes en état de combattre si leurs
» chefs savent par leur exemple et par la fermeté de
» leur attitude grandir leur courage et leur patrio-
» tisme.

» L'évacuation dont vous parlez serait par elle-
» même et en dehors de ses conséquences militaires un
» immense désastre. Ce n'est pas au moment où l'hé-
» roïque Ducrot cherche à venir vers nous que nous
» devons nous retirer de lui. L'heure d'une telle extré-
» mité ne me paraît pas avoir encore sonné. Je ne vois
» rien à changer quant à présent aux instructions que
» je vous ai envoyées hier au soir, et qu'à l'heure où
» j'écris nos généraux se préparent à exécuter. Opérez
» comme je vous l'ai mandé un mouvement général
» de concentration.

» Rappelez à vous le 18ᵉ et le 20ᵉ corps, dont on me
» paraît ne s'être pas assez occupé. Resserrez les 15ᵉ,
» 16ᵉ et 17ᵉ corps. Utilisez vos lignes de feu dont vous-
» même naguère me vantiez la puissance, et opposez
» dans ces lignes une résistance indomptable. En-
» voyez d'avance vos *impedimenta* sur la rive gauche
» et allégez vos mouvements. N'oubliez pas de faire
» garder et surveiller par de fortes escouades tous
» vos ponts sur la Loire, pour empêcher la malveil-
» lance et la trahison de les détruire.

» Enfin ne pensez qu'à organiser la lutte et à la
» généraliser. Je reçois à l'instant une dépêche de
» Bourbaki qui m'informe qu'il se met en devoir de

» réaliser le mouvement de concentration sur Orléans
» que j'ai prescrit. »

Cette dépêche n'est qu'une suite de phrases déclamatoires empreintes d'exagération et remplies d'erreurs, présentées par M. de Freycinet avec une hypocrite assurance, pour se justifier aux dépens du général en chef des fautes commises par l'administration de la guerre.

Le ministre avait été informé des revers éprouvés par l'armée de la Loire dans les trois dernières journées, de la démoralisation des troupes, de la fuite vers Orléans de compagnies débandées; il savait pertinemment que les 18e et 20e corps d'armée étaient dans l'impossibilité de prêter un appui en temps utile, puisqu'il les avait retenus éloignés du théâtre des dernières opérations : il déguisait donc sciemment la vérité.

Il ose dire à la France que l'armée de la Loire compte encore 200,000 hommes prêts à combattre, tandis que son effectif n'atteint pas le chiffre de 140,000 combattants.

Le général en chef ne voulant rien dissimuler au ministre de la situation où l'on se trouvait, lui adressa la dépêche suivante:

Général en chef au ministre de la guerre, Tours.

« Saran, 4 décembre, 8 heures du matin.

» Je suis sur les lieux et mieux en état que vous
» de juger de la situation. C'est avec une douleur

» non moins grande que la vôtre que je me suis dé-
» terminé à prendre cette résolution extrême.

» L'ennemi a franchi tous les obstacles jusqu'à
» Cercottes ; il est en outre maître de tous les débou-
» chés de la forêt: la position d'Orléans n'est donc
» plus ce qu'elle était autrefois. Aujourd'hui qu'elle
» est entourée et qu'elle a perdu l'appui de la forêt,
» elle n'est plus défendable avec des troupes éprou-
» vées par trois jours de fatigues et de combats, et
» démoralisées par les pertes considérables qu'elles
» ont faites.

» D'un autre côté, les forces de l'ennemi dépassent
» toutes mes prévisions et les appréciations que vous
» m'avez données. Le temps presse et ne me permet
» plus de faire la concentration dont vous parlez. La
» résistance ne peut s'organiser d'une manière effi-
» cace. Malgré tous les efforts que l'on pourrait ten-
» ter encore, Orléans tombera fatalement ce soir ou
» demain entre les mains de l'ennemi. Ce sera un
» grand malheur ; mais le seul moyen d'éviter une
» catastrophe plus grande encore, c'est d'avoir le
» courage de savoir faire un sacrifice lorsqu'il en est
» encore temps. L'armée de la Loire peut rendre de
» grands services à la défense nationale, mais à la
» condition de la concentrer sur des points où elle
» ait le temps de se réorganiser. Chercher à la con-
» centrer à Orléans, c'est l'exposer à être détruite
» sans résultats. Je crois donc devoir maintenir les
» ordres qui ont été donnés.

» Quant aux ordres qui ont été donnés par vous à
» Bourbaki, il ne m'appartient pas de les changer.

» Je vous laisse le soin de les confirmer ou de les
» retirer. Je dois seulement vous faire observer que
» ce mouvement vers Orléans, devant l'ennemi maître
» de la forêt, peut être d'autant plus dangereux que
» le général Bourbaki ne peut passer la Loire qu'à
» Orléans et à Gien. Le pont de Châteauneuf n'est
» pas encore terminé.

» *Signé :* D'AURELLE. »

Après avoir assuré l'exécution des ordres qu'il avait donnés, le général en chef partit à huit heures et demie pour Orléans. Le canon et la fusillade commençaient à se faire entendre, mais à de rares intervalles.

La route de Saran à Orléans était couverte de voitures appartenant à l'armée.

Vers dix heures, le général en chef apprit l'arrivée de des Paillères à Orléans avec sa première division. Il ne connaissait pas encore sa retraite de la veille, faite dans le plus grand désordre sur la route de Chilleurs. Cette division était numériquement la plus forte de l'armée, elle lui inspirait une grande confiance, et il éprouva une vive satisfaction de l'avoir sous la main, car il tenait en grande estime le commandant du 15e corps.

A cette nouvelle, il eut un moment l'espoir de ressaisir la fortune; il se hâta d'arriver à Orléans, et, sous cette impression, il envoya à Tours la dépêche suivante :

Général en chef d'Aurelle à guerre, Tours.

« Orléans, 4 décembre, 11 heures 55 du matin.

» Je change mes dispositions : dirige sur Orléans
» 16ᵉ et 17ᵉ corps, appelle 18ᵉ et 20ᵉ, organise résis-
» tance, suis à Orléans à la place. »

Le général en chef s'empressa de donner des ordres en conséquence; il fit appeler près de lui tous les chefs de service militaire présents, notamment le général des Paillères. L'illusion ne dura pas longtemps : les soldats de la 1ʳᵉ division du 15ᵉ corps étaient répandus dans les divers quartiers de la ville, dans les cabarets, dans les maisons particulières, ou couchés ivres sur les places publiques et le long des maisons. Les officiers avaient quitté leurs soldats, et remplissaient les hôtels et les cafés.

Le général en chef fit un appel énergique aux sentiments patriotiques des officiers supérieurs qu'il put réunir.

Le découragement était partout. Le général des Paillères ne parvint pas à faire exécuter les ordres donnés.

Le général Borel, les officiers de l'état-major, les aides de camp du général en chef se multipliaient, faisaient les plus grands efforts pour réorganiser ces troupes démoralisées; leur zèle et leur dévouement furent impuissants.

Sur ces entrefaites, le général d'Aurelle reçut de Tours la dépêche télégraphique suivante :

Guerre à général en chef d'Aurelle, à Saran.

« Saran de Tours, 4 décembre 1870,
» 11 heures 15 du matin.

» Le gouvernement de la défense nationale me
» charge de vous transmettre la dépêche suivante :
» L'opinion du gouvernement consulté était de
» vous voir tenir ferme à Orléans, vous servir des
» travaux de défense, et ne pas s'éloigner de Paris.
» Mais puisque vous affirmez que la retraite est né-
» cessaire, que vous êtes mieux à même, sur les lieux,
» de juger la situation, que vos troupes ne tiendraient
» pas, le gouvernement vous laisse le soin d'exécuter
» les mouvements de retraite sur la nécessité des-
» quels vous insistez et que vous présentez comme de
» nature à éviter à la défense un plus grand désastre
» que celui-là même de l'évacuation d'Orléans.

» En conséquence, je retire mes ordres de concen-
» tration active et forcée à Orléans et dans le péri-
» mètre de nos feux de défense, et donnez des ordres
» à tous vos généraux placés sous votre commande-
» ment en chef.

» *Signé* : Léon Gambetta, Ad. Crémieux,
» Glais-Bizoin, Fourichon. »

A la dépêche envoyée par le général en chef pour
prévenir qu'il avait changé ses dispositions et qu'il
organisait la résistance, M. de Freycinet répondit:

*Guerre à général en chef d'Aurelle, à la Place,
à Orléans.*

« Tours, 4 décembre, 1 heure 35 du soir.

» Le gouvernement a appris avec une profonde sa-

» tisfaction que vous organisiez la résistance à Orléans,
» et que vous étiez entré dans la voie tracée par nos
» précédentes dépêches.

» En ce qui me concerne personnellement, j'ai la
» foi entière que vous pouvez résister efficacement
» derrière vos batteries de marine. Un moment de
» panique parmi vos troupes a produit tout le mal,
» mais la vérité est que vous pouvez concentrer en
» quarante-huit heures plus de 200,000 hommes dans
» votre main, sans compter 60,000 hommes, que je
» réunis à Marchenoir et Beaugency, pour appuyer
» votre gauche et empêcher qu'elle ne soit tournée.
» Je ferai avancer cette nouvelle armée vers vous dès
» que vous le jugerez utile.

» Quant à votre droite, il me paraît certain qu'elle
» sera couverte par la seule approche des 18ᵉ et 20ᵉ
» corps, auxquels j'avais déjà donné ordre de se
» rabattre vers vous.

» M. Gambetta part dans une demi-heure pour
» Orléans. »

Le général en chef s'efforçait toujours, mais sans réussir, de rallier les officiers supérieurs ; il les engageait à user de leur autorité pour conduire leurs soldats dans les tranchées. Il en appelait à leurs sentiments d'honneur, à leur patriotisme : un petit nombre seulement répondaient à cet appel, les autres s'éloignaient en disant : Nos soldats ne tiennent plus !

Il avait envoyé le capitaine de Langalerie, son aide de camp, vers le général Chanzy, pour lui porter des ordres; cet officier fut obligé de rétrograder, et vint lui annoncer que les Prussiens avaient passé les Barres et se dirigeaient vers Ormes.

Les uhlans parcouraient le pays dans toutes les directions.

La division Peytavin avait quitté trop tôt ses positions de Gidy, et sans défendre pied à pied le terrain comme elle en avait reçu l'ordre, découvrant la ligne d'Orléans par la route de Châteaudun; par suite de cette faute, les communications avec le 16º et le 17º corps furent interrompues vers midi.

Le général Chanzy ne put marcher sur Orléans, comme l'ordre lui en était apporté par le capitaine de Langalerie, et comme le lui prescrivait une dépêche télégraphique qui ne lui parvint que longtemps après.

M. Gambetta, qui devait arriver à quatre heures, fut obligé de rétrograder. Des uhlans avaient, dit-on, tiré sur le train où il se trouvait.

Le dictateur aurait vu par lui-même, s'il était arrivé à Orléans, les efforts infructueux faits pour ramener au sentiment de l'honneur les soldats, un moment égarés par les souffrances, les fatigues, la démoralisation, et qui refusaient d'aller brûler leurs dernières cartouches.

Tout espoir était perdu.

L'ordre d'évacuer la ville fut donné à quatre heures.

Général en chef au ministre de la guerre, Tours.

« Orléans, 4 décembre, 5 heures du soir.

» J'avais espéré jusqu'au dernier moment pouvoir
» me dispenser d'évacuer la ville d'Orléans. Tous mes
» efforts ont été impuissants. Cette nuit la ville sera
» évacuée. »

Le général en chef s'était rendu à l'hôtel du Loiret pour y recevoir M. Gambetta. Le préfet, M. Pereira, s'y trouvait aussi, accompagné de M. Baguenault, son secrétaire particulier. Ils furent témoins des derniers efforts tentés pour préserver la ville d'une nouvelle occupation, de la douleur du général d'Aurelle, obligé de prendre la pénible résolution de l'évacuer.

Le général en chef laissa échapper quelques paroles amères sur la position qui lui avait été faite par le gouvernement de Tours, M. Pereira lui dit : « Notre malheur n'est pas votre faute, général; la France connaît votre énergie, votre courage, et ne peut qu'honorer votre caractère. »

Le général lui serra la main; ils se séparèrent pour ne plus se revoir. M. Pereira, dont la santé avait été altérée par les souffrances morales, mourut peu de temps après l'occupation d'Orléans.

L'évacuation était décidée, mais il fallait néanmoins tenir les Prussiens éloignés jusqu'à ce que les troupes et le matériel eussent quitté la ville.

L'artillerie, à six heures, était en grande partie sur la rive gauche du fleuve, et s'acheminait sur la Ferté Saint-Aubin.

On avait seulement retenu une batterie pour défendre le pont si l'ennemi tentait d'en forcer le passage.

Le général des Paillères, qui se retrouvait à la tête de son corps d'armée, dont il était séparé depuis le 24 novembre, fut chargé de couvrir, avec ce qu'il put réunir de ses trois divisions, les abords du chemin de fer, l'entrée des faubourgs Bannier, Saint-Vincent, Saint-Jean et Madeleine.

L'artillerie de marine, sous l'énergique direction du capitaine de vaisseau Ribourt, fit des efforts héroïques pour défendre jusqu'au dernier moment l'entrée de la ville. Les officiers et les marins méritèrent la reconnaissance du pays. Ils tinrent dans leurs batteries jusqu'à la dernière heure.

Le prince de Joinville, sous le nom de Lutherotti, se disant colonel américain, avait passé une partie de la journée dans la batterie des Acacias. Il se fit remarquer par son sang-froid et son courage, pointa lui-même plusieurs fois des pièces, excita l'étonnement et l'admiration de ceux qui le voyaient à l'œuvre. Ce ne fut que le soir quand il se retira, après avoir serré la main de ses braves compagnons d'armes de la journée, qu'il fut reconnu. Il avait eu la satisfaction de tirer sur les ennemis de la France les derniers coups de canon à Orléans.

A dix heures, les marins reçurent du général des Paillères l'ordre d'opérer leur retraite ; ils ne l'exécutèrent qu'après avoir encloué leurs pièces de gros calibre et détruit leurs munitions de guerre.

Dès sept heures, le général en chef avait établi son

quartier général sur la rive gauche de la Loire, pres du pont de pierre. Les officiers de son état-major pressaient l'exécution des ordres relatifs à l'évacuation, activaient le départ de notre immense convoi, de l'artillerie et des munitions de guerre, qui étaient toutes sauvées.

A huit heures et demie, le général des Paillères fit prévenir le général en chef qu'un parlementaire demandait, au nom du prince Frédéric-Charles, à prendre possession de la ville.

Il n'y avait plus qu'à gagner du temps pour terminer les préparatifs d'évacuation.

Le général en chef fit répondre que la ville pourrait être occupée dans la nuit, mais que si l'on cherchait à y pénétrer de vive force, on s'exposerait au danger de périr par les mines prêtes à faire explosion.

En même temps, il envoyait au général des Paillères un ordre écrit pour l'autoriser à évacuer Orléans quand les troupes en seraient sorties.

A neuf heures et demie, un second parlementaire se présenta, et déclara que le général prussien donnait une heure comme dernier délai pour pénétrer dans la ville, sous peine de bombardement, de pillage et d'incendie.

Le général Dariès fut envoyé au général d'Aurelle pour lui faire connaître cette nouvelle sommation.

On décida que la ville serait évacuée à onze heures et demie.

Le préfet en fut aussitôt informé: il fit passer des agents dans les auberges, les cafés, les cabarets, pour prévenir tous les militaires d'avoir à quitter la ville immédiatement.

Croira-t-on, que, malgré cet avertissement, des soldats et même des officiers, qui avaient quitté leurs compagnies pour chercher un abri dans des hôtels et des maisons particulières, s'obstinèrent à rester et furent faits prisonniers?

Le général en chef avait donné l'ordre au colonel de Marcilly, commandant le génie, de prendre ses dispositions pour faire sauter le pont de pierre, en se réservant toutefois le droit de juger de l'opportunité et du moment où ce sacrifice serait nécessaire.

Le colonel de Marcilly ne se mit pas en mesure de remplir ce devoir, et lorsque le général en chef lui fit demander s'il était prêt à exécuter l'ordre qu'il avait reçu, il lui répondit par le billet suivant:

« 4 décembre 1870.

» Mon général,

» Ni le maire, ni le directeur des contributions » indirectes ne peut nous donner les poudres néces- » saires à la destruction des ponts (500 à 600 kilog.) » Je vais voir Hugon [1] s'il peut nous en faire venir, » mais ce matin il en doutait.

» Je suis avec respect, etc.

» *Le colonel commandant le génie,*

» *Signé:* DE MARCILLY. »

Si cet ordre avait été exécuté, les Prussiens n'auraient pu passer sur la rive gauche, et n'auraient pas été jusqu'à Vierzon, comme ils le firent quelques jours après.

[1] Le colonel Hugon était le directeur du parc d'artillerie.

Ce fut une faute grave, et si le général en chef avait conservé le commandement de l'armée de la Loire, le colonel du génie aurait été remplacé dans ses fonctions.

Une dépêche fut envoyée au général Bourbaki pour le prévenir de l'évacuation d'Orléans, arrêter la marche des 18ᵉ et 20ᵉ corps sur cette ville, et pour lui prescrire de diriger le 18ᵉ sur Gien, et le 20ᵉ sur Argent par Sully.

Le général Chanzy devait continuer sa retraite sur Beaugency et Blois avec le 16ᵉ et le 17ᵉ corps, d'après les ordres que lui avait expédiés le général en chef, dans la nuit du 3 au 4. Depuis ce moment, toute communication avait été interrompue.

Le 15ᵉ corps effectuait sa retraite sur Salbris. La 3ᵉ division de ce corps avait reçu l'ordre de suivre la route de la rive gauche de la Loire jusqu'à Beaugency, et de se diriger sur Salbris par Romorantin. Au lieu de cela, le général Peytavin la conduisit à Blois.

Après avoir donné tous les ordres que réclamaient les circonstances, le général en chef partit avec son état-major pour se rendre à la Ferté Saint-Aubin, point de ralliement des régiments du 15ᵉ corps. Il y était à trois heures du matin. Les troupes arrivaient successivement et s'empressaient d'allumer de grands feux, à cause de l'intensité du froid.

Le 5, le départ pour la Motte-Beuvron eut lieu à sept heures. La marche se fit en bon ordre. Le général en chef, en parcourant les rangs, prescrivait toutes les mesures utiles pour la réorganisation des régiments, et pour assurer les distributions de vivres.

Le général des Paillères, qui faisait l'arrière-garde avec sa première division et une brigade de cavalerie, arriva le 5 à la Motte-Beuvron, à trois heures de l'après-midi, sans avoir été inquiété par l'ennemi.

Les grand'gardes furent établies avec soin, pour se préserver de toute surprise, ce qui n'empêcha pas que vers deux heures du matin une panique se répandit dans le camp de la 2ᵉ division d'infanterie.

Beaucoup d'hommes quittèrent leurs compagnies et prirent la route de Vierzon, où ils arrivèrent, au nombre d'environ 1,500, avec des officiers entraînés par le mauvais exemple.

Le 6, les troupes se mirent en route à sept heures, arrivèrent à Salbris à midi, et l'arrière-garde à deux heures. Elles reprirent les emplacements qu'elles avaient occupés au mois d'octobre.

Le convoi, composé d'environ trois mille voitures chargées de vivres, s'y trouva réuni dans la soirée.

Dès son arrivée, le général en chef fit prévenir que le corps d'armée séjournerait le lendemain à Salbris, et qu'il serait distribué à la troupe des effets de linge et chaussure, ainsi que des vêtements.

A trois heures, le général en chef avait donné des ordres pour que tous les généraux, les chefs de services fussent réunis le lendemain au quartier général, lorsqu'il reçut du ministre de la guerre la dépêche télégraphique suivante:

Guerre à général d'Aurelle, à Salbris.

« Tours, 6 décembre 1870.

» Le commandement en chef de l'armée de la
» Loire est supprimé. Le 16e et le 17e corps, formant
» la deuxième armée de la Loire, passent sous les
» ordres du général Chanzy.

» Les 15e, 18e et 20e corps formeront, sous les
» ordres du général Bourbaki, la première armée de
» la Loire.

» Remettez immédiatement le commandement au
» général des Paillères. Vous êtes nommé au com-
» mandement des lignes stratégiques de Cherbourg,
» et vous vous rendrez sur-le-champ à votre desti-
» nation. »

Cette dépêche était en même temps adressée à
tous les commandants des corps d'armée.

Le général des Paillères se trouvait en ce moment
au grand quartier général. Le général d'Aurelle lui
remit sur-le-champ le commandement et répondit au
ministre de la guerre :

Le général d'Aurelle au ministre de la guerre,
à Tours.

« Salbris, 6 décembre 1870.

» Je viens de recevoir votre dépêche télégra-
» phique qui m'annonce que le commandement en
» chef de l'armée de la Loire est supprimé, et ma
» nomination au commandement du camp stratégique
» de Cherbourg.

VILLEPION, LOIGNY, POUPRY, CHEVILLY ET ORLÉANS.

» Je viens, d'après vos ordres, de remettre mon
» commandement au général des Paillères. Celui des
» lignes stratégiques de Cherbourg n'est pas en
» rapport avec le commandement de général en chef
» que j'ai exercé. Je dois à ma dignité de ne pas
» amoindrir la position que j'ai occupée, et je vous
» demande à ne pas aller prendre possession de ce
» commandement et à me retirer dans mes foyers.

» Ma santé, d'ailleurs, est altérée et réclame des
» soins que je ne puis recevoir que chez moi.

» J'attends votre réponse à Salbris. »

Le général d'Aurelle reçut encore pendant la nuit une dépêche ainsi conçue :

« Votre expérience et la connaissance que vous
» avez de Salbris peuvent être d'une grande utilité
» au général des Paillères et au général Crouzat.
» Veuillez aider le premier de vos conseils et donner
» des ordres au général Crouzat, s'il vous les de-
» mande. Je fais appel à votre dévouement et à
» votre patriotisme. »

Cette dépêche, qui formait un contraste frappant avec la précédente, semblait indiquer déjà un revirement dans l'esprit du gouvernement. Elle n'inspira cependant que de la défiance au général en chef. Il ne voulut pas prendre une part de responsabilité dans des opérations militaires qu'il n'avait plus le droit de diriger.

Il répondit donc au ministre de la guerre :

Le général d'Aurelle au ministre de la guerre,
à Tours.

« Salbris, 7 décembre, 4 heures du matin.

» Il m'est difficile de donner des conseils au géné-
» ral des Paillères, sans blesser l'amour-propre de
» cet officier général, sans lui enlever une partie de
» son autorité morale et le prestige nécessaire à tout
» commandant de corps d'armée. Je le crois d'ail-
» leurs très-capable de se tirer seul d'affaire.

» Il m'est impossible de donner des ordres au
» général Crouzat, qui sait que je n'ai plus aucune
» autorité pour le faire.

» Des ordres ainsi donnés seraient nuisibles aux
» intérêts du service. Une responsabilité partagée
» devient nulle; il faut en tout l'unité de comman-
» dement.

» Ma présence ici ne peut plus être utile; je n'ai
» plus d'autorité ni de commandement à exercer. Je
» vous demande donc à partir au plus tôt. »

L'autorisation demandée arriva dans la matinée
du 7 décembre, et le général d'Aurelle quitta Salbris
le même jour à deux heures, après avoir fait ses
adieux aux officiers de son état-major, aux généraux
et aux chefs des divers services réunis chez le général des Paillères: tous lui donnèrent les témoignages
de leur vive sympathie.

Le général en chef se sépara avec une profonde
douleur de cette armée de la Loire qu'il avait créée,
instruite, moralisée, disciplinée, et conduite à la
victoire.

Elle venait d'éprouver des revers dus à l'incapacité du ministre de la guerre et de son délégué, revers dont le général d'Aurelle ne pouvait assumer la responsabilité.

Il espérait pouvoir réorganiser promptement cette armée; ses projets allaient recevoir leur exécution quand il fut relevé de son commandement en chef.

Son plan de réorganisation était simple, il ne fallait que trois jours au plus pour le réaliser. L'armée pouvait dès le 10 ou le 11 décembre être prête à tenir la campagne et à reprendre l'offensive.

Le général en chef était bien résolu à s'affranchir, désormais, de toute dictature civile et de toute ingérence dans la direction des opérations militaires.

Pour arriver à cette réorganisation, il fallait concentrer l'armée. Ce problème, que M. Gambetta considérait comme insoluble, était très-simple, et ne demandait aucune combinaison stratégique.

Il suffit pour s'en convaincre de jeter un coup d'œil sur la carte d'ensemble placée à la fin de cet ouvrage.

Le 15ᵉ corps venait de se reformer à Salbris, en arrière de la Sauldre, dans de bonnes positions depuis longtemps étudiées.

Ce corps d'armée devait être la base de la concentration; les autres seraient venus se souder à lui à droite et à gauche de la manière suivante:

Le général Chanzy, commandant les 16ᵉ et 17ᵉ corps, avait reçu, le 3 décembre, l'ordre de battre en retraite sur Beaugency et Blois.

Il ne pouvait encore connaître les desseins du

général en chef, mais ce mouvement de retraite était conforme aux vues du général Chanzy, ainsi que le prouve sa dépêche télégraphique du 3 décembre 1870, cinq heures du soir.

Les ordres que le général en chef allait donner le 6, au moment où il reçut l'avis de la suppression du commandement en chef de l'armée de la Loire, étaient le développement de son projet.

Le 16ᵉ et le 17ᵉ corps devaient traverser la Loire à Blois et à Beaugency. Cette dernière ville était occupée par le général Camô, qui pouvait ainsi faciliter cette opération.

Le général Chanzy serait resté libre de choisir, suivant ses appréciations, les points de passage du fleuve. Après cette opération, les ponts devaient être détruits et les troupes dirigées sur Romorantin par deux belles routes; partant l'une de Beaugency par la Ferté Saint-Aignan, et l'autre de Blois par Cour-Cheverny.

Le 17ᵉ corps devait appuyer sa gauche à Romorantin, sa droite dans la direction de Salbris. Le 16ᵉ corps se serait établi entre le 17ᵉ et le 15ᵉ. Le 20ᵉ corps qui était à Argent, à la droite du 15ᵉ, entre Salbris et Sainte-Montaine ; enfin, le 18ᵉ, venant de Gien, aurait été placé à la droite du 20ᵉ, étendant son aile droite vers Aubigny-Ville.

La brigade de la division Peytavin qui s'était dirigée sur Blois, aurait suivi les 16ᵉ et 17ᵉ corps, pour venir rejoindre son corps d'armée à Salbris.

Les bagages et les convois de toute espèce, acheminés d'avance sur Romorantin, dégageaient ainsi les routes, et dans le cas où il aurait fallu en sacrifier une partie, 3,000 voitures de vivres étaient à Salbris et permettaient de faire face aux besoins.

Obligé de quitter son armée, les projets du général en chef ne purent se réaliser.

Il était loin de prévoir les douloureuses épreuves qui l'attendaient.

En arrivant à Lyon, les journaux et la rumeur publique lui firent connaître les odieuses calomnies que le gouvernement de Tours avait dirigées contre lui.

Une dépêche télégraphique du 5 décembre, onze heures du soir, adressée par le ministre de l'intérieur aux préfets, aux sous-préfets, aux généraux commandant les divisions et subdivisions, était publiée dans tous les journaux et même placardée sur les murs des principales villes.

Elle portait ce préambule :

« Veuillez donner la plus grande publicité à la » note suivante », et contenait ce passage d'une insigne perfidie : « A l'heure actuelle les dépêches des différents chefs de corps annoncent que la retraite s'effectue en bon ordre, mais *on est sans nouvelles du général d'Aurelle,* qui n'a rien fait parvenir au gouvernement.... »

On préparait ainsi l'opinion publique à accueillir toutes les accusations que M. Gambetta devait bientôt diriger contre le général en chef.

Le général commandant le 16ᵉ et le 17ᵉ corps pouvait seul communiquer avec Tours.

Le 15ᵉ corps n'en avait plus la possibilité, les fils télégraphiques avaient été déjà coupés par l'ennemi sur la rive gauche de la Loire, en aval d'Orléans. A la Motte-Beuvron seulement, les communications furent rétablies.

Nuit et jour au milieu de ses soldats, dont il partageait les fatigues et les souffrances, le général d'Aurelle épuisait ses forces à relever leur moral, en dirigeant lui-même toutes les opérations de la retraite. C'est dans un tel moment qu'avec une intention calomnieuse évidente, le ministre de l'intérieur disait à la France : *Nous sommes sans nouvelles du général d'Aurelle*, cherchant ainsi par cette insinuation à faire peser sur lui le soupçon de trahison ou d'abandon de son armée.

Dans cette dépêche, il exagérait à dessein, ou par ignorance, les forces de l'armée de la Loire, qu'il portait à 200,000 hommes et son artillerie à 500 bouches à feu, tandis qu'en réalité l'effectif des combattants n'atteignait pas le chiffre de 145,000 hommes, et le nombre des bouches à feu celui de 300. Ces forces auraient été, d'ailleurs, suffisantes pour constituer une armée redoutable, si on avait laissé le général en chef libre d'en réunir les éléments épars.

M. Gambetta avait recommandé de donner la plus grande publicité à cette dépêche, on voit dans quel but : redoutant le jugement sévère du pays, il le prévenait en accusant le général en chef.

Malgré cette dépêche, la presse fut à peu près unanime pour rejeter la responsabilité des fautes commises sur le ministre, qui avait entravé les opérations de l'armée de la Loire, en s'arrogeant le commandement de trois corps d'armée.

Malgré les affirmations intéressées, malveillantes, passionnées du livre de M. de Freycinet, l'opinion ne s'est pas laissé égarer; elle a jugé les faits accomplis avec impartialité, et s'est prononcée déjà d'une manière sévère contre M. Gambetta, responsable des actes de son délégué.

Tel est le résumé des opérations de l'armée de la Loire pendant le temps que le général d'Aurelle de Paladines a eu l'honneur de la commander.

Il l'avait organisée, formée à l'obéissance et à la discipline. Il s'était efforcé de lui inspirer des sentiments d'honneur et de patriotisme, et il a la conscience d'avoir accompli ce devoir en loyal soldat.

APPENDICES

APPENDICES.

NOTE N° 1.

Décret sur la répression des délits militaires flagrants et la création de cours martiales.

Le gouvernement de la défense nationale, considérant que du maintien ou du rétablissement de la discipline dépendent la dignité ou la force des armées ;

Considérant que la législation et les règlements actuels ne contiennent pas de dispositions qui permettent de réprimer immédiatement les crimes et délits commis par les militaires en campagne :

Décrète :

Art. 1er. A partir du jour de la promulgation du présent décret, des cours martiales sont établies, pour remplacer les conseils de guerre, jusqu'à la cessation des hostilités, dans les divisions actives, et dans les corps de troupes détachés de la force d'un bataillon au moins qui marchent isolément.

Art. 2. Il n'y aura lieu ni à révision ni à cassation des sentences rendues par les cours martiales.

Art. 3. La plainte dressée par l'autorité qui aura constaté le délit ou le crime, et portant le nom des témoins, sera transmise dès l'arrivée au gîte du soir, à l'officier du grade le plus élevé. Celui-ci donnera l'ordre de la convocation immédiate de la cour martiale, qui se réunira aussitôt au lieu indiqué par son président.

Le président donnera lecture de la plainte en présence de l'accusé, le conseil entendra les témoins présents de l'accusation, puis l'accusé et les témoins à décharge qu'il appellera et s'ils sont présents; l'accusé aura la parole le dernier. Il n'y aura pas de plaidoirie par avocat, pour ou contre.

Le président fera sortir l'accusé, résumera les dépositions faites en faveur de l'accusé et celles faites contre lui. Il posera en ces termes une question unique aux membres du conseil, en commençant par le moins élevé en grade:

Au nom de la patrie envahie,

Le nommé — un tel — est-il coupable d'avoir — brisé son arme, maraudé, insulté son supérieur? — etc., etc.

Il sera répondu par oui ou par non.

La majorité simple décidera de la culpabilité.

Le greffier rédigera séance tenante le procès-verbal, et le président faisant rentrer l'accusé, lui lira la sentence qui le condamne ou qui l'acquitte.

En cas de condamnation, la sentence sera exécutée le lendemain matin avant le départ des troupes, en présence du bataillon auquel appartient le coupable.

Art. 4. Pour les soldats, caporaux, brigadiers et sous-officiers, la cour martiale de la division se composera d'un chef de bataillon président, de deux capitaines, d'un lieutenant ou d'un sous-lieutenant, qui resteront tous en fonctions pendant quinze jours sans être renouvelés, et d'un sous-officier qui appartiendra toujours à la compagnie de l'accusé.

Un sergent-major remplira les fonctions de greffier sans voix délibérative.

Pour toute fraction constituée de la division en marche isolément, de la force d'un bataillon, ou commandée par un chef de bataillon, la cour martiale se composera de deux capitaines, dont le plus ancien présidera, d'un lieutenant ou sous-lieutenant et de deux sous-officiers, dont l'un appartiendra toujours à la compagnie de l'accusé; un sergent-major sera greffier.

Les membres de la cour martiale seront pris par rang d'ancienneté, jusqu'à épuisement de la liste des officiers, sans qu'aucun d'eux puisse décliner cette fonction, sous peine de réforme.

Les cours martiales des fractions isolées cesseront de fonctionner aussitôt qu'elles seront revenues au campement de la division ; partout ailleurs elles fonctionneront.

ART. 5. La composition des cours martiales pour les officiers sera la même que celle des conseils de guerre concernant les officiers ; mais la procédure sera la même que celle suivie à l'égard des soldats, caporaux, brigadiers ou sous-officiers.

ART. 6. Seront punis de mort les crimes et délits suivants :

Assassinat, meurtre, désertion, embauchage pour commettre un des faits punis de mort par le présent décret, complicité dans un de ces faits, espionnage, vol, maraudage, pillage avec ou sans armes, refus de servir à un supérieur avec ou sans menaces ou injures, inexécution d'ordres compris et réitérés avec intention d'opposer de l'inertie, injures, menaces, voies de fait envers un supérieur, provocations en paroles à la révolte ou à l'indiscipline, bris d'armes, perte volontaire d'armes, afin de ne pas marcher au feu, destruction de munitions dans le même but, faite en présence ou non de l'ennemi, par lâcheté :

Au feu, tout officier ou sous-officier est autorisé à tuer l'homme qui fait preuve de lâcheté, en n'allant pas se mettre au poste qui lui est indiqué, ou en jetant le désordre par fuite, panique ou autre fait de nature à compromettre les opérations de la compagnie et son salut, qui dépend de la résistance et de l'accomplissement courageux du devoir.

ART. 7. Tout individu non militaire qui se rendra complice d'un militaire dans un des crimes et délits prévus ci-dessus, sera soumis à la même juridiction et puni des mêmes pénalités.

Art. 8. Seront traités comme maraudeurs et punis comme tels, les traînards sans armes que les chirurgiens du corps n'auront pas autorisés à suivre avec l'arrière-garde, s'ils ne marchent pas en ordre sous sa conduite.

Art. 9. Chaque division aura une prévôté composée de trente-deux gendarmes à cheval, commandés par un officier. Cette troupe se divisera au besoin, de manière que chaque portion de corps marchant isolée, soit accompagnée au moins de deux gendarmes et d'un brigadier.

La prévôté arrêtera d'elle-même tous les délinquants quels qu'ils soient, officiers ou non, et dressera ses procès-verbaux des délits commis, qui seront aussitôt transmis au commandant de la colonne. Contre les délinquants qui tenteraient de fuir ou de faire résistance, elle fera usage de ses armes.

La prévôté recevra et conduira les délinquants qui lui seront remis par une autorité quelconque de la colonne; quand il y aura lieu, il lui sera donné des hommes de garde pour conduire les délinquants.

La juridiction pénale des prévôts prévue par les articles 51, 52 et 75 du Code de justice militaire, s'étend à la suite du corps d'armée, sur tout le sol français.

Art. 10. Tous les manquements simples au service seront punis par le doublement des sentinelles des grand'gardes et avant-postes; mais une de ces sentinelles ou deux ou toutes les deux, s'il n'y a pas d'hommes punis, appartiendront toujours à la fraction constituée de grand'garde.

Art. 11. Les dispositions du présent décret s'appliqueront à tous les corps de troupes armés, équipés et entretenus aux frais de la République, ou qui auraient seulement reçu l'attache de belligérants.

Art. 12. Dans tous les cas non prévus par le présent décret, les pénalités édictées par le Code de justice militaire devront être appliquées.

Art. 13. Le vice-amiral, ministre de la guerre par intérim, est chargé de la promulgation et de l'exécution du présent décret.

Fait à Tours, le 2 octobre 1870.

Pour le gouvernement de la défense nationale:

Les membres de la délégation,

Signé : AD. CRÉMIEUX, AL. GLAIS-BIZOIN, L. FOURICHON.

Par le gouvernement:

Le vice-amiral, ministre de la guerre par intérim,

L. FOURICHON.

NOTE N° 2.

Sur les appréciations du général Trochu au sujet de la victoire de Coulmiers et sur le ravitaillement de Paris.

Le général Trochu a parlé de l'armée de la Loire, à l'Assemblée nationale, dans un discours qui a eu en France un certain retentissement [1].

Voici dans quelle circonstance :

Les membres du gouvernement de la défense nationale, dont il était le président, furent invités par l'Assemblée à rendre compte de l'usage qu'ils avaient fait du pouvoir usurpé le 4 septembre.

Une commission chargée de procéder à une enquête fut nommée. Le général Trochu, sur qui pesait une immense

[1] Voir au *Journal officiel* les séances de l'Assemblée nationale des 13 et 14 juin 1871. Ce discours a été publié en brochure quelques jours après.

responsabilité, impatient de présenter au pays sa justification personnelle, n'attendit pas d'être appelé devant cette commission.

A la tribune, pendant deux séances, il captiva l'attention de l'Assemblée. Dans son discours, il passa en revue tous les événements militaires de la deuxième partie de la guerre, liés naturellement au siége de Paris.

Les services rendus à la France par les armées de province et particulièrement par l'armée de la Loire, furent appréciés, dans ce discours peu bienveillant, avec un certain dédain, et j'ajouterai même un parti pris de dénigrement.

Le gouverneur de Paris a porté sur cette armée qu'il ne connaissait pas un jugement partial; et cependant il a eu, dit-il, la prétention d'écrire une page d'histoire.

Il appartenait au général en chef de la première armée de la Loire de rectifier les erreurs contenues dans ce discours; je devais, dans l'intérêt de la vérité, ne pas laisser rabaisser sans protestation les services rendus par cette armée, qui a noblement combattu pour la France. Je cite les paroles du général Trochu :

« Quand arriva à Paris la nouvelle du succès de Coul-
» miers, qui était dû, comme je le compris tout d'abord
» avant d'en connaître les détails, à l'habileté avec laquelle
» le général en chef avait su réunir une troupe *maxima*
» contre le point qu'occupait l'ennemi avec une troupe
» *minima*, Paris vit dans le succès de Coulmiers, non pas un
» accident heureux, mais une marque, un présage certain
» de nos victoires de l'avenir. »[1]

En prononçant ces paroles, le gouverneur de Paris a montré qu'il ne connaissait pas la vérité.

D'ailleurs, il n'est pas nécessaire pour vaincre avec honneur de réunir des forces *minima* contre une troupe ennemie *maxima*. La victoire est en général du côté des gros bataillons.

Une *partie* de l'armée de la Loire a attaqué l'armée *entière* du général de Tann, qui se retranchait depuis plusieurs jours dans une position choisie à l'avance, dans des villages, des fermes et des châteaux mis en état de défense [1].

L'armée bavaroise, attendant la bataille dans des conditions d'infériorité numérique, devait se croire certaine de vaincre, par la qualité de ses troupes et la force des positions qu'elle occupait.

La victoire de Coulmiers, que le général Trochu appelle un *accident heureux*, doit être justement attribuée à la valeur, à la discipline de nos soldats, à l'énergie de leurs officiers.

Des mobiles de plusieurs départements rivalisèrent de courage et d'entrain avec nos vieux régiments.

Le général d'Aurelle était loin d'avoir réuni sous sa main toutes les troupes dont il disposait.

La division des Paillères, qui se dirigeait d'Argent sur Orléans, ne put arriver à temps pour prendre part à la bataille. Cette division, séparée de l'armée depuis un mois, renforcée de bataillons d'infanterie de marine, s'était grossie en outre de divers détachements qu'elle avait ralliés. Son effectif s'élevait à 30,000 hommes, et elle avait neuf batteries d'artillerie de divers calibres.

La brigade Maurandy, restée à Gien pour garder cette position, comptait environ 4,500 hommes. Ainsi 35,000 hommes de l'armée de la Loire ne purent combattre à Coulmiers.

A la nouvelle de ce succès, dit encore le général Trochu dans son discours, un vertige s'empara de l'esprit des habitants de Paris, et fit avorter les projets de son gouverneur.

Son *plan* consistait à traverser les lignes allemandes pour se porter vers Rouen, sur la basse Seine. Par cette sortie hardie, il espérait résoudre le difficile problème du ravitaillement de Paris.

Le général Trochu est un théoricien habile. Doué d'une

[1] Voir à l'appui l'ordre du jour de la division Stolberg, page 375, qui prouve qu'à la date du 18 octobre l'ennemi occupait les positions dans lesquelles il a été attaqué le 9 novembre.

imagination vive, il se complaît à faire des plans, et s'abandonne facilement aux illusions qui naissent de ses conceptions.

S'est-il bien rendu compte de l'opération pratique de ravitailler, pour quinze jours, une ville de deux millions d'habitants, sous le feu d'un ennemi vigilant, maître du pays, et disposant de moyens formidables d'attaque et de défense?

Je regrette vivement de ne pas partager l'opinion de mon honorable collègue sur une question d'une telle importance, mais, à mon avis, il n'y avait qu'un moyen d'opérer le ravitaillement de Paris, c'était de forcer l'ennemi à en lever le siége.

Je vais démontrer que la sortie du général Trochu sur la basse Seine et le projet de ravitaillement n'étaient qu'une trompeuse illusion.

Je suppose que l'opération militaire contre les lignes prussiennes ait réussi, et que l'armée de Paris chargée d'opérer le ravitaillement, soit arrivée à Rouen, ou sur tout autre point lui servant d'objectif; certes, cette concession est grande!

Il lui faudra en arrivant trouver les approvisionnements rassemblés, et des moyens de transport suffisants pour les conduire à Paris.

Un calcul simple, pratique, à la portée de tout le monde, va nous faire connaître, d'une part, le poids de ces denrées, d'autre part, les moyens de transport nécessaires. Ce calcul sera basé sur les règles données pour l'alimentation du soldat et pour les transports aux armées.

Déterminons d'abord ce qu'il faut d'approvisionnements pour alimenter Paris pendant un seul jour :

La ration d'un soldat est de :

Pain.	750 gr.
Viande.	300
Légumes secs.	60
Sel.	16,6
Sucre.	21
Café.	16
Total.	1,163, 6

Si on substitue le biscuit au pain, le poids de la ration n'est plus que de 1,063 grammes. Enfin, la farine, substituée au biscuit et au pain, réduit le poids de la ration à 945 grammes [1].

En multipliant ces trois nombres par 2 millions, nous avons, en kilogrammes, la quantité de vivres nécessaire pour alimenter pendant *un jour* deux millions d'habitants, suivant que la ration se composera de pain manutentionné, de biscuit ou de farine.

La ration avec pain donne par jour pour deux millions d'habitants :

2,326,000 kilogrammes
ou 23,260 quintaux métriques.

La ration avec biscuit :

2,126,000 kilogrammes
ou 21,260 quintaux métriques.

La ration avec farine :

1,890,000 kilogrammes
ou 18,900 quintaux métriques.

Je prends pour exemple le ravitaillement fait en farines, qui aurait été de beaucoup le plus favorable pour la réussite des projets du général Trochu.

Le poids des approvisionnements à transporter est de : 1,890,000 kilogrammes qui auraient nécessité 18,900 mulets à 100 kilogrammes par mulet, ou 2,700 voitures chargeant 700 kilog. par voiture à un cheval, ou enfin 135 bateaux jaugeant chacun 200 tonneaux.

La longueur de ce convoi de ravitaillement pour *un jour*, en comptant 8 mètres par voiture, serait de 21 kilomètres 600 mètres sur une seule file, et de 10 kilomètres 800 mètres sur deux files.

[1] La différence entre le poids de la ration de pain, celle de biscuit et celle de farine tient au poids de l'eau qui entre dans la fabrication.

Pour un ravitaillement de quinze jours, il faudrait multiplier par 15 ces quantités, et l'on arriverait alors aux chiffres énormes de 28,350,000 kilogrammes de denrées, ou 283,500 quintaux métriques, demandant pour leur transport 40,500 voitures, occupant sur une file 324 kilomètres, 81 lieues, et sur deux files, 162 kilomètres, 40 lieues ; c'est-à-dire, sur une file, la distance de Paris à Poitiers, et sur deux files, une distance plus grande que celle de Paris à Rouen [1].

Il est bien entendu qu'il n'est pas question de ravitailler Paris en vin et en eau-de-vie, dont on peut se passer, encore moins en fourrages, ce qui compliquerait bien autrement l'opération.

Comment le gouverneur de Paris, avec son expérience qu'il nous a quelquefois vantée, avait-il pu concevoir la pensée d'un tel ravitaillement?

Il y avait impossibilité matérielle de réunir une aussi prodigieuse quantité de denrées sur un même point, il y avait impossibilité matérielle de former un convoi composé de 40,500 voitures, nécessitant une même quantité de chevaux ou de mulets pour les traîner.

Mais si, contrairement à toute prévision, par des efforts inouïs, surhumains, ce convoi avait été organisé et acheminé sur Paris, peut-on supposer que l'armée allemande l'aurait laissé passer sans l'attaquer, le couper, y mettre le désordre et s'en emparer?

Je conclus en disant que le célèbre plan qui devait sauver Paris était un plan chimérique, que le ravitaillement n'était pas possible dans la pratique, et que la bataille de Coulmiers n'a pu avoir aucune influence fâcheuse sur les destinées de Paris, voué fatalement à capituler par famine, malgré les plus héroïques efforts de l'armée et du chef illustre chargé de la défense.

---

[1] Si cet énorme convoi était arrivé, on aurait pu manger les chevaux et les mulets, il est vrai, ce qui aurait donné de la viande pour dix jours, mais alors un ravitaillement de fourrages était indispensable!

NOTE N° 3.

Ordre du jour indiquant les positions occupées le 18 octobre par la division de cavalerie du comte Stolberg [1].

Commandement de la division, 17 octobre 1870.
M. Q. Château la Source-du-Rolin.

1. La division, renforcée par deux bataillons du 12e régiment d'infanterie royale bavaroise, occupera, demain 18 du mois, des cantonnements à l'ouest des bois de Montpipeau et de Bucy; à savoir :

A. De la brigade Baumbank, un régiment à Coulmiers ; l'autre régiment à Préau et à la Challerie.

B. La brigade Collomb et les deux batteries, dans le Creux, le Ponceau, le Pater et les fermes situées autour de Huisseau-sur-Mauves.

C. Les deux bataillons du 12e régiment d'infanterie bavaroise à Saint-Ay. Ils donneront une compagnie pour couvrir la division Staber.

D. Celle-ci prendra ses quartiers à Huisseau-sur-Mauves.

Je prie Messieurs les deux commandants de brigade de fixer aussi leurs quartiers à Huisseau-sur-Mauves, ou dans le voisinage le plus rapproché.

Les avant-postes doivent être placés à peu près sur la ligne de Carrière-les-Crottes, le Grand-Lus, la Renardière, Rondonneau, Aunay ; ils doivent être fournis par les deux régiments de hussards, de manière que, tous les jours, deux escadrons de chaque régiment se rendent au bivouac et qu'ils soient relevés à la pointe du jour.

Depuis Aunay jusqu'à la Loire, je prie l'infanterie royale

---

[1] Cette pièce, déchirée en petits fragments, fut trouvée dans la chambre occupée par le comte Stolberg, au château de la Source-du-Rolin, et reconstituée grâce aux efforts de plusieurs personnes d'Orléans. (*Récits de l'invasion*, par M. Auguste Boucher. Orléans, Herluison, éditeur.)

bavaroise de se charger de couvrir les lignes et de fouiller soigneusement les bois de Montpipeau et de Bucy.

Les régiments d'infanterie doivent explorer avec diligence le terrain en avant jusqu'à une distance d'un mille ou d'un mille et demi, par petites patrouilles. En outre, des reconnaissances très-étendues sont recommandées spécialement à la division.

Les deux troupes marcheront demain par les chemins les plus directs vers les quartiers qui leur sont assignés.

2. Les avant-postes et les patrouilles, surtout les dernières, ne doivent laisser passer personne qui arrive des villages ou des bois, attendu que les francs-tireurs font leur métier dans ce pays de toutes les manières.

De plus grandes reconnaissances. . . . . (Ici le texte n'a pu être rétabli.)

Colonel Th. von Graevenitz.
Major von Gruter.

NOTE N° 4.

Rapport de l'état-major allemand sur la bataille de Coulmiers.

AU GÉNÉRAL-LIEUTENANT, CHEF D'ÉTAT-MAJOR SUPPLÉANT,
M. von Hanenfeld.

Quartier général de Versailles, 13 novembre 1870.

J'adresse à Votre Excellence ce rapport sur le combat livré par le 1er corps bavarois auprès de Coulmiers.

Le général von der Tann avait appris, dès les premiers jours de novembre, que l'ennemi avait occupé fortement, avec des gardes mobiles et des francs-tireurs, la contrée de Mer à Moret et la forêt de Marchenoir, et qu'une brigade d'avant-garde s'était avancée sur les deux bords de la Loire jusqu'à Mer. Les reconnaissances poussées par la 2e division de cavalerie pour les poursuivre, et les rapports des espions s'accordent à dire que l'armée de la Loire ennemie était prête à dépasser Coulmiers. Aussi le général von der Tann partit le 8 au soir dans la direction ouest, laissant à Orléans un régiment d'infanterie, et concentra son corps dans les positions entre Coulmiers et Huisseau.

Les divisions de cavalerie, poussées en avant de ces positions, heurtèrent l'ennemi le 9 novembre, à sept heures du matin, au delà de Coulmiers. Il venait, selon les rapports de prisonniers, de Vendôme et de Moret. C'étaient les têtes de l'armée de la Loire, sous le général Polhès, qui comptait, selon des journaux lus auparavant, 60,000 hommes au Mans, et qui furent tous mis en mouvement.

L'ennemi attaqua les positions du corps bavarois avec six bataillons d'infanterie de six compagnies, suivis de colonnes fortes et nombreuses, dans la matinée ; sept régiments de cavalerie française protégeaient les ailes de l'attaque, et cent vingt canons français furent mis, les uns après les autres, en activité contre la position bavaroise. Cependant, grâce à l'excellente tenue des bataillons bavarois, on mit un terme à la marche des troupes françaises, malgré leur supériorité numérique considérable. Quatre attaques, que l'ennemi tenta contre notre aile droite, furent repoussées l'une après l'autre avec une grande valeur et avec des pertes considérables pour l'infanterie française, au point que le général von der Tann réussit à se maintenir jusqu'au soir dans ses positions. A la tombée de la nuit, lorsque les colonnes ennemies qui avaient attaqué se furent repliées, le général von der Tann résolut de se rapprocher des renforts qu'on lui envoyait de Chartres et de Versailles. La retraite sur Saint-Péravy s'effectua avec une tenue excellente et avec fierté, parce que les soldats avaient conscience que, malgré leur infériorité numérique, ils avaient rompu réellement l'attaque de l'ennemi, et que ce n'était qu'une libre résolution de leur général qui les obligeait à ce mouvement rétrograde.

L'ennemi ne poursuivit pas le 1er corps bavarois, mais il

occupa le soir Orléans, où l'on dut malheureusement laisser à peu près mille malades non transportables dans les ambulances. Le 10, on poussa cette marche jusqu'à Toury, où le 1er corps d'armée bavarois se réunit aux troupes prussiennes envoyées pour le renforcer. Le commandement en chef de cette armée nouvellement formée fut pris par S. A. R. le grand-duc de Mecklembourg-Schwerin.

Les pertes du 1er corps bavarois, le 9 novembre, se montent à quarante-deux officiers et six cent cinquante hommes tués ou blessés.

Une colonne de munitions qui s'était égarée tomba, le 10, entre les mains de l'ennemi, avec l'employé et quatre-vingts hommes.

Un rapport français, saisi par nous, porte les pertes de l'ennemi en morts et blessés à deux mille hommes. Il est certain que l'ennemi n'a pu avancer au centre et a essuyé un véritable échec sur l'aile gauche. On se plaint ensuite du peu de nourriture et de soins accordés aux blessés. Si le rapport français parle de mille prisonniers, il ne peut en compter autant qu'avec les malades laissés dans les ambulances d'Orléans.

KARNATZ.
Capitaine d'état-major général.

Extrait du *Militair-Wochenblatt*, n° 159. — 19 novembre 1870.

NOTE N° 5.

BATAILLE DE COULMIERS.

Extrait des *Récits de l'invasion* par M. AUGUSTE BOUCHER. Orléans, Herluison, éditeur.

Le pays où se rencontraient les deux armées est compris entre Meung, Orléans et Patay. Sur son sol plat s'élargissent de vastes plaines où de vieux manoirs et de grandes fermes se cachent dans les arbres.

On n'y aperçoit pas de hauteurs; parfois, il est vrai, la terre se courbe un peu; la contrée, limitée au nord par les petites collines du plateau d'Orléans, s'incline vers les bords de la Loire; mais c'est par une longue ondulation, sur une pente presque insensible : les deux chefs d'armée n'y eussent point trouvé quelqu'un de ces accidents de terrain dont le courage des combattants fait un obstacle invincible.

Pourtant les Bavarois se tenant dans la partie du pays qui remonte et s'élève vers la Beauce, semblaient pouvoir dominer de leurs feux les troupes qui s'avançaient contre eux; mais cet avantage ne leur servit guère: toute la journée leurs canons tirèrent trop haut. A Baccon seulement, où les maisons s'étagent sur une sorte de mamelon, ils profitèrent grandement de la nature des lieux ; l'assaut devait y être pénible et meurtrier. Comme c'est le blé qu'on sème sur ce terroir, point de ces vignobles entrelacés l'un dans l'autre qui, plus près d'Orléans, s'opposent à ce qu'une armée développe régulièrement ses lignes, les champs offraient donc leur surface unie à l'action savante d'une bataille rangée ; à part quelques bouquets de bois dispersés çà et là, rien n'empêchait de voir la marche des régiments et de mesurer du regard les progrès du combat. . . .
. . . .

« C'était beau comme une manœuvre ! » disaient le lendemain les officiers qui voyaient alors toutes les troupes du 15e corps se déployer à droite et à gauche, sous l'œil vigilant de d'Aurelle, dans un ordre où tout était précision et calme. On raconte même que le soir un colonel bavarois, blessé et laissé à Gémigny, exprimait ainsi l'étonnement qu'éprouvèrent à cette vue les généraux ennemis : « En
» regardant votre armée aux premiers moments de la ba-
» taille, je ne pus m'empêcher de m'écrier qu'il y avait dans
» ce spectacle un changement inattendu pour nous. Un peu
» plus tard, quand elle eut manœuvré devant nous et que

» nous eûmes considéré les mouvements de son artillerie, les
» officiers qui m'entouraient se montrèrent fort troublés ; je
» serrai la main à un général, mon ami, qui se trouvait près
» de moi, et nous nous dîmes : C'est une affaire perdue. »

. . . .

Spectacle imposant ! dans cette calme campagne jusqu'alors familière aux seuls laboureurs, où rugissait le tonnerre d'une bataille comme invisible, on n'apercevait debout sur la plaine, sous un ciel de toutes parts sillonné par le vol des noirs obus, que les généraux entourés de leurs officiers, les artilleurs et un escadron de hussards. Presque à chaque demi-heure nos canonniers cessaient un instant leur feu : les rapides batteries avançaient, toujours se rapprochant de Coulmiers; la plaine alors s'animait, les régiments suivaient peu à peu, et sur le terrain conquis se massaient les colonnes d'attaque et les réserves. Cette lutte des canons dura jusqu'à deux heures. Et tel était l'étrange et puissant intérêt qu'elle excitait dans sa solennité, que l'armée regardait les coups avec une curiosité où l'admiration donnait à chacun l'oubli de soi-même.

Nos artilleurs étaient dignes de leurs adversaires ; ils pointaient avec une sorte de précision extraordinaire. . . .

. . . .

Après une marche longue et pénible, le contre-amiral Jauréguiberry traversant Charsonville et Épieds, conduisit la première division devant le hameau de Cheminiers. Ce hameau, situé entre Épieds, Rosières et Gémigny, se trouvait comme dans un demi-cercle de batteries dont l'ennemi couronnait l'horizon, de Saint-Sigismond à Coulmiers. Toutes tirèrent à la fois sur les troupes de Jauréguiberry, quand celles-ci parurent à Cheminiers. Les francs-tireurs du commandant Liénard, le 37ᵉ de marche et les mobiles de la Sarthe (33ᵉ de mobiles) se déploient au premier rang sous la pluie d'obus qui tombe là tout entière. Point d'infanterie qui se montre devant eux ; de toutes parts de lointains canons et la mort. Cependant, sous ce feu terrible, nos batteries prennent position; nos tirailleurs se dispersent dans la plaine. On veut avancer. Un instant les rangs s'éclaircissent parmi les mobiles de la Sarthe; un instant leur jeune bravoure s'étonne des coups implacables et multipliés dont les frappe l'artillerie bavaroise. « Eh bien, les Manceaux ! est-ce que nous allons reculer ? » crie parmi eux d'une voix gaillarde un conscrit moins ému du danger que de l'honneur de sa province. Le mot passe, courageux et gai, dans tout le bataillon.

Les Manceaux ne reculeront pas.

Le colonel de la Touanne les excite noblement au devoir, et leurs officiers les aident par leur exemple à tenir bon sous les obus.

L'un d'eux, volontaire de dix-huit ans et fils d'une race illustre, Paul de Chevreuse, tombe blessé à la jambe. Ses hommes veulent l'emporter. « Non, non! dit l'héroïque » jeune homme ; marchez à l'ennemi; en avant, mes cama- » rades ! » Et, pour s'écarter de la route, il se traîne vers un petit tertre où son frère, le duc de Luynes [1], vint le chercher sept heures plus tard.

Bientôt chacun s'est aguerri, et c'est avec la contenance de vieux soldats que les Manceaux protégent à la droite de Cheminiers la batterie qui va, sous leur escorte, assaillir de ses obus le parc de Coulmiers. . . . .
. . . .

NOTE N° 6.

Lettre de Mgr Dupanloup, évêque d'Orléans, au commandant des troupes bavaroises.

Orléans, 23 octobre 1870.

Monsieur le commandant,

J'ai l'honneur de vous adresser le texte de la convention

[1] Tué à Loigny le 2 décembre.

de Genève que j'ai le regret de n'avoir pu me procurer plus tôt.

Vous trouverez à l'article 6 (pages 2 et 3) et à l'article additionnel 5 (page 5) les deux textes précis et formels qui établissent la thèse que j'ai eu l'honneur de soutenir hier devant vous.

C'est ici une simple question de bonne foi, et par conséquent une question d'honneur.

Pour moi, il n'y a pas ici de discussion possible. Les textes sont parfaitement clairs, péremptoires, et cela dans une convention solennelle, signée par tous les souverains de l'Europe, y compris Sa Majesté le roi de Prusse.

Comme j'ai eu l'honneur de l'écrire à Son Excellence le général de Tann, « l'article 6 de la convention n'avait fait du renvoi des blessés qu'une obligation facultative ». L'article disait : « *pourront être renvoyés* ». C'était un vœu, ce devait être une faveur; ce n'était ni pour les uns un droit strict, ni pour les autres un *devoir rigoureux*. (Art. 6, § 3 et 4.)

L'humanité des hautes parties contractantes les a décidées à en faire un article rigoureusement obligatoire. L'article 5 additionnel ne dit plus seulement « *pourront* » mais « *devront* », à la seule condition pour les blessés de ne pas reprendre les armes pendant la guerre.

Voilà ce qui me fait dire, Monsieur le commandant, c'est ici une question de bonne foi et, par conséquent, une question d'honneur sur laquelle il n'y a pas de discussion possible.

Voilà pourquoi, permettez-moi de l'ajouter, enlever les blessés français plus ou moins guéris des ambulances, les faire prisonniers quand la convention déclare qu'ils sont libres et qu'on *doit* les renvoyer dans leur pays, et au lieu de cela les faire partir pour la Prusse, c'est une violation, je ne dis pas seulement de l'humanité, mais de la foi jurée; c'est un abus de la force que je reprocherais avec toute l'énergie dont je suis capable aux yeux de l'Europe et du monde entier si les Français s'en rendaient coupables envers les blessés prussiens.

Veuillez bien remarquer, Monsieur le commandant, que ce n'est pas ici la question des officiers pris sur le champ de bataille et relâchés sur parole : de ceux-ci la convention de Genève ne s'est occupée en rien. C'est la question des blessés dont la convention de Genève a réglé le sort selon les lois de l'humanité et aux applaudissements de l'Europe.

Que tels ou tels aient manqué à leur parole, je l'ignore, et si cela était, je le blâmerais sévèrement : ou on ne donne pas sa parole, ou quand on la donne, on la tient. Mais n'importe tels ou tels torts individuels ; cela ne peut détruire un traité, une convention solennelle. Ce que j'affirme là est aussi clair que le jour.

Je demande donc deux choses :

1° Que tout enlèvement de blessés français soit immédiatement arrêté ;

2° Que tous nos blessés français guéris reçoivent les sauf-conduits nécessaires pour être transportés à nos frais là où ils pourront être dirigés vers leur pays.

Et enfin, si, malgré la clarté péremptoire de mes raisons, je n'obtenais pas la justice que je réclame, je demande que Sa Majesté le roi de Prusse soit immédiatement informée, et j'irai moi-même au quartier général, s'il le faut.

Il y a du reste, je le crois, demain un départ pour Versailles dont il serait facile de profiter.

Veuillez agréer, Monsieur le commandant, l'hommage de ma haute considération.

Signé : † FÉLIX, évêque d'Orléans.

NOTE N° 7.

A la 4° division de cavalerie royale.

Angerville, 12 novembre 1870,
11 heures et demie nuit.

ORDRE.

S. A. R. le grand-duc a formé le projet d'effectuer une marche par la droite dans la direction de Chartres avec son corps d'armée, sous la protection de deux divisions de cavalerie, et le plus possible sans éveiller l'attention de l'ennemi.

En conséquence, Son Altesse Royale ordonne :

1° La brigade de cavalerie Grœben partira demain matin avec le jour pour Chartres et en reviendra sous les ordres du général Schmit, commandant à Chartres ;

2° La 4° division de cavalerie, prince Albert, rendra libre la route de Janville à Chartres, prendra cantonnement au sud de cette route, s'éclairera jusqu'à Voves et Villeneuve Saint-Nicolas, couverte par l'infanterie, et occupera enfin le terrain entre la Conie et l'Eure ;

3° La 22° division d'infanterie partira à sept heures de ses cantonnements, marchera dans la direction de Chartres et s'établira entre cette ville et la partie ouest du chemin de fer de Tours, ainsi qu'au nord de la route de Janville à Chartres ;

4° Cette division suivra le corps bavarois avec la brigade de cavalerie Rausch et les deux batteries de campagne ; elle prendra cantonnement entre le chemin de fer de Tours et la route de Janville à Chartres, et à l'est jusqu'à la ligne de Mondonville, Sainte-Barbe, Ouarville ;

5° La 2° division de cavalerie, Stolberg, quittera le 1ᵉʳ corps bavarois, prendra cantonnement sur la route d'Orléans à Étampes, aux environs de Toury, et observera du côté de

Pithiviers et d'Orléans, ainsi qu'à l'ouest jusqu'à la Conie. Elle a pour but de laisser ignorer à l'ennemi la marche de ce corps ;

6° Partie de la 17e division d'infanterie quittera à sept heures du matin Angerville, sans le reste du régiment Stolberg, qui doit rester en réserve, et prendra cantonnement entre Gué-de-Longroy et Auneau, au nord du ruisseau de l'Izé ;

7° Son Altesse Royale se transportera à Angerville, où elle recevra ses ordres, le soir, à six heures.

Le chef d'état-major,
V. KRENSKY.

ORDRE DE DIVISION.

Ymonville, 13 novembre 1870,
5 heures du matin.

1° A sept heures du matin, la 8e brigade, soutenue de deux canons de la batterie Schlotheim, s'avancera dans les environs de Loigny et enverra de fortes patrouilles dans la direction du sud et sud-ouest; et si elle n'est pas gênée par l'ennemi, elle rejoindra la brigade Hahn dans les cantonnements de Germignonville et de Viabon.

2° La 9e brigade de cavalerie marchera à la suite de la 8e avec quatre canons, à sept heures du matin, jusqu'aux environs de Sancheville, et de là, protégée par de fortes patrouilles, s'appuyant toujours sur la 8e brigade de cavalerie, elle s'avancera jusqu'à Bonneval par Cormainville et la route de. . . . . à Chartres.

L'après-midi, elle se cantonnera à Rouvray-Saint-Florentin, Villars et Villeau.

3° La 10e brigade de cavalerie et la batterie Manteuffel partiront à sept heures du matin par Voves, jusqu'à Boncé; la cavalerie éclairera les bois et les villages au sud de cet endroit, et fera des patrouilles au delà de la route de Chartres à Châteaudun, au nord jusqu'à l'Eure, au sud jusqu'à la jonction avec la 9e brigade.

Cette brigade cantonnera à Voves, Saseray et l'Hôpiteau.

4° Je me transporterai à neuf heures à Voves, où s'établira le quartier général de la division jusqu'au lendemain matin.

5° Les bagages peuvent être amenés dans les nouveaux cantonnements ; cependant, pour plus de sécurité, ils devront à sept heures du matin se trouver au sud de la route de Janville à Chartres.

6° La 9ᵉ brigade laissera ses chevaux de relais sur la route d'Angerville, la 10ᵉ brigade, à Ymonville.

7° Dès que les nouveaux quartiers seront occupés, les brigades devront, en cas d'alarme, rejoindre les cantonnements à Voves.

8° Les brigades auront soin de leur propre sécurité.

9° Les ambulances marcheront à huit heures sur Voves.

10° Les brigades et les batteries ont jusqu'à ce soir pour prévenir de ce qui leur manque en munitions. Les deux batteries devront s'entendre pour leurs munitions ; elles suivront, ainsi qu'il est ordonné, les 9ᵉ et 10ᵉ brigades.

11° Chaque régiment de la division commandera un certain nombre d'hommes pour servir d'ordonnances à l'état-major de S. A. R. le grand-duc.

Ces hommes se réuniront aujourd'hui, au nombre de huit, à Angerville.

12° Chaque brigade enverra le soir, à huit heures, un officier à Voves, qui y attendra les ordres.

Signé : Prince ALBRECHT.

NOTE N° 8.

Extraits de lettres du prince de Joinville.

Caen, 12 décembre.

« . . . . . Je viens de recevoir mes lettres du 3 et du 6,
» et je me mets en mesure de profiter d'une occasion, s'il s'en
» présente, pour vous répondre.

» La vue de votre écriture m'a fait du bien. Vous êtes au
» poste d'honneur, et je vous envie. La défense de Paris est
» magnifique. Brave et intelligente population, et, quoi
» qu'on dise, le cœur de la France! Cela repose, morale-
» ment du moins, des désastres de Sedan et de Metz.

» Le seul effort véritable de la province a été fait par l'ar-
» mée de la Loire, création laborieuse du gouvernement.
» C'est là, ne pouvant l'être à Paris, que j'avais voulu être
» enrôlé.

» J'ai demandé à servir dans une place, n'importe laquelle,
» sous n'importe quel nom. Je suis allé à Orléans la deman-
» der à d'Aurelle, en vain aussi. Enfin, j'ai rappelé à Martin
» des Paillères qu'il y avait vingt-six ans, j'avais commencé
» sa carrière en le prenant avec moi comme volontaire dans
» un combat où je commandais. — A votre tour, aidez-moi
» à bien finir la mienne. — Impossible, c'est inabordable!

» De mon voyage là-bas, j'ai retiré seulement d'avoir fait
» partie, le 4, de l'arrière-garde de l'armée dans la retraite
» sur Orléans, et d'en être rentré un des derniers, rapportant
» un blessé. Satisfaction toute personnelle, car ce que fait,
» la canne à la main, un pékin, ça ne compte pas. Mais j'ai
» eu une joie que vous comprendrez de me trouver, toute
» une journée, sous le feu des Prussiens, à les voir tirer sur
» moi, et le soir, à me trouver dans une batterie de marine
» qui, assaillie par toutes les batteries ennemies, a bien dé-
» fendu l'entrée du faubourg.

» Devinez-vous avec quelle émotion je me suis retrouvé,
» pour un instant, c'est vrai, au milieu de ces matelots, si
» calmes, si braves, si dévoués? etc. . . . . . » (Lettre ex-
traite de *l'Invasion prussienne* de 1870, par l'abbé Cochard,
tome II.)

Extrait d'une lettre du prince de Joinville à l'éditeur du Times.

Monsieur, la publicité du *Times* est trop grande pour qu'il me soit possible de laisser accréditer, sans rectification, le récit que vous donnez aujourd'hui de mon arrestation au Mans, et des circonstances qui l'ont amenée.

Voici les faits :

J'étais en France depuis le mois d'octobre.

J'étais allé pour offrir de nouveau mes services au gouvernement républicain, et lui indiquer ce que, avec son aveu, je croyais pouvoir faire utilement pour la défense de mon pays.

Il me fut répondu que je ne pouvais que créer des embarras.

Je n'ai plus songé dès lors qu'à faire anonymement mon devoir de Français et de soldat.

Il est vrai que je suis allé demander au général d'Aurelle de me donner, sous un nom d'emprunt, une place dans les rangs de l'armée de la Loire. Il est vrai aussi qu'il n'a pas cru pouvoir me l'accorder, et que ce n'est qu'en spectateur que j'ai assisté au désastre d'Orléans.

Mais, lorsque plus tard, etc. . . . .

NOTE N° 9.

Ministre de l'intérieur à préfets, sous-préfets et généraux commandant divisions et subdivisions.

Tours, 5 décembre, 11 heures du soir.

Veuillez donner la plus grande publicité à la note suivante :

Après les divers combats livrés dans les journées du 2 et 3 décembre, qui avaient causé beaucoup de mal à l'ennemi, mais qui avaient en même temps arrêté la marche de l'armée de la Loire, la situation générale de cette armée parut tout à coup inquiétante au général commandant en chef d'Aurelle de Paladines.

Dans la nuit du 3 au 4 décembre, le général d'Aurelle parla de la nécessité qui s'imposait, suivant lui, d'évacuer Orléans et d'opérer la retraite des divers corps de l'armée sur la rive gauche de la Loire.

Il lui restait cependant une armée de plus de 200,000 hommes, pourvue de 500 bouches à feu, retranchée dans un camp fortifié, armée de pièces de marine à longue portée.

Il semblait que ces conditions exceptionnellement favorables dussent permettre une résistance, qu'en tous cas les devoirs militaires les plus simples ordonnaient de tenter.

Le général d'Aurelle n'en persista pas moins dans son mouvement de retraite. Il était sur place, disait-il, et il pouvait mieux que personne juger de la situation des choses.

Après une délibération prise en conseil du gouvernement, à l'unanimité, la délégation fit passer le télégramme suivant :

Au commandant en chef de l'armée de la Loire.

« L'opinion du gouvernement consulté était de vous voir tenir ferme à Orléans, de vous servir des travaux de défense et de ne pas s'éloigner de Paris.

» Mais puisque vous affirmez que la retraite est nécessaire; que vous êtes mieux à même, sur les lieux, de juger la situation; que nos troupes ne tiendraient pas, le gouvernement vous laisse le soin d'exécuter les mouvements de retraite sur la nécessité desquels vous insistez et que vous présentez comme de nature à éviter à la défense nationale un plus grand désastre que celui même de l'évacuation d'Orléans.

» En conséquence, je retire mes ordres de concentration active et forcée à Orléans et dans le périmètre de vos feux de défense.

» Donnez les ordres d'exécution à tous vos généraux en chef placés sous votre commandement. »

Cette dépêche était envoyée à onze heures. A midi, le général d'Aurelle de Paladines écrivait à Orléans :

» Je change mes dispositions, je dirige sur Orléans le
» 16e et le 17e corps ; j'appelle le 18e et le 20e. J'organise la
» résistance. Je suis à Orléans, à la place.

» *Signé:* D'AURELLE. »

Ce plan de concentration était justement celui qui, depuis vingt-quatre heures, était conseillé, ordonné, par le ministre de la guerre, qui voulut se rendre lui-même à Orléans pour s'assurer de la concentration rapide des corps de troupes.

A une heure et demie, il partait par un train spécial. A quatre heures et demie en avant du village de la Chapelle, le train dut s'arrêter. La voie était coupée par un parti de cavaliers ennemis qui l'avaient couverte de madriers et de pièces de bois pour entraver la marche des convois.

A cette heure on entendait la canonnade dans le lointain. On pouvait croire qu'on se battait en avant d'Orléans. A Beaugency, où le ministre de la guerre était revenu pour prendre une voiture afin d'aller à Écouy, croyant que la résistance se continuerait devant Orléans, il ne fut plus possible d'avoir de nouvelles ; ce n'est qu'à Blois, à neuf heures, que la dépêche suivante fut envoyée de Tours :

« Depuis midi je n'ai reçu aucune dépêche d'Orléans, mais à l'instant, en même temps que la vôtre de six heures trois minutes, je reçois deux dépêches, l'une d'Orléans, annonçant qu'on a tiré sur votre train à la Chapelle; l'autre du général d'Aurelle ainsi conçue :

« J'avais espéré jusqu'au dernier moment pouvoir me dispenser d'évacuer Orléans ; tous mes efforts ont été impuissants; cette nuit la ville sera évacuée. Je suis sans autres nouvelles.

» *Signé :* DE FREYCINET. »

En présence de cette grave détermination, des ordres immédiats furent donnés de Blois pour assurer la bonne retraite des troupes. Le ministre ne rentra à Tours qu'à trois heures du matin; il trouva à son arrivée les dépêches suivantes :

Général des Paillères à guerre.

Orléans, 5 décembre, 12 heures 10 minutes.

« Ennemi a proposé notre évacuation d'Orléans à onze heures et demie du soir sous peine de bombardement de la ville. Comme nous devions la quitter cette nuit, j'ai accepté au nom du général en chef. Batteries de la marine ont été enclouées, poudres et matériel détruits. »

Orléans, secrétaire général à intérieur.

« L'ennemi a occupé Orléans à minuit; on dit les Prussiens entrés presque sans munitions; ils n'ont presque pas fait de prisonniers; à l'heure actuelle, les dépêches des différents chefs de corps annoncent que la retraite s'effectue en bon ordre, mais on est sans nouvelles du général d'Aurelle, qui n'a rien fait parvenir au gouvernement. Les nouvelles reçues jusqu'à présent disent que la retraite des corps d'armée s'est accomplie dans les meilleures conditions possibles. Nous espérons reprendre bientôt l'offensive. Le moral des troupes est excellent. »

Le courrier reçu de Paris par le ballon *Franklin* signale des victoires sous Paris les 2 et 3 décembre. Celle du 3 surtout a été très-importante comme résultat. Nous avons combattu trois heures, dit le général Trochu, pour conserver nos positions; et cinq heures pour enlever celles de l'ennemi, sur lesquelles nous couchons. Les pertes prussiennes sont évaluées à des chiffres très-considérables. Quatre cents prisonniers sont arrivés dans la journée à Paris. Les troupes ennemies engagées le 3 étaient pourtant fraîches. Il y avait environ cent mille hommes, pour la plupart Saxons ou Wurtembergeois.

Le rapport officiel dit que les pertes de l'ennemi ont été tellement considérables, que pour la première fois de la campagne il a laissé passer une rivière en sa présence, en plein jour, à une armée qu'il avait attaquée la veille avec tant de violence.

La matinée du 4 a été calme. Grand effet moral produit dans Paris.

L. GAMBETTA.

Pour copie conforme :

Le préfet des Bouches-du-Rhône,
ALPH. GENT.

Le ministre de la guerre avait recommandé de donner à cette dépêche la plus grande publicité.

Le sentiment qui l'avait dicté, bien compris des agents de M. Gambetta, leur fit remplir fidèlement ses intentions.

Pour n'en citer qu'un exemple, nous ferons connaître les faits qui se sont passés à Marseille à cette occasion.

M. Gent, préfet des Bouches-du-Rhône, crut devoir faire ressortir les accusations sous-entendues dans la dépêche du 5 décembre; il adressa la proclamation suivante à ses administrés; elle fut affichée à la suite de la note du ministre :

Citoyens,

Vous le voyez, nous vous donnons les dépêches aussitôt qu'elles arrivent.

Après les bonnes, les mauvaises nouvelles! Après les glorieux succès de l'armée de Paris qui continuent et grandissent, pour notre espérance et notre consolation, cette retraite inexpliquée encore, *sans combat, sans lutte, sans défaite,* de l'armée d'Orléans.

Notre enthousiasme fut immense en apprenant les premiers; notre énergie, notre résolution, notre confiance ne seront pas moindres, quand nous voyons retardés la délivrance et le triomphe que tout nous faisait espérer de jour en jour.

Nous attendrons que ce mystère soit éclairci, *que cette marche en arrière, que cet abandon d'une ville* glorieusement reconquise *soient ou justifiés ou punis.*

La France s'est sauvée de Sedan et de Metz, elle est assez grande, assez forte, assez déterminée pour ne pas désespérer après un troisième échec ou une troisième trahison.

N'est-ce pas, citoyens, que nous ne nous laisserons ni décourager, ni abattre? N'est-ce pas que nous supporterons la tristesse, l'indignation, le soupçon même, comme nous avons supporté la joie délirante?

L'armée de Paris marche toujours en avant, et si celle de la Loire s'est retirée devant l'ennemi, *c'est sans être entamée, sans être attaquée même,* et demain nous la verrons, honteuse d'avoir fui sur *l'ordre d'un chef que nous avons appris à connaître,* recommencer sa course vers la sœur qui lui tend les bras et lui marque son chemin.

Courage et confiance, citoyens, comme il convient à des hommes que rien n'arrêtera dans l'accomplissement de la résolution jurée, celle de sauver malgré tout et tous la France et la République.

Le préfet des Bouches-du-Rhône, muni des pleins pouvoirs administratifs et militaires,

ALPHONSE GENT.

Un cri d'indignation s'éleva dans la population contre le général d'Aurelle, qui avait abandonné son armée, et livré à l'ennemi, sans combat, *sans même avoir été attaqué,* la ville d'Orléans.

Mais bientôt il ne fut plus possible au gouvernement de cacher au pays la véritable situation, et alors l'indignation générale se tourna contre le préfet, qui se vit obligé, pour calmer la population, de faire arracher les affiches apposées sur les murs de la ville.

FIN.

TABLE DES MATIÈRES.

Pages

Préface. . . . . ɪ

LIVRE PREMIER.

ORGANISATION DE L'ARMÉE DE LA LOIRE.

Création du 15ᵉ corps. — Combats d'Orléans. — Première occupation de cette ville par les Bavarois. — Le général d'Aurelle est nommé, le 11 octobre, au commandement du 15ᵉ corps. — Composition du 15ᵉ corps. — Le général d'Aurelle reçoit le commandement des 15ᵉ et 16ᵉ corps. — Le 15ᵉ corps se retire de la Ferté-Saint-Aubin sur la Motte-Beuvron et occupe la position de Salbris. Emplacement des troupes. — Mesures prises pour rétablir la discipline. — Le général Pourcet est nommé au commandement du 16ᵉ corps. — Ses plaintes au sujet du manque de munitions. — Composition du 16ᵉ corps. — L'armée du général de Tann se porte sur Châteaudun. — Le ministre de la guerre donne l'ordre d'envoyer 10,000 hommes à Blois. — La 1ʳᵉ brigade de la 3ᵉ division du 15ᵉ corps part pour Blois. — La 2ᵉ division d'infanterie se rend de Pierrefitte à Salbris. — Actes d'indiscipline commis dans cette division. — Des cours martiales. — Différence entre la procédure des cours martiales et celle des conseils de guerre. — Mauvais état de l'habillement et de l'équipement des troupes. — Mesures prises pour y remédier. — M. de Freycinet est nommé délégué du ministre de la guerre. — Sa première lettre au général d'Aurelle. — Conseil de guerre tenu à Salbris, le 24 octobre. — La marche sur Orléans, par Blois, est adoptée. — Portrait de M. de Freycinet. — Conseil de guerre, le 25 octobre, à Tours, sous la présidence de M. Gambetta. — Le plan primitif est définitivement adopté. 1

LIVRE DEUXIÈME.

RÉUNION DES 15ᵉ ET 16ᵉ CORPS SUR LA RIVE DROITE DE LA LOIRE.

Ordres pour le passage du 15ᵉ corps de la rive gauche sur la rive droite. — Itinéraire de la cavalerie. — Le mouvement que le gouvernement voulait tenir secret est su de tout le monde. — Les troupes sont transportées par chemin de fer. — Inconvénients qui en résultent. — Retards considérables. — Les munitions de l'artillerie sont mélangées. — Le mauvais temps survient. — Craintes de M. de Freycinet sur une marche de l'ennemi vers Bourges. — Impossibilité de marcher en avant après l'exécution du mouvement. — Nécessité d'organiser le 16e corps. — Ordre général. — Emplacements occupés par l'armée de la Loire, le 30 octobre. — Réorganisation du personnel et du matériel du 16e corps. — Lettre au ministre de la guerre à ce sujet. — Capitulation de Metz. — Comment la nouvelle en fut apportée au quartier général. — Effet produit dans l'armée par cette capitulation. — Proclamations du ministre de la guerre Gambetta au peuple français, à l'armée. — La discipline de l'armée est ébranlée. — Le général d'Aurelle se rend à Marchenoir. — Réunion, le 1er novembre, des généraux, des chefs de corps et de service. — Plaintes amères des officiers sur l'outrage infligé aux chefs de l'armée. — Le ministre décide d'appeler le général Pourcet, commandant du 16e corps, à d'autres fonctions, et de laisser ce commandement vacant. — Réclamations du général d'Aurelle à ce sujet. — Le général Pourcet est remplacé, le 2 novembre, par le général Chanzy. — Corps irréguliers et autres opérant isolément autour de Blois. — Ils sont rattachés à la brigade Rébillard et au corps du général Chanzy. — Le général Michel, promu général de division, est nommé au commandement en chef de l'armée de l'Est. — Le général d'Aurelle regrette son départ. 42

LIVRE TROISIÈME.

VALLIÈRE ET COULMIERS. CAMP RETRANCHÉ D'ORLÉANS.

Ordre général pour les positions à occuper le 3 novembre. — Nouveaux projets de M. de Freycinet. — Lettre à ce sujet au général en chef. — Réponse du général d'Aurelle. — Ordre donné par M. de Freycinet pour le mouvement sur Orléans. — Dépêche au général Martin des Paillères. — Lettre à M. de Cathelineau. — Combat de Vallière, 7 novembre. — Ordre général pour la journée du 8. — Ordre de mouvement pour le 9. — Extrait des instructions données au 16e corps pour la journée du 9 par le général Chanzy. — Bataille de Coulmiers; description du champ de bataille. — Le 15e corps enlève Baccon et la Renardière. — Attaque de Gémigny et de Coulmiers. — Le général Reyau, commandant la cavalerie, n'exécute pas les ordres qui lui ont été donnés. — Il bat en retraite sur Prénouvellon. — Le général Chanzy reçoit du général Reyau l'avis que son flanc gauche est menacé. — Attaque de Gémigny. — Coulmiers est enlevé, la division Jauréguiberry attaque Champs et Ormeteau. — Fin de la bataille. —

Dépêche au ministre lui annonçant le succès de la journée. — L'ennemi a battu en retraite sur Étampes. — Causes qui ont empêché la poursuite. — Résultats de la bataille de Coulmiers. — Coup de main du commandant de Lambilly. — Ordre de mouvement du 10 novembre. — Nouvelle dépêche au ministre. — Ordre du jour à l'armée. — Les habitants d'Orléans accourent au-devant de l'armée. — Cathelineau arrive le 9 au soir à Orléans. — Ordre de mouvement pour le 11 novembre. — Dépêche du ministre. — Le général d'Aurelle visite le 16⁰ corps. — Rapport officiel sur la bataille de Coulmiers. — Conférence du 12 novembre à Villeneuve-d'Ingré. — Proclamation de M. Gambetta à l'armée. — Lettre du ministre du 27 octobre ordonnant la formation d'un camp retranché à Orléans. — Observations sur le danger de se porter en avant et la nécessité de s'établir à Orléans. — Lettre du général Borel, chef d'état-major général, au sujet des opérations à exécuter sur Orléans et de l'occupation de cette ville. — Étude historique sur la conférence de Villeneuve-d'Ingré. — Nombreuses erreurs signalées dans le livre de M. de Freycinet. — L'état sanitaire de l'armée est loin d'être satisfaisant. — M. de Cathelineau est nommé colonel des francs-tireurs. — Mesures prises pour la défense d'Orléans. — Le général Dariès est nommé commandant supérieur d'Orléans. — La 3ᵉ division du 16⁰ corps se rend de Gien à Orléans. — Visite de Mgr Dupanloup au général en chef. — Le capitaine de vaisseau Ribourt est chargé de l'organisation des batteries de marine. — Essai de reconnaissances militaires à l'aide de ballons captifs. — Récompenses accordées aux aumôniers de l'armée. — Le général Chanzy écrit au général en chef, pour demander que l'armée se porte au-devant du duc de Mecklembourg. — Raisons du général d'Aurelle pour conserver ses positions. — Emplacements des troupes après l'exécution de l'ordre du 16 novembre. — Le général Chanzy complète, pour le 16⁰ corps, les ordres donnés par le général en chef. — Inconvénient des ordres de détail donnés par le général Chanzy. — Affaire de Viabon. — Le général Fiéreck et l'armée de l'Ouest. — Lettre du général en chef au ministre de la guerre, du 18 novembre, pour lui rendre compte de la situation. — Le général Chanzy écrit de nouveau au général en chef, pour lui persuader de se porter en avant. — Ses plans ne sont pas adoptés par le général d'Aurelle; raisons à l'appui de cette décision. — Le ministre prévient le général en chef que de nouveaux corps d'armée vont être placés sous ses ordres; lettre de M. de Freycinet à ce sujet. — Situation du 17ᵉ corps. — Le ministre propose de faire permuter les corps des ailes avec ceux du centre; danger de cette manœuvre. — Lettre du général en chef, du 20 novembre, au ministre, au sujet des ordres par lui

donnés. — Lettre de M. Gambetta réitérant les instructions de
M. de Freycinet. — Analyse de cette lettre. 83

LIVRE QUATRIÈME.

OPÉRATIONS SUR PITHIVIERS. COMBAT DE BEAUNE-LA-ROLANDE.

Situation du 18ᵉ corps. — Du commandement de ce corps. —
20ᵉ corps; il est mis sous le commandement du général Crouzat.
— Dépêche de M. de Freycinet, annonçant que le mouvement sur
Pithiviers sera fait par le général des Paillères et le général Crouzat.
— Autographe de M. de Freycinet. — Le général Fiéreck est
remplacé dans le commandement de l'armée de l'Ouest par le capitaine de vaisseau Jaurès. — Observations du général en chef au
ministre sur le mouvement vers Pithiviers. — Le 17ᵉ corps prend
part aux opérations militaires. — Le général Durrieu est remplacé
dans son commandement par le général de Sonis. — Le prince de
Joinville se présente au quartier général de l'armée de la Loire. —
Le capitaine de Langalerie, aide de camp du général en chef, le
reçoit, et obtient qu'il ne cherche pas à voir le général d'Aurelle.
— Nouvelle lettre du ministre maintenant ses ordres, sauf de légères modifications, au sujet de l'opération sur Pithiviers. — Dépêches du ministre. — Lettre du général d'Aurelle au ministre, du
23 novembre. — Dépêches du 24 novembre aux généraux des
Paillères et Crouzat. — Le général Durrieu est appelé à Tours. —
M. de Freycinet dirige l'opération de Beaune-la-Rolande. — Combat de Maizières, du 24 novembre. — Les vivres destinés au général Crouzat sont arrêtés par le général des Paillères. — Artenay, abandonné pendant quelques heures, est visité par l'ennemi.
— Lettre au général des Paillères. — Visite des bivouacs des 2ᵉ et
3ᵉ divisions du 15ᵉ corps. — Engagement des francs-tireurs Cathelineau à Neuville-aux-Bois. — Dépêche du ministre au général
Crouzat, du 24 novembre. — Le général des Paillères reçoit l'ordre
de se masser à Chilleurs-aux-Bois. — Observations du général
d'Aurelle au sujet de l'opération sur Pithiviers. — Le 18ᵉ corps
reçoit l'ordre de s'emparer de Montargis et de se relier ensuite au
20ᵉ corps. — Nouveaux ordres du ministre. — Combat de Beaune-la-Rolande, 28 novembre. — Héroïsme des mobiles du 20ᵉ corps.
— Décret du gouvernement portant que le 18ᵉ corps a bien mérité
de la patrie. — Dénûment du 20ᵉ corps; dépêche du général
Crouzat au ministre. — Réponse brutale de M. de Freycinet. —
Cérémonie célébrée, le 27 novembre, à la cathédrale d'Orléans. —
Combat de Brou, livré par le général de Sonis avec le 17ᵉ corps.
— Évacuation de Châteaudun pendant la nuit; le 17ᵉ corps se
débande dans cette marche de nuit. — Effroi de la délégation du

gouvernement. — Lettre du général d'Aurelle au général de Sonis. — L'ennemi fait une reconnaissance sur la Conie, le 29 novembre. — Combat de Terminiers. — Dépêche du général Chanzy annonçant une attaque pour le lendemain matin; ordres donnés pour se préparer à la recevoir. — L'attaque n'a pas lieu. 193

LIVRE CINQUIÈME.

VILLEPION, LOIGNY, POUPRY, CHEVILLY ET ORLÉANS.

Le ministre fait connaître au général en chef que l'armée doit se tenir prête à se porter en avant. — Visite de MM. Crémieux et Glais-Bizoin à Orléans. — Travaux de défense autour d'Orléans. — Conférence du 30 novembre, à Saint-Jean de la Ruelle. — Ordre aux 2e et 3e divisions du 15e corps. — Ordre du général Chanzy pour la journée du 1er décembre. — Lettre du général Chanzy au général en chef à ce sujet. — Les mesures proposées par le commandant du 16e corps sont approuvées. — Combat de Villepion. — Rapport du général Chanzy. — Nouvelle de la sortie du général Ducrot. — Dépêche du ministre de la guerre. — Dépêche circulaire à tous les commandants de corps d'armée. — Ordre du jour du général en chef. — Proclamation de M. Gambetta au sujet des événements de Paris. — Le général en chef se rend à Chevilly. — Dépêche envoyée avant son départ à l'évêque d'Orléans. — Le 17e corps se porte sur Patay. — Instructions données par le général Chanzy pour la journée du 2. — Bataille de Loigny. — La division Barry et la division Maurandy se replient. — Le général Chanzy demande l'appui du 17e corps. — Héroïsme du général de Sonis et des zouaves pontificaux. — Fin de la bataille. — Combat de Poupry, livré par les 2e et 3e divisions du 15e corps. — Dépêche du général en chef au ministre. — Rapport du général Chanzy sur la bataille de Loigny. — Nécessité de battre en retraite. — Dépêche du ministre du 2 décembre, à quatre heures du soir, mettant les 18e et 20e corps sous les ordres du général en chef. — Ordres pour la retraite aux généraux Chanzy, des Paillères. — Bataille de Chevilly. — Relation anglaise. — La démoralisation se met dans l'armée. — Rapport du général Martineau sur la journée de Chevilly. — La 1re division du 15e corps est attaquée à Chilleurs-aux-Bois; elle bat en retraite en désordre sur Orléans. — Dépêche du général en chef au ministre de la guerre, du 4 décembre, faisant connaître la nécessité de l'évacuation d'Orléans. — Mesures prises à cet effet. — Dépêche du ministre prescrivant de concentrer les corps d'armée. — Nouvelle dépêche du ministre relative à l'évacuation d'Orléans. — Réponse du général en chef. — En apprenant la nouvelle de l'arrivée de la division des

Paillères à Orléans, le général d'Aurelle espère pouvoir défendre la ville. — Sa dépêche au ministre. — Dépêche du gouvernement qui laisse au général d'Aurelle le soin de faire exécuter la retraite s'il la juge nécessaire. — Nouvelle dépêche du ministre approuvant les dispositions prises par le général en chef pour défendre Orléans. — La division Peytavin quitte ses positions de Gidy. — Les 16e et 17e corps sont séparés du 15e. — L'ennemi se dirige vers Ormes. — Les batteries de marine défendent les abords de la ville. — Le prince de Joinville à la batterie des Acacias. — Le 15e corps passe sur la rive gauche de la Loire. — Le colonel de Marcilly ne prend aucune mesure pour faire sauter les ponts d'Orléans. — Arrivée du 15e corps à la Ferté-Saint-Aubin. — Arrivée à la Motte-Beuvron de l'arrière-garde et du général des Paillères à trois heures de l'après-midi, le 5 décembre. — Panique dans la 2e division. — Le 6, le 15e corps occupe la position de Salbris. — Le commandement en chef de l'armée de la Loire est supprimé. — Dépêche du général d'Aurelle au ministre. — Nouvelle dépêche du ministre. — Réponse du général d'Aurelle. — Son départ de Salbris. — Quels étaient ses projets de réorganisation de l'armée. — Note du gouvernement. — Publicité donnée à cette note. — Conclusion. 268

APPENDICES.

Note nº 1. Décret sur la répression des délits militaires flagrants et la création de cours martiales. 365
Note nº 2. Sur les appréciations du général Trochu au sujet de la victoire de Coulmiers et sur le ravitaillement de Paris. 369
Note nº 3. Ordre du jour indiquant les positions occupées le 18 octobre par la division de cavalerie du comte de Stolberg. 375
Note nº 4. Rapport de l'état-major allemand sur la bataille de Coulmiers. 376
Note nº 5. Bataille de Coulmiers. 378
Note nº 6. Lettre de Mgr Dupanloup, évêque d'Orléans, au commandant des troupes bavaroises. 381
Note nº 7. A la 4e division de cavalerie royale. 384
Note nº 8. Extraits de lettres du prince de Joinville. 386
Note nº 9. Ministre de l'intérieur à préfets, sous-préfets et généraux commandant divisions et subdivisions. 388

www.ingramcontent.com/pod-product-compliance
Lightning Source LLC
Chambersburg PA
CBHW071902230426
43671CB00010B/1442